현대시의 비대칭성과 상징성

현대시의 비대칭성과 상징성

초판발행일 | 2025년 8월 28일

지은이 | 김재홍
펴낸곳 | 도서출판 황금알
펴낸이 | 金永馥

주간 | 김영탁
편집실장 | 조경숙
인쇄제작 | 칼라박스
주소 | 03088 서울시 종로구 이화장2길 29-3, 104호(동숭동)
전화 | 02) 2275-9171
팩스 | 02) 2275-9172
이메일 | tibet21@hanmail.net
홈페이지 | http://goldegg21.com
출판등록 | 2003년 03월 26일 (제300-2003-230호)

값은 뒤표지에 있습니다.

ISBN 979-11-6815-124-6-93810

현대시의 비대칭성과 상징성

김재홍

황금알

책머리에

비대칭성의 시론적 가능성 탐색

시는 세계를 표현한다. 시의 비문법적 문법에 의해 드러나는 세계를 시인과 독자들은 오래도록 향유해 왔다. 세계가 예측하기 어려운 불규칙성과 불확실성을 띠는 만큼 시도 규범화와 제도화를 오래도록 회피해 왔다. 현존재로서의 '세계-내-존재'는 시가 표현하는 우발적인 한 순간을 미적 체험으로 수용하면서 세계를 이해해 왔다.

시를 통해 드러나는 것은 세계의 부분들이며, 이것들의 무한한 다양성이 또한 시이다. 그러나 부분들의 집합은 세계가 아니며 다양성의 총합 또한 세계가 될 수 없다. 시는 언제나 개별적이며 특수하다. 시는 보편성을 거부한다. 그러므로 시는 이중적이다. 표현하는 동시에 숨기는 양식의 이중적 성격은 시를 일종의 비밀의 형식으로 만든다. 시는 모든 것을 말하면서 아무것도 말하지 않는다.

문학이라는 '이상한 제도'의 역설적 구조는 시의 시작을 또한 종말로 이끈다. 좋은 시는 반복 불가능하며 단 한 번 태어난다. 시에서 시작과 종말은 구별되지 않는 하나이다. 시의 참다운 위의는 둘이 아닌 데서 나타난다. 시사(詩史)는 연속된 시간이 아니라 단절의 집합으로 보이며, 시의 동력은 의지가 아니라 우연으로 보인다.

시는 '쓰는' 것이 아니라 '받아 적는' 것이라는 인식은 창작의 과정을 고통과 인내의 시간으로 느끼는 모든 시인들의 공유지이기도 하다. "하나의 작품에, 하나의 고유명사"라는 '절대적 특이성'은 결국 "모든 특이성과 모든 고유명사에 통용"(데리다)되는 시의 역사를 이룬다. 그것은 비극과 행복의 이상한 동거가 반복되는 불연속의 시간이며, 제각각 빛을 발하는 고유명사들의 무한한 고원(plateau)이기도 하다.

시를 다양성과 무한의 고원으로 이해하는 것은 세계의 비대칭성을 전제하는 것이다. 바다에 대하여 육지가 대립되지 않는 것처럼 하늘에 대하여 땅은 대칭되지 않는다. 세계는 상상할 수 있는 모든 '대하여'에 대하여 거부 의사를 분명히 표한다. 세계는 비대칭적이다. 따라서 시도 비대칭적이다.

그러나 존재의 일의성에도 불구하고 세계를 대칭의 체계로 감각하는 일은 얼마든지 가능하며, 인간의 무기력은 한편으로 대칭적 세계의 예측 가능성을 필요로 하고 또 그 안정성을 추구하기도 한다. 때로 어떤 시인들은 대칭의 세계를 좇기도 하는 것이다. 대칭의 이원론은 인간의 바깥에 본질을 상정하고 세계를 양태로 간주한다. 그러므로 대칭은 고고한 수직의 체계이자 형상과 모방, 영혼과 육체, 의식과 물질, 지배와 피지배의 파생적 관계를 야기한다. 대칭의 체계에서 인간은 본질의 모방이거나 신의 피조물이거나 변명을 필요로 하는 무능한 존재자일 뿐이다.

물리적 차원의 대칭은 윤리적 층위의 대립과 쌍을 이룬다. 대칭이

몰가치하다면 대립은 가치론적 측면을 포함한다. 원형에 대하여 복제품의 열등성과 영혼에 대하여 육체의 종속성과 의식에 대하여 물질의 우선성, 그리고 지배에 대하여 피지배의 불가피성이 발생한다. 대립은 본성상 대립을 벗어나기 위해 대립의 쌍을 해체하는 작용을 수반하며, 때문에 공격적이고 전투적이며 파괴적이다. 따라서 대칭의 물리학과 대립의 윤리학을 극복하는 것은 참다운 시가 추구해야 할 과제가 된다.

시는 대칭에서 비대칭으로, 대립에서 비대립으로 나아가는 길을 쉬지 않고 걸어왔다. 좋은 시가 보여주는 원융의 세계는 미적 참신성과 윤리적 정당성을 동시에 견지하면서 세계-내-존재의 "본질적 구성을 갖는 현존재의 존재를 나타내는 형식적이며 실존론적인 표현"(하이데거)이 된다. 시가 품은 세계는 대칭적이지 않고 대립적이지 않다. 세계는 시 속에서 비대칭의 일의적 존재가 된다.

시는 대칭의 쌍이 사라지고 대립의 경계선이 무너진 곳에서 태어난다. 시 안에 자리한 하나의 세계가 처음부터 둘(혹은 여럿)이 아니라고 말할 수는 없지만, 그런 점에서 시가 표현하는 세계의 일의적 비대칭성은 인간의 역사에 위안의 언어를 선사하는 어떤 것이 된다. 즉물적 세계의 예측할 수 없는 우발성이 시라는 양식을 통해 비대칭의 세계에 도달할 때 우리는 '기쁨'을 만난다.

"시는 하나의 작용이다. 시가 우리에게 가르치는 것은 세계가 대상들의 모임으로 나타나지 않는다는 것이다. 세계는 사유에 반대되는 것이 아니다. 세계는—시의 작용을 위해서는—그 현전이 객관성보다 더 본질적인 것이다."(바디우) 시는 세계와의 작용 속에서 그 현전을 통해 비대칭의 실존을 표현하며, 독자와의 작용 속에서 비대립의 세계를 표현한다. 시의 사유는 세계와 대립되지 않는다. 오히려 세계의 현전을 능동적으로 사유함으로써 그 부분으로 진입한다.

따라서 우리 "삶의 과제는 차이가 분배되는 공간에 모든 반복들이 공존할 수 있도록 하는 데"(들뢰즈) 있다. 서로 다르지만 대립하지 않는 차이와 반복을 표현하는 것이 시의 세계이며, 때문에 세계는 자신의 천변만화(千變萬化)를 그 움직임대로 보여줄 수 있다. 그러므로 변화를 표현하는 시는 그만큼 "자신과 이혼하는 것과 더불어 끊임없이 결혼하는"(들뢰즈) 양식이기도 하다.

세계를 표현하는 시의 비대칭성에 주목하는 것은 대칭의 물리학과 대립의 윤리학을 넘어선 시의 실재를 확인하는 일이다. 그것은 공격적이지 않고, 전투적이지 않고, 파괴적이지 않은 실상을 만나는 일이기도 하다. 대칭과 대립을 벗어난 지점에서 시는 "천 갈래로 길이 나 있는 모든 다양체들에 대해 단 하나의 똑같은 목소리"(들뢰즈)가 된다. 그것은 "역동적이기보다는 쓸쓸하고 고즈넉하게, 실험적이기보다는 고전적으로, 가치론적이기보다는 실존적으로, 함성을 지르기보다는 나직한 목소리"(유성호)로 그렇게 다가오는 시의 진정한 위의일 것이다.

2024. 8.

운정에서 김재홍

차 례

책머리에 • 4

제 I 부 • 현대시의 비대칭성 — 이시영 시를 중심으로

제1장. 비대칭의 시 • 12

제2장. 일원론과 이원론 • 24

제3장. 비대칭성의 시론적 가능성 • 80

제4장. 비대칭성의 시적 양상 • 118

제5장. 비대칭의 시론을 위하여 • 169

제Ⅱ부 · 현대시의 상징성

제1장. 김남주 시의 상징체계와 발화 위치 • 178

제2장. 김종철 초기 시의 가톨릭 세계관 • 207

제3장. 고정희 시에 나타난 기독교적 상상력 • 237

제4장. 대긍정의 시를 위하여 • 264

참고문헌 • 269

찾아보기 • 281

제 I 부

현대시의 비대칭성
— 이시영 시를 중심으로

제1장. 비대칭의 시

만일 시에서 세계의 비대칭성이 구현된 다양체의 무한한 목소리를 발견할 수 있다면, 그것은 시가 탄생한 순간부터 추구해 온 서정적 원융의 만화경(萬華鏡)을 확인하는 일이 될 터이다. 비대칭적 세계의 다양성의 근원은 창조성이다. 그것은 인위적인 창조의 의지가 아니라 능산적 자연[1]의 가능성이거나 신의 주사위 던지기[2]이다. 라이프니츠를 따라 "신은 공존 불가능한 여러 세계에 걸쳐 있는 '불확실한 아담' 또는 변덕스러운 아담을 창조한 것이 아니라, 세계의 가능성만큼 수많은 발산하는 아담들을 '가능태의 이유에 따라' 창조하였으며, 여기에서 각 아담은 자신이 속한 세계 전체를 포함한다."[3] 비대칭적 세계는 다양성을 극한까지 밀고 나가는 데서 실현되는 창조성의 표현이다.

---

1) "(실재와 원인으로서) 능산적(naturante)이라 말해지는 자연과 (결과와 양태로서) 소산적이라고 말해지는 자연은 상호 내재성의 연관들 속에서 파악된다. … 원인은 자신 안에 머물면서 생산한다." 질 들뢰즈, 『스피노자의 철학』(박기순 옮김), 민음사, 2017(2판 12쇄), 133쪽.

2) "주사위 던지기는 〈우연〉을 긍정하고 모든 우연을 사유하는 역량이며, 이것은 무엇보다도 원리가 아니라 모든 원리의 부재이다." 질 들뢰즈, 『주름, 라이프니츠와 바로크』(이찬웅 옮김), 문학과지성사, 2004, 124쪽.

3) 질 들뢰즈, 『주름, 라이프니츠와 바로크』, 118쪽.

'비대칭의 시학'은 철학사의 전개 속에서 발견되는 반플라톤주의적 사유와 반헤겔주의적 차이의 철학을 개관한 뒤 몇몇 현대 시인들이 보여 준 세계를 분석하고자 한다. 우선 들뢰즈의 '차이'와 '반복'의 동력학에 따른 존재의 일의성 개념을 살펴보고, 그의 저작들 속에서 발견되는 선행 철학자들의 영향을 정리해 보고자 한다. 들뢰즈에게는 멀리 스토아학파는 물론 아우구스티누스 같은 교부들과 둔스 스코투스 등 스콜라철학자가 보이며 또 스피노자와 라이프니츠, 니체와 베르그송과 화이트헤드를 거쳐 하이데거와 레비나스, 푸코와 데리다까지 보이기 때문이다. 이들을 모두 일의성의 주창자들이라고 할 수도 없으며, 이들의 철학을 반플라톤주의 하나로 수렴할 수는 없지만, 들뢰즈에 이르러 비대칭적 일의성으로 수렴되고 있음은 확인할 수 있다.

들뢰즈의 『차이와 반복』에서 '차이'와 '반복'은 대립되지 않는다. 차이에 우위성이 있는 것도 아니며, 반복이 부정적이지도 않다. 비판의 대상은 동일성과 재현이며, 그 폭력적 전체주의일 뿐이다. 가령 '반복과 차이' '차이 자체' '대자적 반복' '사유의 이미지' '차이의 종합' '감성적인 것의 비대칭적 종합' '차이와 반복' 등으로 전개된 사유의 연속적 흐름만 보아도 '차이의 철학'이 넘어서고자 한 것은 대칭적 · 대립적 이원론임을 짐작할 수 있다. 들뢰즈는 플라톤을 정점으로 한 이원론자들의 계보에 대한 비판적 사유를 일관되게 보여주었다. 그에게서 데카르트와 헤겔에 대한 강한 부정은 쉽게 발견되는 것이며, 같은 맥락에서 프로이트와 그의 후예들에 대한 조롱에 가까운 비판[4]도 보인다.

---

4) "늑대인간은 알고 있었다. 프로이트는 곧 치료되었다고 선언하겠지만, 치료되기는커녕 루트, 라캉, 르클레르에 의해 영원히 계속 치료받게 될 것이라는 사실을, 요컨대 그는 자신이 본래

당연한 귀결이지만 철학사의 흐름을 따라가는 과정에서 자연스럽게 플라톤과 아리스토텔레스, 데카르트와 칸트, 그리고 헤겔과 마르크스 등의 사유가 보여주는 대칭적이고 대립적인 체계도 살펴볼 수 있을 터이다. 또 자체(idem)와 자기(ipse)로 동일성(identité)의 분리를 시도하면서 "자기성 자체를 구성할 수 있는" 타자성[5]을 모색하는 리쾨르와 "철학은 진리들과 대면한 진리성의 행위"라면서 "플라톤이 '시간의 항상성'이라고 부른 것, 철학이 영원성이라 명명하는 시간의 비시간적 본질을 향해 정향된다."고 주장하는 바디우의 논의[6]를 참조한다면, 현대의 플라톤주의자로 부를 만한 이들의 동일성 재구축 혹은 주체의 복권 시도를 이해할 수 있을 터이다. 또한 동일성과 부정성의 근거로 되어 있는 데카르트적 코기토가 프로이트에 의해 분열되고 다시 재영토화되는 과정에서 그의 후예들인 라캉이나 지젝의 논의들도 참고할 수 있겠다.

이시영은 그간 두 권의 산문집으로 자신의 시론을 표명해 왔다. 1995년 발간한 첫 산문집 『곧 수풀은 베어지리라』와 2016년 간행한 두 번째 산문집 『시 읽기의 즐거움』은 21년의 시차에도 불구하고 그의 일관된 시론을 보여준다. 가령 첫 산문집에서 "말을 서술하는 시가 아니라 함묵하는 시, 서늘한 울림을 주는 시를 써보고 싶었다."[7]고 밝혔다면, 두 번째 산문집에서는 "시가 시를 말하게 하고 시인은 깊은 침묵

이름보다 더 고유한, 〈늑대 인간〉이라는 진정한 고유명을 획득해 가는 중이라는 사실을" 질 들뢰즈 · 펠릭스 가타리, 『천 개의 고원』(김재인 옮김), 새물결, 2003(4쇄), 59쪽.

5) 폴 리쾨르, 『타자로서의 자기 자신』(김웅권 옮김), 동문선, 2006(초판), 15~17쪽.

6) 알랭 바디우, 『조건들』(이종영 옮김), 새물결, 2007(1판 2쇄), 104~105쪽.

7) 이시영, 『곧 수풀은 베어지리라』, 한양출판, 1995(1판 1쇄), 131쪽.

속에 빠질 줄 아는 한 뛰어난 미학주의 시인 김종삼"[8]이라고 말함으로써 시어의 경영에 대한 자신의 일관된 견해를 보여주었다. 이를 그의 말대로 '함묵의 발언'이라는 역설적 표현으로 정립할 수 있을 터이다. 또한 일본식 자수율의 관념을 버리고 음보율 도입을 주장하는 김흥규의 율격 이론[9]을 인용하면서 '음악으로서의 시'를 강조하는 견해는 두 산문집에 같은 문장으로 나타난다.[10] 이는 '음악적 율격'을 의식하는 그의 창작 기법의 일단을 보여주는 것이기도 하다.

그런가 하면 이시영은 "시의 사명이 민중의 소외를 제 몸의 현실로 받아들여 이를 '온몸'으로 밀고나감에 있다"는 도덕적 자각을 주문하면서도 '의식의 상투성과 경직화'를 우려하기도 했다. 이는 '언어적 긴장'에 대한 요구라고 할 수 있다. 또 현대시의 지나친 난해성을 시에 대한 민중적 소외(언어적 탈소외)로 진단[11]하는가 하면, "모든 시는 그 절정의 순간에 이러한 무의미의 경지를 체득하기 마련"이라는 '물활론적 의미론'을 주장하기도 했다. 이런 주장들은 계속 심화 · 확대되어 시에는 '어떤 비약'이나 '과감한 도약'이 있다며 "시인의 창조적이고 저돌적인 무모성이 작용하기 마련"[12]라는 시 창작의 우발적 성격을 '비약과 도약'의 관점에서 정의하기도 했다. 이와 같은 주장은 대칭이나 대립

8) 이시영, 『시 읽기의 즐거움 – 나의 한국 현대시 읽기』, 창비, 2016(초판 1쇄), 29~30쪽.

9) "율격은 '자연 언어의 운율적 가능성이 실현되는 추상적 규칙'으로서, 한 문화공동체가 가진 의식적 · 무의식적 양식이다." 김흥규, 『문학과 역사적 인간』, 창작과비평사, 1988(재판), 193쪽.

10) "좋은 시는 그 자체가 음악적 질서에 의해 팽팽하게 긴장되어 있는 시다." 이시영, 『곧 수풀은 베어지리라』, 164쪽, – , 『시 읽기의 즐거움 – 나의 한국 현대시 읽기』, 23쪽.

11) "시를 지나치게 고답적이고 난해하게 만들어, 그렇지 않아도 시로부터 안타까운 소외를 겪고 있는 대다수의 평범한 독자들을 그의 시로부터 아주 소외시켜 버릴는지도 모른다." 이시영, 『곧 수풀은 베어지리라』, 160쪽.

12) 이시영, 『시 읽기의 즐거움 – 나의 한국 현대시 읽기』, 42쪽.

을 의식하면서도 어느 한편에 치우지지 않는 일종의 '사이의 시론'으로 부를 수 있을 듯하다.

이시영의 '사이'는 시와 관련한 거의 모든 영역에 걸쳐 있는 것으로 보인다. 그것은 시행과 여백 사이('함묵의 발언')에 있고 음악과 시 사이('음악적 율격')에 있으며, 민중과 언어 사이('도덕적 긴장'), 서정시와 난해시 사이('언어적 탈소외'), 의미와 무의미 사이('물활론적 의미론'), 창작과 우발성 사이('비약과 도약')에 있다. 발상과 착상의 차원이든 주제의식과 소재의 측면이든 기법과 표현의 요소이든 불편부당한 '사이의 시론'은 어디에서든 관철된다. 본서는 이시영의 시론을 먼저 '생성 혹은 도약의 관점'에서 분석해 보고, 이어서 '주름 혹은 펼침의 관점'에서 파악해 보고자 한다. 이를 통해 이시영의 시론은 곧 '비대칭성의 시론'임을 확인해 보고자 한다.

작품론의 관점에서 이시영의 시편들에 보이는 비대칭의 양상은 일곱 가지로 대별해 볼 수 있다. 첫째 물질과 비물질의 비대칭, 둘째 영혼과 육체의 비대칭, 셋째, 내부와 외부의 비대칭, 넷째 질서와 무질서의 비대칭, 다섯째 내용과 표현의 비대칭, 여섯째 의미와 무의미의 비대칭, 일곱째 순간과 영원의 비대칭 등이다. 본서는 이와 같은 비대칭의 양상을 세밀하게 추적해 보고, 그것을 토대로 다시 이시영의 시 세계 전반을 비대칭성의 종합으로 정리해 보고자 한다.

우선 물질과 비물질은 대칭적이지 않다. 스토아철학은 실체를 물체(sôma)라 주장하면서도 비물체적인 것(asômata)인 공허, 장소, 시간, 렉톤(lekton, 언어로만 표현 가능한 것)을 물체적인 것의 표면(이면) 효과로 그 실체성을 인정했다.[13] 들뢰즈는 이를 발전시켜 물질과 비물질을 분리하지 않는 거대한 고른판(gros plan, 사건의 지평)[14] 개념을 통해 비대칭적 사유를 전개했다. 사건은 "물체적인 것들이 운동할 때 그 표면에서 발생하는 효과/결과"이다. 그것은 "존재(물체 또는 사태/성질)가 아니라 존재 방식(사건/부대물)"[15]이다. 의미는 사건들의 계열 속에 있다. '존재 방식'은 존재의 배치에 따라 전혀 다른 의미를 생성하기도 한다. 의미는 계열에 의해 발생한다.

가령 「아름다운 分割」[16]에서 "파도가 머리를 꼿꼿이 세우고 달려와/ 단 한 차례 방파제를 들이받곤/ 거대한 물보라를 남기며 스러져간다"는 1연과 이어서 "수평선 쪽에서 갈매기 한 마리가 문득 머리를 들고/ 잔잔하게 하늘을 가른다"는 2연의 연결에 보이는 표백된 의미(비물질)는 오히려 '거대한' 물보라의 이미지에 대비되는 '잔잔한' 하늘의 이미지를 통해 '강렬한' 의미(물질)를 발생시킨다. 2연 5행의 짧은 이 작품이 보여주는 거대함과 잔잔함의 화면 분할은 물질과 비물질의 경계를 허물면서 이시영 특유의 '함묵의 언어'를 보여준다.

영혼과 육체도 대칭적이지 않다. 영혼은 언제나 동요하고 육체는 항상 고통을 겪는다, 하지만 이들을 분리하는 것은 가능하지도 않으며 윤리적이지도 않다. "신체는 정신을 사유로 결정할 수 없으며, 정신도 신체를 운동이나 정지로 그리고 (만약 다른 것이 있다면) 다른 어떤 것으

13) 이정우, 『시뮬라크르의 시대 – 들뢰즈와 사건의 철학』, 기획출판 거름, 2000(제2판 제1쇄), 77쪽.
14) 질 들뢰즈 · 펠릭스 가타리, 『천 개의 고원』, 327쪽.
15) 질 들뢰즈, 『의미의 논리』(이정우 옮김), 한길사, 2015(제1판 11쇄), 51쪽.
16) 이시영, 『사이』(제6시집), 창작과비평사, 1996, 14쪽.

로 결정할 수 없다."[17] 스피노자를 따라 영혼과 육체는 평행하다. 인간의 영혼과 육체는 동일한 존재의 두 가지 표현, 즉 연장과 사유라는 두 속성으로 표현된 것이기 때문이다. "말을 타고 달리다가 인디언들은 갑자기 뒤를 돌아본다고 한다/ 거기 영혼이 따라오는지 보려고!/ 그들이야말로 영원한 대지의 자식들이다"(「옛날엔」 전문)[18] 이는 영혼과 육체의 비대칭이다.

내부와 외부도 비대칭이다. 안팎은 구별되지 않고 분리되지 않는 하나의 양면이다. 생존 환경을 우호적으로 재배치하는 것은 타자(다른 자신)가 아니라 '우리처럼 되어야 할 사람들'이며, "단절은 더 이상 안과 밖 사이에서 일어나지 않고, 동시적인 기표작용적 사슬들과 연이은 주체화의 선택들 내부에서 일어난다."[19] 적대적 모순 관계라 하더라도 타자는 외부에 있지 않고 내부의 이념에 의해 배치된다. 이시영이 "70년대의 다분히 낭만적인 단계를 벗어나 변혁 주체의 새로운 시대적 요구에 부응해야 하는 질적 변환기에 처해 있다."[20]고 말할 때에도 주체는 외부가 아니라 내부에 '있어야' 하는 것이며, "옳은 시가 있는 것이 아니라 다양한 시가 있을 뿐이며, 살아 있는 시와 그렇지 못한 시가 있을 뿐"[21]이라고 말할 때에도 시는 이미 자신 내부에 생존의 근거를 두고 있는 것이지 바깥에서 연명할 터전을 찾을 수 없는 것이다.

"의자에 앉으면 흔들리는 것이 있다/ 바람도 불지 않는데/ 흔들리는

17) B. 스피노자, 『에티카』(강영계 옮김), 도서출판 서광사, 2016(개정판 8쇄), 155쪽.
18) 이시영, 『호야네 말』(제13시집), 창비, 2014, 20쪽.
19) "인종주의는 결코 타자의 입자들을 정탐하지 않는다." 질 들뢰즈 · 펠릭스 가타리, 『천 개의 고원』, 340쪽.
20) 이시영, 『곧 수풀은 베어지리라』, 131쪽.
21) 이시영, 『시 읽기의 즐거움 – 나의 한국 현대시 읽기』, 109쪽.

누가 있다/ 흔들리는 것은 내가 아니라고/ 흔들리는 것은 그대가 아니라고/ 다짐하고 맹세하며 흔들리는 누가 있다"(「의자」 전문)[22]와 같이 흔들리는 외부의 '의자'는 내부의 '흔들림'과 구별되지 않고 분리되지 않는다.

가타리는 카오스와 코스모스의 경계를 무너뜨리는 '카오스모제'[23]를 상정했다. 그에게 질서와 무질서는 대칭되지 않는다. 가타리에게 세계는 "주체의 위치성이 구현되는 중심(배꼽점)이, 파괴 · 탈전체화 · 탈영토화의 지점이 존재한다는 조건에서만 구현될 뿐"(질서의 혼돈화)이다. 그러나 동시에 "압력이 감소한 이러한 공포(空胞)는 실존적 영토들 및 무형적인 준거 세계가 스스로 끊임없이 재긍정하고 뒤얽히게 만들며 일관성을 요구하고 발전시키는 근거인 자기 생산의 핵(noyau)"(혼돈의 질서화)이기도 하다. 따라서 카오스모제란 대칭적으로 분리되어 있지 않으며, 대립적으로 이해되지도 않는다. 그것은 영토화, 탈영토화, 재영토화의 중층적 흐름이거나 지층화, 탈지층화, 재지층화의 연속된 변주이다. 따라서 그것은 신의 죽음과 대타자의 탄생[24]이라기보다는 처음부터 심판하지 않고 심판할 필요가 없는 신의 재발견에 가깝다. 가령 "폐허의 거리에 봄이 왔단다/ 친구야 일어서서 우리 얼굴을 보자/ 재 너머 눈 시린 황토무덤에/ 그날의 피 맺힌 숨결인 듯/ 자욱히 민들

---

22) 이시영, 『만월』(제1시집), 창작과비평사, 1976, 36쪽.

23) Chaosmose는 Chaos(혼돈)와 Cosmos(질서), Osmose(상호 침투)의 결합어로 카오스와 복잡성 사이에서 일어나는 조직화 과정을 설명하기 위해서 가타리가 만들어낸 신조어(역주). 펠릭스 가타리, 『카오스모제』(윤수종 옮김), 동문선, 2003(초판), 105쪽.

24) "오늘날 신이 죽은 것이 아니다. 신은 처음부터 죽어 있었다. 단지 그가 그것을 알지 못하고 있었을 뿐 ……" 슬라보예 지젝, 『까다로운 주체』(이성민 옮김), 도서출판b, 2015(초판 4쇄), 519쪽.

레씨 인다"(「지평선」 전문)[25]는 표현은 카오스모제적 사유를 보여준다. 폐허(패배 혹은 상실) → 황토무덤(죽음) → 민들레씨(탄생 혹은 부활)로 이어지는 의미론적 흐름과 오다(봄) → 보다(얼굴) → 일다(민들레씨)로 이어지는 인식론적 연속에는 각각 어떤 대립도 대칭도 없으며, 모순이 없다. 때문에 '지평선'은 흐름과 연속의 운동 속에서 거대한 낙관과 희망의 이미지로 상승한다.

형식과 실체라는 상호포함 속에서 내용과 표현은 대칭되지 않는다. 내용은 일정한 형식에 의해 배치된 실체를 갖는다. 그래서 내용의 형식이 있고 내용의 실체가 있다. 마찬가지로 표현은 어떤 구조적 특성과 그에 부합하는 합성물들의 계열을 갖는다. 따라서 표현의 형식이 있고 표현의 실체가 있다. 내용은 "어떤 특정한 질료가 '선택'되는가라는 문제에서는 실체의 관점에서, 그리고 그것이 어떤 특정한 질서를 가지면서 선택되는가라는 문제에서는 형식의 관점에서 고려되어야만 한다." 표현도 형식과 실체라는 두 가지 관점에서 이해되는데 "하나의 지층에는 상대적으로 불변한다는 조건 하에 표현 가능한 것의 차원 또는 표현의 차원이 항상 존재한다."[26]

들뢰즈와 가타리는 내용과 표현의 분절과 상호포함을 탈영토화된 기계로서 '추상 기계'라고 부른다. 그는 "한편으로 언어에 고유한 표현의 음소적이고 통사적인 담론성 기계와 다른 한편으로 내용의 의미적 통일성들의 분할 사이에 다리가, 횡단성이 있을 것"[27]이라고 밝혔다.

25) 이시영, 『바람 속으로』(제2시집), 창작과비평사, 1986, 27쪽.
26) 질 들뢰즈 · 펠릭스 가타리, 『천 개의 고원』, 93쪽.
27) 질 들뢰즈 · 펠릭스 가타리, 『천 개의 고원』, 39쪽.

내용과 표현은 서로 횡단하는 추상 기계들이다. “나뭇잎들이 포도 위에 다소곳이 내린다/ 저 잎새 그늘을 따라 가겠다는 사람이 옛날에 있었다”(「무늬」 전문)와 “산기슭 양지녘에 주춤주춤 물러앉아 저무는 마을/ 순한 산짐승 같다”(「연기 속에」 전문)[28] 등에서 보이는 음소적 · 통사적 형식과 의미의 실체는 서로 횡단하면서 필연성을 향해 나아간다. 이시영의 짧은 시편들은 더 이상 보태거나 뺄 것이 없는 내용과 표현의 비대칭성을 여실하게 보여준다.

의미와 무의미도 비대칭적이다. 의미는 시인이 선택한 언표들에서 오는 것이 아니라 오히려 언표 바깥의 잉여에서 오는 것(“기호의 잉여성, 기호의 대리보충성”)[29]이며, “무의미는 의미와 내적이고 본래적인 관계를 맺기 때문에 그것은 각 계열의 항들에 의미를 제공해 주는 것이기도 하다.”[30] 의미가 차이와 계열에서 오는 만큼 무의미 또한 그것들에서 형성된다면, 시인의 지시적 의미와 독자의 수용적 의미 사이에는 일정한 불일치가 있을 수밖에 없고, 이것이 곧 시 예술이 포함하는 우발적 속성의 한 양상이기도 하다. 그러므로 “좋은 시는 그 자체가 생물과도 같아서 스스로의 힘으로 존재하며 빛을 뿜고 수런대고 교감(交感)하고 우리에게 말을 걸기도 한다.”는 이시영의 말은 타당하다. 시인의 지시적 의욕이 적을수록 시적 의미는 확장된다고 할 수 있다. 그 나머지는 무의미다.

마지막으로 순간과 영원도 대칭되지 않는다. 오직 현재만을 사는 신

28) 이시영, 『무늬』(제5시집), 문학과지성사, 1994, 29쪽, 73쪽.
29) 폴 프라이, 『문학이론』(정영목 옮김), 문학동네, 2019(1판 2쇄), 234쪽.
30) 질 들뢰즈, 『의미의 논리』, 163쪽.

만이 아니라 인간에게도 과거와 현재와 미래는 연속된 직선의 시간이 아니다. 분절적 크로노스의 시간과 비분절적 아이온의 시간을 구별한 스토아적 시간관[31]을 넘어 아우구스티누스는 "흘러가는 것이 없을 때 과거의 시간이 있지 아니하고, 흘러오는 무엇이 없을 때 미래의 시간도 있지 아니할 것이며, 아무것도 없을 때 현재라는 시간도 있지 아니할 것"[32]이라고 했다. 그에게는 오직 현재밖에 없었다. 그러므로 현재의 순간은 곧 영원이며 그 역도 마찬가지이다. 들뢰즈도 '무엇이 일어났는가?'를 묻는 단편소설과 '무슨 일이 일어날 것인가?'를 추적케 하는 콩트와 이들을 "영구히 살아 있는 현재(지속)의 변주 속으로 통합"시키는 장편소설을 모두 현재 속에 과거와 미래를 놓는 예술로 인식했다.

시는 현재적 비애를 고백하는 예술이다. 시의 현재는 기억의 현재(과거)와 기대의 현재(미래)를 호기심의 현재[33] 속에 녹여내는 비대칭의 시간이다. 사건을 포함하고 있는 이야기 시와 사건이 배제된 짧은 시로 이루어진 이시영의 시 세계 역시 현재의 시간으로 미끄러져 들어간다. 가령 "바람아 몽고바람아 쌩쌩 몰아쳐 와라/ 이 바람 속에는 중강진 혜산진을 지키는/ 수비대 병사들의 뜨거운 뺨 기운도 깃들어 있다"(「강추위」 전문)는 시행과 "고향에 갔더니 예 살던 사람들은 보이지 않고 무덤들만 거북이처럼 목을 빼고 양지녘을 향해 기어오르고 있었습니다."라는 표현은 기억과 기대와 호기심을 하나로 만들어내는 날

31) 이정우, 『삶, 죽음, 운명 – 스토아 철학에서 禪으로』, 기획출판 거름, 1999(제1판 제1쇄), 161~173쪽.
32) A. 아우구스티누스, 『고백록』(최민순 옮김), 바오로딸, 2015(3판 14쇄), 493쪽.
33) 마르틴 하이데거, 『존재와 시간』(전양범 옮김), 동서문화사, 2018(4판 3쇄), 448쪽.

카로운 시적 이미지를 보여준다.

시는 비대칭적이고 비대립적이다. 세계를 표현하는 시인의 내면은 대칭과 대립에 의해 분할될 수 없다. 시는 처음부터 솔직한 고백이자, 거대한 긍정이다.

제2장. 일원론과 이원론

1. 일원론과 비대칭성

하나 혹은 여럿

하나는 비대칭이다. 하나의 사유가 전체주의만 아니라면, 그 하나는 여럿과 대립하지 않는다. 대자적 동일성을 거부함으로써 오히려 여럿의 개별성을 얻는다. 하나와 여럿의 통일은 모순이 아니며 겹겹이 주름진 중층적 세계의 객관적 실재이다. 세계는 언제나 여럿의 절대적 규준을 따라 펼쳐진다. 동시에 세계는 하나의 절대적 규준에 따라 무한히 포함된다. 여럿과 하나의 통일만큼 이들의 동시적 존재는 은유가 아니며, 이들의 상호 침투와 유기적 연쇄도 실체이다. 여럿은 언제나 하나로 하강과 상승의 수직적 운동을, 하나는 언제나 여럿으로 펼침과 접힘의 수평적 운동을 행한다. 시작도 없고 끝도 없는 무한한 운동 속에서 하나는 모두를 포함한다.

하나와 여럿의 관계를 대칭이나 대립이 아니라 일의적으로 본 스토아주의자들에게 인식은 표상(phantasia)에 의해 촉발된다. 표상은 '영혼에 새겨진 인상'이다. 그것은 외부 사물들이 영혼 안에 나타나는 것으로, "그저 영혼에 재현(re-présente)되는 것 이상으로 영혼에 부여되는 방식"이기도 하다. 표상은 단순한 인상이 아니라 영혼의 '변형들'이다. "영혼에 저장된 감각 인상들로부터 우리의 첫 번째 개념들이 형성되며, 다음으로 이 개념들에 대하여 조립이나 유비와 같은 조작을 통해 한결 더 복잡한 개념들이 형성되는 것이다."[34] 인상과 변형, 개념으로 진행되는 영혼의 인식 작용은 일의적이다. 플라톤이 영혼을 여러 요소로 나누고 그 가운데 "혼의 가장 강력한 부분"[35]이라는 지위를 이성에 부여하며 욕구와 대립적으로 본 것과 달리 스토아주의자들은 "영혼 안에 위치한 개념들의 총체"를 이성이라고 함으로써 하나와 여럿의 대립에서 벗어났다.

스토아주의자들은 영혼을 물체라고 생각함으로써 정신과 물질의 대립도 넘어선다. "어떠한 비물체적인 것도 물체와는 떨어져 있을 수 없"다는 그들의 자연학에 근거할 때 영혼은 비물체적인 것과 물체적인 것의 통합이다. 영혼은 인간을 이끌어가는 지도 원리인 이성의 다른 이름에 해당한다. 그것은 신이 "이미 질료에 내재"하여 마치 '씨앗'처럼 동물을 형성하는 생물학적 작용과 같다. 영혼이 물체인 것처럼 이성도 인간의 내부에서 작용하는 물질적 현상이다. 스토아주의의 비대칭성은 이처럼 내적인 데서 비롯된다. 신도 세계의 바깥에 있는 존

34) 장바티스트 구리나, 『스토아주의』(김유석 옮김), 글항아리, 2019(1판2쇄), 40~41쪽.
35) "신들은 욕구적인 부분이 이성의 말을 이해하려 들지 않을 것이요, … 오히려 그것은 밤이나 낮이나 영상들과 환영들에 아주 쉽게 미혹되리라는 것을 알았지요." 플라톤, 『티마이오스』(김유석 옮김), 아카넷, 2019(1판 2쇄), 132쪽.

재가 아니다. “신은 이 세계를 내부로부터 형성했고, 다음으로 영혼이 몸을 지휘하는 것과 같은 방식으로 그것을 지휘한다.”[36] 스토아주의자들은 그리스의 전통적 신들을 믿지 않았다. 그들이 보기에 신들은 세계의 각 부분에 내재해 있는 원리들이지 외부적 존재가 아니기 때문이다.

플라톤과 마찬가지로 아리스토텔레스에게 있어 최고의 유적 존재는 형상(에이도스)에 있다. 그들은 ‘있는 것’(quod est, 존재)에 관한 이원론을 전개했다. 그런데 스토아주의자들에게 존재보다 더 일반적인 최고류는 ‘어떤 것’(quid)이다. 그것은 “있는 것(즉 물체들)과 있지 않은 것, 즉 비물체적인 것을 종으로” 갖는다. 3차원(가로, 세로, 깊이)의 연장을 가지는 물체와 그렇지 않은 비물체적인 것을 모두 ‘어떤 것’으로 통합함으로써 스토아적 일원론이 성립된다. 물체와 비물체의 비대칭적 일원론인 ‘어떤 것’은 일정한 분류 체계를 따라 구별되면서 통합된다. ‘어떤 것’에 ‘여럿’의 구별과 ‘하나’의 통합이 있다. 우선 ‘있는 것’과 ‘있지 않은 것’이 구별된다. 다음으로 ‘있는 것’은 물체들과 비물체적인 것들로 구별된다. ‘물체들’은 다시 ‘생물’과 ‘무생물’로 구별된다.[37] ‘어떤 것’에는 비물체적인 것뿐만 아니라 ‘있지 않는 것’도 포함된다.

비존재의 존재라고 할 수 있는 비물체적인 것은 허공, 장소, 시간, 언표 가능한 것(lekton) 등 네 가지이다. ‘허공’이란 물체에 의해 점유될 수 있지만 그렇지 않은 상태의 것이다. ‘장소’란 물체에 의해 점유된 것이자 점유하고 있는 것과 동등한 것이다. 장소는 점유된 허공이라고

36) 장바티스트 구리나, 앞의 책, 114~117쪽.
37) “도식 7. 세네카에 따른 최고류의 분류” 장바티스트 구리나, 앞의 책, 99~100쪽.

할 수 있다. “허공과 장소는 밀접하게 서로 연결되어 있으며, 그런 식으로 물체 개념과도 연결되어 있다.”[38] ‘시간’은 삼차원적으로 펼쳐져 있지 않다. 공간적이지 않은 것으로서 시간은 ‘운동의 차원’ 혹은 ‘세계 운동의 차원’으로 정의된다. ‘언표 가능한 것’은 변증술의 대상이자 원인론의 요소이다. ‘언어로만 표현되는 것’은 바로 사건이다. 물체적인 것과 비물체적인 것(허공, 장소)의 운동(시간)이 사건이기 때문이다. 스토아철학이 말하는 ‘어떤 것’은 사건이 벌어지는 장(field)이다. “스토아학파에서 실재는 물체고 사건은 물체의 표면에서 발생하는 효과”라고 할 수 있다. ‘언표 가능한 것’이 변증술의 대상이자 원인론의 요소라고 하는 것은 바로 ‘어떤 것’이 사건의 장에서 전개되는 ‘운동의 의미’를 언어적으로 표현한다는 것을 말한다. 스토아적 일원론의 뿌리에 ‘어떤 것’의 비대칭성이 있다.

‘어떤 것’의 세계는 사건으로 가득 차 있다. 물체와 비물체적인 것이 통일되어 있기 때문에 사건과 의미는 동시에 성립한다.[39] 스토아철학의 의미론에는 세 가지 실재가 구별된다. 의미 내용과, 의미 형식, 외부 담지자가 그것이다. ‘의미 형식’은 발성된 소리로서 물체적인 언표 형식이다. ‘의미 내용’은 발성을 통해 드러나는 비물체적인 것이자 사고와 일치하는 언표의 내용이다. ‘외부 담지자’는 언표의 주체이거나 언표 행위의 주체로서 물체적인 존재자이다. 한 사건의 의미 구조에 세 가지 실재가 관여한다. 스토아적 의미론은 비대칭적이다. ‘의미 내용’(말해질 수 있는 것)은 다시 완전한 것(소크라테스가 쓴다)과 불완전한

38) 장바티스트 구리나, 앞의 책, 103쪽.
39) 이정우, 『삶, 죽음, 운명 – 스토아 철학에서 禪으로』, 40쪽.

것(쓴다)으로 나누어진다.

스토아철학자들은 아리스토텔레스의 목적론적 세계관을 받아들여 삶의 목표를 '행복'으로, 목적을 '행복에 도달하는 것'으로 보았다. 그것은 궁수가 과녁을 '목표'로 하여 거기에 도달하기 위한 '목적'으로 화살을 쏘는 것과 같다. 스토아적 의미의 행복한 삶이란 "덕에 부합하는 삶, 조화로운 삶 또는 동일한 것으로 있는 것, 그리고 자연에 부합하는 삶"[40]이다. 여기서도 일의적 사유가 드러난다. '자연에 부합하는 삶'을 행복의 요소로 보고 '자연과의 합일'을 주장한 것은 이원론적 사유에서는 볼 수 없다. 스토아적 '합일'에는 오직 자연의 지배만을 받는 식물의 자생적인 합일과 자신들에게 적절한 것을 찾도록 추동해 주는 표상과 충동을 받는 동물의 합일, 이성적 존재들인 인간에게 주어지는 이성적 합일이 있다. "자연은 공통 본성, 즉 우주의 본성인 동시에, 인간에게 고유한 본성으로서의 인간적 본성"이기도 한 것이다.[41] 이는 분명 인간과 자연을 분리시킨 근대적 사유와는 구별된다. "우리 각자는 여러 개의 동심원 안에 등록되어 있으며, 가장 큰 원은 인류 전체의 원"이라는 스토아적 사유는 자연 전체로 확장되어 있다.

그런데 헤겔은 "자기의식의 자유가 의식적인 형태를 띠고 정신사 속에 등장한 것"이 '스토아주의'라면서 그들은 "사물에 대한 예속 관계를 말끔히 청산하고 순수하며 보편적인 사상의 세계로 되돌아가는 데서 자유를 획득한다."고 보았다. '자기의식'이란 자기 이외의 것도 아니고 순수하게 추상적인 자아도 아니며 "어디까지나 타자존재를 사유된 구

40) 장바티스트 구리나, 앞의 책, 76~77쪽.
41) 장바티스트 구리나, 앞의 책, 79쪽.

별로서 자기 내부에 지니고 있는 자아"인데, 스토아주의의 의식 속에는 "오로지 사유의 기본을 이루는 개념뿐"이라며 그 '내용 없는 추상적인 자유'를 비판적으로 보았다.[42] 스토아주의를 공허한 자유주의로 몰아붙인 헤겔의 비난에 대하여 크뤼십포스라면 "자연은 더 이상 다소간의 규범적인 의미하에서만 문제가 되는 것이 아니다. 오히려 세계의 사건들의 총체가 문제이며, 우리는 이와 더불어 조화를 이루며 살아야 하는 것"이라고 답했을 터이다.

둔스 스코투스는 스토아철학의 내재적 존재론을 후대로 연결하는 징검다리 같은 역할을 했다. 가톨릭교회의 복자(福者, Blessed)이며 명민한 박사(Doctor Subtilis)로 불리는 그는 당시 옥스퍼드에서 일어난 수학적 · 자연과학적 연구의 영향을 받고, 또 프란치스코회의 신학적 노선 아래 아우구스티누스의 영향을 받아 토마스 아퀴나스의 사상에 반대하고 중세 스콜라철학을 르네상스로 인도하는 계기를 만들었다. 그는 "사물의 제일원리께서 나에게 지존을 기쁘게 하시고 우리들의 정신을 고양하여 그를 명상하게 할 바를 믿고, 이해하고, 고백할 수 있게 해 주시기를." 바란다면서 스스로 "나는 있는 나다(Ego sum, qui sum)."(탈출기 3,14)라고 말하였던 '참되고 온전한' 제일원리를 알고자 하였다. 둔스 스코투스에게 제일원리는 신이다. 그런데 이때의 신은 초월적 존재라기보다 제일 선행자(先行者)에 해당한다. 그는 "선행하는 것은 질서를 초월한다"고 보는 관점에 반대해 "본질적 질서를 엄격

42) "스토아주의가 끊임없이 내게우는 참다운 것과 선한 것, 지혜와 덕이라는 일반적인 말은 대체로 사람들의 정신을 고양하긴 하지만 사실 이로부터 내용이 전개될 수 있는 것은 아니므로 어느덧 권태로움을 자아내기에 이른다." G. W. F. 헤겔, 『정신현상학』(김양순 옮김), 동서문화사, 2021(1판 2쇄), 139~141쪽.

한 의미로 받아들이지 않”는다며 “오히려 그것들 간의 상호 관계에서 선행자에게나 후행자에게나 똑같이 말해질 수 있는 하나의 관계로서 공통적으로, 즉 질서 지워지는 것이 선행하는 것(prius)과 후행하는 것(posterius)으로 충분히 구분되는 것으로 취급”[43]하겠다고 밝혔다. 그 결과 “어떤 것이 선행자보다 선행한다면, 그것은 후행자보다 선행하기 때문”이라는 상호관계론으로 정립된다.

세계의 ‘원인’을 선행자–후행자의 ‘상호적’ 원리로 사유한 스코투스의 방법론은 세계의 바깥에 원인을 상정한 플라톤이나 아리스토텔레스와 달리 스토아주의의 내재성의 원리론에 가깝다. 스토아주의자들에게 내재적 원리는 두 가지로 나타난다. 하나는 ‘능동적 혹은 제작적 원리’로서 신이나 이성이고, 다른 하나는 수동적 원리로서 제작적 원리의 작용을 받아들이는 것이다.[44] 플라톤의 데미우르고스(제작자, 신)가 세계의 바깥에서 이데아를 따라 세계를 창조한다면, 스토아주의자들의 ‘신이나 이성’은 내재해 있다. 능동 원리는 생명의 씨앗(‘정자적 이성’)으로 내재하며, 수동 원리는 제1질료인 기체로 내재한다. 원리는 원소와도 다르다. 생성하고 소멸되며 일정한 형태를 취하는 공기, 물, 불, 흙이라는 ‘원소’를 세계의 본질로 생각한 자연철학자들과 달리 스토아주의의 ‘원리’는 생성과 소멸을 겪지 않으며 형태를 갖지도 않는다. 세계는 능동 원리와 수동 원리의 내재성의 법칙을 따라 형성되는 것이다. 스토아주의의 내재성의 원리는 안과 밖의 대칭과 대립을 전제하는 원인론도 아니며 영혼과 물질의 대칭과 대립을 전제하는 원

43) 요하네스 둔스 스코투스, 『제일원리론』(박우석 옮김), 누멘, 2018(초판 2쇄), 9~10쪽.
44) 장바티스트 구리나, 앞의 책, 108쪽.

소 이론도 아니다. 내재성의 원리는 비대칭적이며 상호관계론도 비대칭적이다.

스코투스에게도 기원은 외부에 있지 않다. 그는 "어떤 내재적 원인(causa intrinseca)의 모든 결과"는 또한 그것의 원인이 되는 "또 다른 내재적 원인을 갖는다."고 함으로써 내재성의 원리론을 정립했다. 선행자–후행자의 상호 관계는 내재적 원인의 선후행으로 연결된다. 이는 "원인은 하나의 물체인 바, 그것은 다른 물체가 겪는 결과의 원인"이라고 한 스토아주의의 원인론과 닮았다. 한 현상의 원인은 다른 현상의 결과이며, 한 물체의 이동은 다른 물체가 이동하는 원인이 된다. 원인을 물체로 사유하는 스토아적 원인론에서 '결과'는 비물체적인 '말할 수 있는 것' 혹은 '언표 가능한 것'으로 드러난다. "예를 들어 수술칼은 하나의 물체다. 그것은 또 다른 물체인 살에 대하여, '절단되다'라는 비물체적인 술어의 원인"이 되는 것이다. 스토아주의 원인론이 물체와 비물체의 대립을 해체함으로써 원인과 결과의 대립까지 무너뜨리듯 둔스 스코투스의 선후행 관계론도 비대칭적 성격을 갖는다.

스콜라철학자로서 둔스 스코투스의 사상적 근간은 '자유' 개념이다. 그에게 자유란 무엇보다 '신의 자유'를 뜻한다. "하느님은 절대적으로 자유로운" 존재이기 때문에 "그분이 행하고 작용을 미치시는 모든 것은 근본적으로 비필연적인 성격, 곧 특정한 의미에서 '우연적인' 성격을 가진다"[45]는 견해이다. 신을 '필연적' 섭리의 주재자로 보는 전통적 관점을 벗어나는 스코투스의 사유는 신앙(믿음)과 이성(지식)의 조화를

45) 요셉 피퍼, 『중세 스콜라 철학』(김진태 옮김), 가톨릭대학교출판부, 2003(제1판 제1쇄), 207쪽.

추구한 스콜라철학의 역사 안에서 그를 중세와 근대의 경계선에 놓이게 만든다. 자유 개념에서 촉발되는 우연성과 선행자-후행자의 상호관계론은 "세속화한 철학 개념과 똑같이 신앙 내용과 지식 내용의 결합을 어렵게 한다는 것"으로 평가받으면서 그를 "중세를 벗고 나오는" 최외곽 경계선으로 보는 근거가 되고 있다.

스피노자의 사유도 근본적으로 내재적이다. 그에게 내재성은 무엇보다 정신과 신체의 내적 평행론(psycho-physical parallelism)으로 드러난다. 그것은 수직적-초월적 신(정신)에 갇힌 인간(신체)의 수평적-내재적 해방을 꿈꾸는 절박함을 보여주는 듯하다. 스피노자는 "정신과 신체는 동일"하다면서 그것은 "때로는 사유의 속성 아래에서, 때로는 연장의 속성 아래에서 파악된다."[46]고 했다. 정신은 사유하는 것이며, 사유는 신의 속성이다. 따라서 정신은 신과 연결되고, 신체도 신과 연결된다. 세계의 바깥에 존재하는 신은 정신-신체의 비대칭성 내부로 들어간다. 여기에 정신(영혼, 의식)에 대하여 열등한 신체(물체, 사물)를 대립시킨 이원론적 사유를 넘는 경계선이 보인다. 정신과 신체는 더 이상 우열 관계에 놓이지 않는다. 그것은 사유와 연장의 속성에서만 평행한 것이 아니라 능동과 수동의 질서에서도 평행하다. "신체의 능동과 수동의 질서는 본성상 정신의 능동과 수동의 절서와 일치한다." 사유와 연장의 평행, 능동과 수동의 평행이라는 이중적 평행을 통해 정신과 신체는 대칭을 벗어나 완전한 내부적 통일로 진입한다. 들뢰즈는 이를 "모든 사물은 동시에 신체이고 정신이며, 사물이고 관

46) "정신과 신체는 동일 개체로서 어떤 때는 사유의 속성 아래서 또 어떤 때는 연장의 속성 아래에서 생각된다." B. 스피노자, 앞의 책, 112쪽.

념"이라면서 "모든 개체들은 영혼을 갖고 있다."[47]고 정리했다.

이처럼 "사유하는 실체와 연장된 실체는 동일한 실체"라는 존재론적 평행론은 자연스럽게 인식론적 평행론으로 나아간다. 스피노자에 따르면 "결과의 인식은 원인에 대한 인식에 의존하며 그것을 포함한다."[48] 모든 것에는 하나의 관념이 상응하며, "어떠한 것도 그것을 존재하게 한 원인이 없다면 인식될 수 없기 때문"이다. 따라서 "신의 사유 능력은 신의 행동의 현실적 능력과 동일하다."[49]는 결론에 도달한다. 신에게 있어 사유와 행동의 동일성은 세계의 객관적 실재(결과)와 그 원인인 신의 형상적 관념을 동일하게 결합시키기 때문이다. 존재론적 평행론은 '모든'(여럿)과 '하나'의 일의성을 갖고, 인식론적 평행론은 원인과 결과의 대립을 해체하는 비대칭성을 보여준다. 스피노자의 정신-신체 평행론은 내재적 사유 안에 일의적 존재론과 비대칭적 인식론을 구축한 것이다.

'자기 원인(causa sui)'은 자신의 존재를 위하여 다른 어떤 것에 의존하지 않고 의존할 필요조차 없다. 스피노자는 이를 "그것의 본질이 존재를 포함하는 것"이며 그 "본성이 존재할 수밖에 없는 것"으로 이해했다. 자기 원인은 모든 것의 원인이다. "신은 사물의 존재의 운동인일 뿐만 아니라 사물의 본질의 운동인이기도 하다." 하지만 신과 모든 것은 외부적 관계가 아니라 내부적 포함 관계를 형성한다. 정신-신체의 평행 속에서 사물은 "신이 사유하는 존재인 한 신을 원인으로 소유

47) 질 들뢰즈, 『스피노자의 철학』, 103쪽.
48) B. 스피노자, 앞의 책, 21쪽.
49) B. 스피노자, 앞의 책, 88쪽.

한다."[50] 원인으로서 신은 자신의 결과인 사물(인간)의 형상을 구성하지 않는다. 단지 포함되어 있을 뿐이다. 또 사유하는 신의 결과들은 각각 관념으로써 구별되며, 이들 개별적 양태들은 서로 인과 관계를 형성한다. "각각의 사물은 마찬가지로 유한하고 특정한 존재를 소유하는 다른 원인에 의하여 존재와 작용으로 결정되지 않는다면 존재할 수도 작용하도록 할 수도 없다."[51] 이런 과정이 '무한히' 진행됨으로써 모든 사물은 원인이 되고 동시에 결과가 된다. 원소도 아니고 원인도 아닌 스토아주의 원리론이 원인과 결과의 대립을 해체했듯 스피노자의 내재적 원인론도 인과 관계를 비대칭성으로 이끈다.

선과 악 혹은 좋음과 나쁨도 비대칭적이다. 스피노자에게 선-악과 기쁨-슬픔의 이중적 개념 쌍은 능력의 증가와 감소라는 내재적 성격에 기초해 있다. '기쁨'은 선이다. 그러나 '슬픔'은 직접적으로 악이다. 또한 삶과 죽음도 대립되지 않는다. 모든 사물이 동시에 원인이자 결과가 되는 원인론을 따라 존재의 연속은 처음부터 지속이기 때문이다. 지속의 끝은 죽음이라기보다 다른 존재의 지속이다. 스피노자에게 죽음은 한 존재의 파멸이 아니라, 다른 존재와의 만남이다. "사물은 외부의 원인에 의하지 않고서는 파괴될 수 없다."[52] 만남은 무한하다. 그것은 언제나 새롭고 경이롭고 자극적이다. 우리는 만남의 관계에 따라 중독되기도 하고 중독시키기도 한다.

"모나드는 타자가 출입할 수 있는 창문들을 가지고 있지 않다."[53] 그

50) B. 스피노자, 앞의 책, 91쪽.
51) B. 스피노자, 앞의 책, 55쪽.
52) B. 스피노자, 앞의 책, 162쪽.
53) "Les Monades n'ont point de fenêtres, par lesquelque chose y puisse entrer ou

것은 완벽한 내부성이다. 어떤 것도 안으로 들어오지 못하고, 또 밖으로 나가지 못한다. 모나드에는 오직 내부만 있다. 모나드는 부분들을 가지지 않는 단순 실체이지만, 복합체를 구성한다. 그것은 하나지만 일자(The One)가 아니며 오히려 세계 전체를 포함하고 있는 하나(the one)이다. 따라서 하나'들'은 서로 포함하고 서로 전제하지만 결코 단일하지 않다. 모나드는 일의적 존재이다. 모나드를 자연적으로 소멸시킬 어떠한 방도도 없고, 탄생시킬 방도 또한 없다. 그것은 창조에 의해서만 탄생하며, 무화에 의해서만 소멸될 수 있다. 모나드의 창조자는 신이다. 모나드는 온 세계를 포함하고 있으므로 자족적이며 자기 동일적이고 영원한 존재이다. 그것은 외부와 내부의 대립을 해체한 존재일 뿐만 아니라 하나와 여럿의 대립도 해체한 실체이다. 또한 그들은 '내면적 규정성'에 따라 서로 다른 존재들이다. 이처럼 라이프니츠의 사유는 다질적 단순 실체인 모나드들로 이루어진 세계를 보여준다.

온 세계를 포함하고 있는 모나드의 이미지를 상상하기란 쉽지 않다. 그것은 접히고 되접힌 종이접기이거나 주름지고 주름진 섬유공예를 떠올리게 한다. 그러나 모나드의 내적 복수성(하나-여럿)을 표상하는 시각적 이미지를 떠올리는 것은 그다지 중요하지 않다. 모나드가 포함한 세계는 '내적 원리'로서의 변화들이기 때문이다. 들뢰즈는 두 방향의 무한한 주름을 얘기한다. 물질의 겹주름과 영혼 안의 주름. 아래에서 물질은 주름에 따라 쌓여 있는 층(부분)과 주름 잡힌 채 그 전개 정도에 따라 구별 가능한 층(기관)이라는 두 겹의 주름으로 조직되어 있

---

sortir." G. W. 라이프니츠, 「모나드론」, §7, 이정우, 『주름, 갈래, 울림 - 라이프니츠와 철학』, 322쪽.

고, 위에서는 영혼이 "자신의 고유한 주름들 위로" 돌아다닌다. 모나드의 변화는 내적인 주름 운동이다. 모나드에는 어떤 것이 드나들 수 있는 창이 없기 때문이다. 따라서 세계를 포함하는 모나드의 조형적 원리를 시각화하는 것은 가능하지도 않고 필요하지도 않다.

주름 운동은 연속적이다. 주름이 주름을 낳고, 주름과 함께 주름으로 연속된다. 주름은 "어떤 응집력을 줄곧 유지하는 더욱더 작은 주름으로 무한히 분할된다." 따라서 모나드는 점이 아니며 원자도 아니다. 주름은 접히고(pli) 펼쳐지는(dépli) 무한한 연속을 통해 세계를 조형하고 모나드는 그것을 통해 완벽한 내부성을 구현한다. '접힘-펼침'은 단순히 당겨진다거나(수축) 늦춰지는(팽창) 운동이 아니라 "포괄됨-전개됨, 말아넣어짐-풀려나옴"을 통해 물질을 유기체화하고, 살아 있는 유기체를 조형한다. 아래층 물질-유기체의 겹주름에서 위층 영혼의 주름으로 나아간다. 이처럼 모나드의 주름 운동 안에서 물질과 영혼의 대립은 해체된다. 라이프니츠는 "자연의 유기체들은 결코 카오스나 부패의 산물이 아니라 언제나 씨앗들로부터 온다"면서 씨앗에는 "의심할 바 없이 어떤 전성(前成)이 있었음에 틀림없다."[54]고 단정한다. 생명체의 탄생을 전성설의 관점에서 바라본 라이프니츠의 모나드론은 자연스럽게 현대 유전학의 발생론으로 연결된다. 생명의 내적 운동 속에서 "영혼은 자신의 유기체와 관계없이, 그렇지만 자신의 유기체와 분리 불가능하게" 뇌의 주름들을 형성하는 자신의 통일성에 따라 "상위

54) G. W. 라이프니츠, 「모나드론」, §74, 이정우, 『주름, 갈래, 울림 - 라이프니츠와 철학』, 기획출판 거름, 2001(제1판 제1쇄), 315쪽.

의 통일성의 등급(정신)을 획득하면서 이성적인 것이 된다."[55)]

이와 같은 변화의 내적 원리 외에도 세부 사항들이 존재해야 한다. 이것들이 "단순 실체들의 구체적 차이와 다양성을 만들어낸다."[56)] '세부 사항'은 존재론적으로 사건들 혹은 일어나는 일들이며, 논리적으로 주어인 모나드의 술어들이다. 그런데 라이프니츠에게는 탄생과 발생의 내부적 연속과 마찬가지로 사건 혹은 술어들도 전성되어 있다. 모나드에 포함된 세계는 사건 혹은 술어들의 계열체이기 때문이다. 모나드의 완벽한 내부성이란 사건-술어의 계열들 전체가 모두 포함되어 있다는 의미에 다름 아니다. 사건-술어는 접힌 주름이 펼쳐지는 운동이자 되접히는 운동이라고 할 수 있다. 따라서 세계 안에 사건-술어가 존재하는 한 "단순 실체는 부분을 가지지 않음에도 다수의 변양태들과 관계들은 가져야 하는 것이다."

미세 지각론을 따라 라이프니츠의 시간 개념도 독특해진다. 현재란 한 모나드가 "그 이전 상태를 잇게 되는 것"이며, 따라서 "각 현재는 이미 미래를 머금고" 있다. 사건-술어의 펼침이 곧 시간이 되는 '사건의 시간' 개념이 성립된다. 그것은 "포착에서 다른 포착으로의 이행을 하나의 생성 안에 안정시키고, 미래를 품고 있는 현재 안에 과거를 놓은" 시간이다. 사건은 흐른다.[57)] 지나간 펼침에서 다가올 펼침으로 사건-술어의 계열은 무한히 흐른다. 그런데 모든 흐름에는 충분한 이유가 있다. 충족이유율은 "어떤 사실도, 그것이 왜 달리가 아니라 바

---

55) 질 들뢰즈, 『주름, 라이프니츠와 바로크』, 26~27쪽.
56) G. W. 라이프니츠, 「모나드론」, §12, 이정우, 『주름, 갈래, 울림 - 라이프니츠와 철학』, 301쪽.
57) "실재는 흐른다 - 그것과 함께 우리도 흐른다." 앙리 베르그송, 『사유와 운동』(이광래 옮김), 문예출판사, 2001(제1판 제4쇄), 259쪽.

로 그렇게 존재하는가를 설명해 주는 원리"라고 할 수 있다. 사건-술어는 모나드에 내속해 있기 때문에 어떠한 펼침으로 나타나더라도 그것은 충분한 이유가 있게 된다. 완전히 자족적인 자기 동일적 존재, 즉 '절대적으로 단순한' 존재는 신이다.

한 모나드에 속하는 신체는 "그것의 완성태와 더불어 생명체라고 불리는 것을 형성"[58]하는데 그것은 언제나 유기적이다. 신체를 가진 모나드 안에서 세계는 두 번 접혀 있다. 그것은 "영혼들 안에서 현실화되고, 신체들 안에서 실재화된다."[59] 오직 "신만이 신체를 가지지 않는다." 그러나 모나드의 "전적인 탄생이나 완전한 죽음은 존재하지 않는다." 탄생은 발생/펼쳐짐일 뿐이며 죽음이라는 것도 접힘/쇠퇴일 뿐이다. 죽음은 모나드를 헐벗게 만드는 것이지만, 그렇다고 완벽한 파멸이거나 사라짐이 아니다. 라이프니츠에게도 삶과 죽음은 대립되지 않는다. 그것은 스피노자의 죽음이 한 존재의 파멸이 아니라, 다른 존재와의 만남이었던 것과 닮았다. 신체와 완전히 분리된 모나드는 없다. 무한히 연속된 미세 지각들의 접힘과 펼침의 주름 운동을 통해 모나드는 영원히 존속한다.

라이프니츠에게 무한은 '발생/펼쳐짐'이라는 탄생과 '접힘/쇠퇴'라는 죽음의 파노라마였다. 그의 세계는 무한한 접힘이자 그것과 반대되지 않는 펼침이었다. 접힘과 펼침의 세계는 무한히 주름진 혹은 주름의 운동이었다. 차라리 접히는 것이거나 무한히 접히고 되접히는 어떤 연속이었다. 펼침이 아니라 펼쳐지는 것이거나 끊임없이 펼쳐지는 사

58) G. W. 라이프니츠, 「모나드론」 §63, 이정우, 『주름, 갈래, 울림 – 라이프니츠와 철학』, 313쪽.
59) 질 들뢰즈, 『주름, 라이프니츠와 바로크』, 219쪽.

건이었다. 라이프니츠에게 무한한 이 세계는 "무엇이 일어나든지 간에, 일어난 어떤 것"이었다. 그리고 이 명제는 230여 년 후 비트겐슈타인의 명제[60]로 다시 확인된다. 라이프니츠의 무한의 원리는 그를 '신의 변호사'로 만든다. 그가 발견한 '신의 놀이'의 규칙은 간명하다. 신은 '공존 가능한 것들의 실존'의 원리로 세계를 만들었다. 그러므로 최선의 원리는 배제가 아니라 포함이거나 겹침이며, '세상의 모든 최대화, 최다화, 최상화'이다.

카오스 혹은 코스모스

무(無)란 없다. 베르그송은 "'무'는 우리가 찾고 있는 것, 우리가 원하는 것, 우리가 기대하는 것이 없음"을 가리키는 것이라면서 "무란 더 이상 존재하지 않는다"[61]고 했다. 여기서 있음과 없음의 존재론적 대립은 해체된다. 존재는 단절되지 않는다. 무를 사유하기 위해 존재를 하나씩 제거해 나가더라도 '제거하는 주체'는 제거되지 않는다. 베르그송에게 존재는 영원히 지속된다. 이것이 존재들로 가득한 '창조적 진화'의 세계이다. 절대적인 '없음'은 없다.

무의 자연과학적 맥락은 진공(眞空)이다. 라이프니츠와 같이 베르그송은 진공은 없다고 주장했다. 무질서(카오스)도 질서의 없음이 아니라 오히려 무한히 많은 질서(코스모스)가 되며, 정지도 운동 없음이 아

60) "세계는 일어나는 모든 것이다(alles, was der Fall ist)." 루트비히 비트겐슈타인, 『논리-철학 논고』(이영철 옮김), 책세상, 2017(초판 12쇄), 19쪽.
61) 앙리 베르그송, 『사유와 운동』, 118쪽.

니라 무한히 느린 운동이 된다. 이처럼 절대적 무에 대한 부정은 있음과 없음의 대립만이 아니라 많은 개념적 대립 쌍을 해체한다. 내부와 외부의 대립, 주체와 대상의 대립, 정신과 육체의 대립, 가능적인 것과 실재적인 것의 대립 등이 베르그송의 사유 안에서 해체되어 버린다. 궁극적으로 베르그송의 사유는 대립적 체계를 모두 무너뜨린다. 그는 하나이되 여럿의 일의성 위에 지속의 시간을 기입한다. 그 지속은 단지 물리적으로 연속된 시간이 아니라 끊임없는 창조적 운동의 연속이다. 베르그송의 지속은 "연속성, 다질성, 창조성이라는 세 성질을 가장 기본적인 속성으로 지니고 있다."[62]

베르그송은 실재적 시간의 회복을 통해 시간의 정지점을 극복한다. 그는 우리가 측정하는 시간은 "결코 지속 자체로서의 지속을 대상으로 하지 않는다."면서 "단지 시간 간격의 극한치들 즉 순간들, 다시 말해서 시간의 잠재적인 정지점들을 헤아리고 있을 뿐"[63]이라고 말한다. 정지란 시간에 의해 표백된 정지점일 뿐이다. 시간에 의해 측정되는 정지란 운동의 멈춤이 아니라, 분할될 수 없는 운동(연속)을 "공간 가운데의 경로로서 행위 밑에 내려놓는 움직이지 않는 직선"이다. 베르그송은 단순히 운동과 정지의 대립만 해체한 게 아니라 인간적 체취가 사라진 냉혈의 운동(연속)에 인간의 체온을 입힌다.[64] 운동에서 시-공간을 제거한 채 오직 움직임(운동성)에만 집중한다면 충만한 연속으

---

62) 이정우, 『담론의 공간』, 산하미디어, 2000(1판 2쇄), 235~236쪽.

63) 앙리 베르그송, 『사유와 운동』, 11쪽.

64) "베르그송은 수학적인 연속성이 아니라 매순간 질(質)들의 변화와 운동이 수반되는 다질적인 연속성을 강조함으로써 수학적 사유의 원초적인 한계를 지적해 주고 있는 것이다." 이정우, 『담론의 공간』, 251~252쪽.

로서의 지속이 떠오른다. 지속은 "질의 다양성이면서 진행의 연속성이요, 또한 방향의 단일성"이다.

지속은 완전히 내적 연속이다. 과학이 수식과 부호로 탈색해 놓은 운동의 실재를 지속은 "그 내부에서, 그 자체로, 본연의 자태로 파악"[65]한다. 따라서 내적 운동(연속)으로서의 지속은 주체와 대상의 대립도 해체한다. 운동하는 대상은 수식과 부호에 의해 파악되지 않는다. 또한 외부적 주체의 관점에 의해 영향을 받지 않는다. 지속하는 주체는 "대상 자체 안에 있을 것이기 때문이다." 이것이 "분석을 통해 내부로 들어가 그 대상 안에 있는 유일하고, 표현될 수 없는 것과 합치하는 공감(共感)"이라는 직관이다. 세계의 운동이 무한한 것처럼 지속과 함께 분석도 무한히 계속된다. 그러나 공감으로서의 직관은 가능한 경우에 드러나는 하나의 단순한 행위이다.

이러한 대립의 해체를 통해 베르그송은 육체와 정신의 관계도 비대칭적으로 본다. 그는 '의식의 직접 소여(所與, 주어진 바)'라는 맥락에서 정신과 육체의 상호작용을 '단지 뇌 속의 기억의 정위' 문제로 보았다. 그는 "실어증에 대한 연구 결과, 의식과 유기체 사이에는 어떠한 추리도 선험적으로 구축할 수 없는 관계가 있다는 것이 밝혀졌다"면서 "심신병행설도 아니며 부수현상설도 아니고, 이것들과 유사한 어떤 것도 아니"[66]라고 보았다. 한 마디로 두뇌는 매순간 여러 기억들 중에서 선택과 배제를 행하는 기관이라는 주장이다. 베르그송은 '의식적인' 기억의 선택과 '무의식적' 기억의 배제를 구분하는 정신심리학을 받아들인

---

65) "나는 절대를 포착하는 것이다." 앙리 베르그송, 『사유와 운동』, 193쪽.
66) 앙리 베르그송, 『사유와 운동』, 89쪽.

셈이다. 베르그송에게 육체와 정신은 선택과 배제의 논리를 따라 대립적 관계를 벗어났다.

시간은 일종의 지연(retardment)이다. 시간은 '제작'이지만, 동시에 그 제작에 제약을 가한다. "시간이란 모든 것이 한꺼번에 주어지는 것을 방해하는 것"[67]이다. 시간이 펼쳐나가는 실재적인 것들의 향연은 언제나 지연된다. 그러나 그렇기 때문에 "시간은 창조와 선택의 수송체가 아닐까? 시간이 존재한다는 것은 곧 사물에 비결정적인 것이 있음을 증명하는 것이 아닐까? 시간이란 비결정성 그 자체가 아닐까?"라는 베르그송의 자문은 "아무 일도 하지 않는 것은 아무것도 아니"[68]라는 자답으로 이어진다. 베르그송이 정립한 비대칭적 사유가 새로운 이유는 고정된 개념적 대립의 단순한 해체가 아니라 무한히 지속되는 창조적 운동으로서의 생명의 약동을 보여준 데 있다.

화이트헤드는 자신의 사유를 유기체 철학(Philosophy of Organism)이라 불렀다. 그는 세계를 연장성을 특징으로 갖는 연장적 연속체로 구성된 유기적 우주라고 보았다. 그는 유기체 철학이 의도하는 바는 "우주론의 관념들을 압축시킨 구도를 제시하고, 그 관념들의 의미를 경험의 다양한 주제들과 대결시키면서 전개하여, 궁극적으로는 모든 특수한 논제를 서로 결합시킬 수 있는 충분한 우주론을 정교하게 구축하는 데" 있다고 밝혔다.[69] 요컨대 경험의 토대를 제시하는 여러 관념들을 어느 쪽으로든 치우치지 않게 유기적 맥락에서 종합하려는 노

67) 앙리 베르그송, 『사유와 운동』, 113쪽.
68) 앙리 베르그송, 『사유와 운동』, 113쪽.
69) 앨프레드 화이트헤드, 『과정과 실재』(오영환 옮김), 민음사, 2016(2판 7쇄), 43쪽.

력이라고 할 수 있다. 그가 자신의 철학을 "칸트 이전의 사고 양식에로의 회귀"라고 강조하면서 데카르트, 뉴턴, 흄을 거명하고 특히 『인간 지성론』의 로크를 중시한 것은 "생성한다는 것(the becoming), 존재한다는 것(the being), '현실적 존재'의 관계성(the relatedness of 'actual entities')"을 유기체 철학의 궁극적 지향으로 삼고 있음을 말하고자 하는 바이다.

따라서 화이트헤드는 사물의 속성이나 성질이 아니라 그것들 사이의 관계를 중시한다. 사물은 '분리된' 개별적 존재가 아니라 '연결된' 관계적 존재이다. "기초적 관념들은 상호 간에 분리 불가능한 것"이며 때문에 "어떠한 존재(entity)도 우주의 체계로부터 완전히 분리되어서는 파악될 수 없다."[70] 이렇게 완전히 연결된 세계를 이해하고자 하는 네 가지 개요가 있다. 첫째 현실적 존재(actual entity), 둘째 파악(prehension), 셋째 결합체(nexus), 넷째 존재론적 원리(ontological principle)이다. '현실적 존재'는 세계를 구성하는 궁극적인 실재적 사물이다. 신도 하나의 현실적 존재이며 아득히 멀리 텅 빈 공간의 지극히 하찮은 하나의 현존도 현실적 존재이다. 이들은 상호의존적이며 복합적이다. '파악'은 현실적 존재를 구체적으로 이해하는 분석이자 분할의 방식이다. 파악은 현실적 존재의 일방적 성격을 재현하는 '벡터적 성격'을 가진다. 그것은 어떤 불완전한 부분성 때문에 현실적 존재의 종속적 요소에 불과하다. 주체적 형식은, 완결된 '만족'에 도달하기 위해 계속적으로 통합을 추구하는 주체적 지향에 의해 규정된다. 현실적

70) 앨프레드 화이트헤드, 앞의 책, 52쪽.

존재들은 그들 상호 간의 파악에 의해서 서로를 포섭한다. 따라서 현실적 존재들의 공재(togetherness)라는 실재적인 개별적 사실이 발생한다. 현실적 존재와 파악이 서로 실재적이고 개별적이며 개체적이라는 것과 같은 뜻에서 실재적이고 개별적이며 개체적인, 현실적 존재들의 공재는 '결합체'라 불린다.[71] 그리고 여기에 '생성'에 의해 구성되는 현실적 존재들의 '있음'이라는 존재론적 차원의 '과정(process)의 원리'가 형성된다.

현실적 존재들은 상호 내재적이다. 이들의 선행-후행은 상호 파악 속에 있다. 화이트헤드에게 '세계를 구성하는 궁극적 실재'인 현실적 존재들은 더 이상 내부와 외부로 대립되지 않는다. 또한 무한한 여럿이 하나로 연결되는 상호성이 성립된다. 따라서 여럿과 하나의 대립도 해체된다. 현실적 존재가 개별성을 잃지 않으면서도 서로 내재하는 객체성을 유지하는 것은 상호적 파악을 통해 이루어진다. 주체와 객체의 대립이 아니라 상호 객체가 되는 보편적 상대주의가 성립된다. 모든 현실적 존재는 다른 현실적 존재와의 관계를 떠나서는 존재하지 않는다. 이처럼 유기체 철학은 "직접적인 현실적 경험에 있어 궁극적 사실은 현실적 존재와 파악 그리고 결합체"라고 말한다. 물론 "그 밖의 모든 것은 우리의 경험에 있어서 파생적인 추상물"일 뿐이다.

화이트헤드는 궁극자의 범주, 현존의 범주, 설명의 범주, 범주적 제약 등 네 가지 범주를 제시한다. 궁극적(the Ultimate) 범주는 일자, 다자, 창조성으로 구성되는 궁극적 개념이다. '일자(一者, one)'는 하

71) 앨프레드 화이트헤드, 앞의 책, 77~81쪽.

나의 존재가 갖는 단일성이다. '다자'는 일자와 상호 전제한다. 다자는 '있는 것'이며, '있는 것들'의 이접적 다양성의 관념을 전달한다. '창조성'은 궁극적인 사태를 특징짓는 보편자들의 보편자이다. 이접적(disjunctively) 다자를 연접적(conjunctively) 통일로 만들어가는 궁극적 원리이다. 동시에 창조성은 본질적으로 새로움의 원리이다. 개별성을 잃지 않는 다자의 단순한 집합을 현실적 계기로 보지 않고, 여기에 새로움을 더하는 '창조적 전진'을 상정함으로써 공재적 합생이라는 유기체 철학의 뼈대가 완성된다.[72)]

이와 같이 화이트헤드의 존재론적 원리에 따른 유기체 철학은 정교한 범주론 체계 위에 정립된다. 한 순간도 움직이지 않는 것은 없고, 한 가지도 합생하지 않는 것은 없으며, 한 번도 대립되는 것은 없다. 상호 내재적인 보편적 상대주의는 영원히 관철된다. 새로운 창조는 우주 전체에서 생기는 것이지, 우주의 단순한 추상적 요소로부터 생겨나는 것이 아니다. 그것은 또한 그 우주를 증대시킨다. 이는 일종의 모나드론이지만, 그 모나드가 변화한다는 데 라이프니츠와 차이가 있다.

들뢰즈는 차이를 사유하고자 한다. 그러나 차이는 대칭이나 대립을 전제로 하지 않는다. "우리는 서로 다르지만 대립하지 않는다……."[73)] 차이가 대립이 되기 위해서는 같음이 있어야 한다. 같은 것의 대자적 위치에 부정적 차이가 있다. "차이는 동일자에 종속되는 한에서만 부정적인 것을 함축하고 마침내 모순에까지 이르기 때문"이다. 들뢰즈의

72) "'새로운 공재성의 산출'은 '합생'(合生, concrescence)이라는 술어에서 구체화되는 궁극적인 개념이다." 앨프레드 화이트헤드, 앞의 책, 84쪽.

73) 질 들뢰즈, 『차이와 반복』(김상환 옮김), 민음사, 2004(1판 1쇄), 19쪽.

차이는 대립과 대칭의 울타리를 벗어나 있다. 대립을 전제하지 않는 무한한 차이들이다. 헤겔주의적 동일자의 부정성이 제거된 차이는 반복의 개념으로 연결된다. 동일한 것들의 반복이 아니라 차이들의 반복이다. 차이들은 바로 그 차이성 때문에 반복된다. 무한한 차이의 존재론은 동시에 무한한 반복의 긍정성이다. 다르지만 대립하지 않는 '변별적 차이소'들의 미분적 차이들은 시뮬라크르(simulacres)로 불린다. 보이지 않지만 없는 것이 아니고, 알 수 없지만 모르지도 않는 그것은 주어적 존재도 아니고 인칭적 존재도 아니다. '기관 없는 신체'라고도 할 수 있고, '특이점'이나 '시선점'이라고 할 수도 있고, '어두운 전조'나 '미세지각' '클리나멘(clinamen, 기울어짐 · 편위)'이라 할 수도 있다. 시뮬라크르는 무한한 차이들인 만큼 수없이 많은 이명(異名)으로 불릴 수 있다.

차이들이 넘실대는 세상은 질서(cosmos)도 아니지만 무질서(chaos)도 아니다. '없음'을 없다고 한 베르그송을 따라 무질서가 오히려 무한히 많은 질서가 되는, 카오스모스(chaosmos)가 유일한 존재가 되는 세계이다. 삶과 죽음이 뒤엉키고 물이 철벽이 되고 바위가 물결처럼 흐르는 세상, 분열된 코기토들이 이미 죽은 '큰 타자'를 소환하고 재소환하는 세상이다. '지금-여기'는 "경험적 특수자도 추상적 보편자도 아닌 것, 곧 어떤 분열된 자아를 위한 코기토를 가리킨다."[74] 이처럼 들뢰즈는 동일성을 제거한 분열된 차이의 존재론을 정립했다. 차이가 반복되는 운동은 법칙적이지 않다. 대체할 수 없는 반복, 유일무이하고

74) 질 들뢰즈, 『차이와 반복』, 21쪽.

독특한 것과 관계하는 행동이 반복이다. 차이 없는 반복은 없다. 카오스모스의 세계는 한순간도 멈추지 않는다. 결코 법칙적이지 않은 차이들의 무한히 반복되는 운동이 있다, 그것은 "자신과 이혼하는 자와 자꾸만 결혼하는 자"[75]와 같다. 들뢰즈의 세계는 근원에서 비대칭적이다.

그곳에는 동일성만 없는 것이 아니라 어떠한 중심축도 없다. 주체도 대자적 타자(대상)를 갖지 못한다. 모두가 주체이므로 객체가 있을 수 없다. 세계는 "뿌리-코스모스 대신 곁뿌리-카오스모스라는 이미지"로 뒤바뀌며, 언제나 'n-1'(하나가 다양의 일부가 되려면 언제나 이렇게 빼기를 해야 한다.)에 새로운 차원을 더하는 운동으로 존재한다.[76] 그런 차원이 리좀이다. 차이가 철저하게 동일성을 거부하듯 리좀은 모든 법칙성을 부정한다. 리좀은 "어떤 지점이건 다른 어떤 지점과도 연결접속될 수 있고 또 연결접속 되어야만 한다."(원리 1) 리좀은 다질적이고(원리 2), 다양체이며(원리 3), 탈기표작용적인 단절("분할선들이 하나의 도주선 속에서 폭발할 때마다 리좀 안에는 단절이 있게 된다.")이 있으며(원리 4), 어떠한 구조적 모델이나 발생적 모델에도 의존하지 않는 지도제작(원리 5)과 전사(원리6)[77] 메커니즘이 작동된다. 차이가 리좀의 원리라면, 리좀은 차이의 원리라고 할 수 있다. '차이의 차이'와 '원리의 원리'에 스피노자와 라이프니츠, 베르그송과 화이트헤드가 앞서 구축해 놓은 내재성과 연속성, 창조적 전진의 화음이 스며들어 있다. "모든

75) 질 들뢰즈, 『차이와 반복』, 86쪽.
76) 질 들뢰즈 · 펠릭스 가타리, 『천 개의 고원』, 12~13쪽.
77) 질 들뢰즈 · 펠릭스 가타리, 『천 개의 고원』, 19~32쪽.

이원론을 통과함으로써 우리 모두가 추구하던 '다원론=일원론'이라는 마법적인 공식에 도달해야 한다."[78]

이처럼 존재론적 맥락에서 차이의 철학은 많은 대립 쌍들을 해체하면서 일의적 비대칭성으로 나아간다. 차이와 반복, 긍정과 부정, 카오스와 코스모스, 하나와 여럿, 주체와 객체의 대립이 해체된다. 차이의 철학에서 존재론적 명제는 하나밖에 없다. "존재는 일의적이다."[79] 일의적 존재는 내재적이며 평등하며 유목적이다. 카오스모스의 세계에는 우등과 열등의 대립이 없다. 그것은 "이질적 지층들에 횡단적으로 작용하는 추상 기계"라는 사건의 지평선 혹은 고른 판이기 때문이다. 일의적 존재로서 개체는 자신의 개체성을 상실하지 않는 무한한 다양체이며, 자연은 다양체들의 완전히 개체화된 다양체이다. '자연'이라는 고른 판은 거대한 '추상적인 기계'이지만, 어디까지나 실재적이고 개체적이다."[80] 동일자의 부정성이 제거된 차이의 존재론적 일의성을 따라 영원과 순간의 대립도, 삶과 죽음의 대립도 해체된다. 서로가 서로를 함축하는 차이들의 순간적 운동은 영원히 반복된다. 따라서 삶은 하나의 직선적 운동이 아니며, 죽음은 완전한 소멸이 아니다.

들뢰즈의 비대칭적 사유는 내용과 표현의 대립을 해체한다. 내용은 '형식을 부여받은 질료'이기 때문에 실체와 형식의 두 가지 관점에서 고려된다. 내용의 실체가 있고 내용의 형식이 있다. 표현은 '기능=함수적 구조가 갖는 고유한 형식의 조직화'라는 관점과 여러 합성물

78) 질 들뢰즈 · 펠릭스 가타리, 『천 개의 고원』, 46쪽.
79) 질 들뢰즈, 『차이와 반복』, 101쪽.
80) 질 들뢰즈 · 펠릭스 가타리, 『천 개의 고원』, 482쪽.

이 형성되는 실체라는 관점에서 두 가지 차원을 갖는다. 표현의 실체가 있고 표현의 형식이 있다. 지질학의 지층화 운동과 마찬가지로 생물의 진화도 분자적 단위인 내용의 실체와 돌연변이의 축적이라고 하는 통계학적 형식이 있다.[81] 또한 기능적 구조들인 표현의 형식과 이것이 현실화되는 그램분자적 합성물인 표현의 실체가 있다. 내용의 분절과 표현의 분절이 있다. 그러나 모든 분절은 이중적이기 때문에 이들이 따로 있는 것은 아니다. "내용의 분절은 내용 안에서 그것의 상관물인 표현을 구성하기 때문에 그 자체로 이중적이며, 표현의 분절은 표현 안에서 그것의 상관물인 내용을 구성하기 때문에 그 자체로 이중적이다."[82]

무의미와 의미는 본래적이고 내적인 관계를 맺는다. 무의미는 의미의 대립항이 아니라 상관항이다. 의미가 사건의 계열에 있어 상대적인 위치를 차지한다면, 무의미는 절대적 위치를 가질 뿐이다. 무의미가 의미로 전화될 때 절대적 위치는 상대화된다. 따라서 무의미는 의미 없음이 아니라 다른 의미이다. 의미와 무의미는 상호 전제한다. "의미 자체는 무의미의 형태들을 다시 취하는 근본 역설들의 대상이다."[83] 기관 없는 신체들이 우글거리는 차이-리좀의 세계에서는 대칭과 대립이 존재하지 않는다. 그것은 또한 "형식을 부여받지 않는 질료들의 무차별적 집합이 아니며 이런저런 형식을 부여받은 질료들의 카오스도

---

81) "나의 전제는 진화와 체세포적인 변화(학습이나 사고까지도 포함한다)가 근원적으로 유사하며 양쪽 모두 본질적으로는 스터캐스틱한 과정이고 양자의 차이는 과정 작동의 기준이 되는 관념(명령, 기술명제 등)이 속해 있는 논리계형의 차이에 불과하다는 것으로 귀결된다." 그레고리 베이트슨, 『정신과 자연』(박지동 옮김), 도서출판 까치, 1998(개정판 1쇄), 178쪽.
82) 질 들뢰즈 · 펠릭스 가타리, 『천 개의 고원』, 94쪽.
83) 질 들뢰즈, 『의미의 논리』, 164쪽.

아니다."[84] 차이-리좀은 잡다(雜多)가 아니다.

시는 한 시인의 내면에 떠오른 심상의 언어적 표현이다. 내적 심상의 인식론적 원인이 대자적 외부에 있든 즉자적 내부에 있든 그것은 시의 직접적 원인이라고 할 수 없다. 내적 심상은 단일한 직접적 원인에 의해 떠오른 것이 아니라 시인의 경험에 의해 축적된 '어떤 것'이며, 그것이 특정한 시편으로 언어화되는 출발점은 필연적이기보다 우발적이기 때문이다. 비록 시의 언어적 조직화에 양식적 압력과 시적 전통의 제약이 있지만, 시인의 내적 착상에서 시의 언어적 출발점에 이르는 직선에는 수많은 변수들이 계류한다. 그런 점에서 시는 대자적이지 않고 즉자적이다. 시는 '쓰는' 것이라기보다 '받아 적는' 것에 가깝다. 이러한 시의 성격으로 인해 비대칭성의 시론적 가능성이 생긴다. 철학사의 일원론적 사유는 비대칭성의 시론을 탐색하는 데 중요한 시사점을 제공한다.

스토아주의자, 둔스 스코투스, 스피노자, 라이프니츠, 베르그송, 화이트헤드, 들뢰즈 사이에 몇 가지 공유지가 보인다. 물질과 비물질의 대립을 해체하는 사건의 사유가 첫 공유지이다. 또 영혼과 육체의 대립을 해체하는 내재성이라는 공유지가 있다. 하나와 여럿의 일의성, 능동과 수동의 창조적 지속, 주체와 타자의 유기적 연쇄, 순간과 영원의 회귀라는 다른 공유지도 보인다.

84) 질 들뢰즈 · 펠릭스 가타리, 『천 개의 고원』, 138쪽.

2. 이원론과 대칭성

이데아와 신(神)

플라톤이 “생겨나는 것은 모두 필연적으로 어떤 원인에 의해 생겨나는 것”[85]이라면서 제작자의 동일성과 제작물의 가변성을 대립시킬 때, 또 동굴의 비유를 통해 이데아(ἰδέα)론을 설명하고 시인 추방을 선언할 때[86] 그는 수직적으로 위계화된 대칭적이고 대립적인 이원론을 정립한 것이었다. ‘만드는 기술’과 ‘사용하는 기술’ ‘모방하는 기술’로 이루어진 세계에서 시인은 실재 사물을 모방하는 것도 아니고, 오직 눈에 보이는 사물만을 모방하는 열등한 존재일 뿐이다. 그는 “시가 그들의 본분을 지켜 질서 있는 국가에 필요한 예술이라는 명분만 입증한다면” 받아들일 용의가 있었지만, 그렇지 않다면 이데아로부터 두 단계나 멀어진 시는 마땅히 추방되어야 했다. 그것은 ‘열 살’ 이상의 모든 국민을 시골로 보내 ‘아직 세상에 때 묻지 않았을 때’ 엄격한 절차와 체계적 교육을 통해 수호자를 길러내야 이상국가를 세울 수 있고 또 유지할 수 있다고 믿었던 플라톤에게는 절박한 과제이기도 했다.

이데아론을 바탕으로 위계화된 이원론적 체계는 『티마이오스』에 대략 여덟 가지 양상으로 나타난다. 그것은 첫째 본질과 형태(양태), 둘째 질서와 무질서, 셋째 하나와 여럿, 넷째 영혼과 몸, 다섯째 영원과

85) 플라톤, 『티마이오스』(김유석 옮김), 아카넷, 2019(1판 2쇄), 47쪽.
86) 플라톤, 『국가론』(이환 옮김), 돋을새김, 2015(개정판 3쇄), 198~205쪽. ‘시인 추방론’은 같은 책, 262~273쪽.

순간, 여섯째 내부와 외부, 일곱째 원인과 보조원인, 여덟째 운동과 정지 등이다. 이러한 대칭과 대립의 양상은 모두 우등과 열등의 수직적 위계 속에 놓여 있다.

펠로폰네소스 전쟁(기원전 431년)의 발발과 역병[87]으로 위기에 빠진 아테네의 암울한 현실은 플라톤에게 가변적이고 불안정한 '여기'를 열등한 것으로, 영원하고 변하지 않는 '저기'을 우월한 이상으로 삼게 만들었다. 플라톤은 심지어 "열등한 이들과 우수한 이들이 따로따로 각자 닮은 여인들과 짝을 짓도록" 추첨제와 같은 '은밀한 수단'을 마련해야 한다는 주장까지 하는가 하면, "우수한 사람들의 아이들은 양육해야 하지만 열등한 아이들은 도시의 다른 영역으로 은밀하게 분산시켜야"[88] 한다고 주장하기까지 했다. 그런 점에서 이데아에 최고의 선을 부여한 플라톤의 이원론은 무엇보다 현실의 열등성에 대한 강렬한 저항이었다. 그것은 투철한 현실 극복의 의지이기도 했다. 그 극복의 의지가 강할수록 대칭과 대립의 선은 굵어지고 우열의 폭도 깊어졌다.

먼저 본질과 형태(양태)는 대칭적이고 대립적이다. 플라톤은 "만일 어떤 사람이 금으로 온갖 형태를 만들고는 그것들 각각을 다시 여러 형태로 바꿔 나가는 일을 그치지 않는다"고 할 때 그 각각을 지칭하는 "가장 안전한 대답은 '금이다'라고 말하는 것"[89]이라고 했다. 본질은 모든 '생성물의 어머니'로 "그것은 비가시적이고 형태가 없는 어떤 종에 속하며, 무엇이든 받아들이는가 하면, 지극히 당혹스러운 방식으로 가

87) 플라톤, 『파이드로스』(조대호 역해), 문예출판사, 2021(2판 3쇄), 155~156쪽.
88) 플라톤, 『티마이오스』, 28~29쪽.
89) 플라톤, 『티마이오스』, 87~88쪽.

지적인 것에 참여하는 것이자 가장 파악하기 힘든 것"이다. 반면 형태(양태)는 "불은 매번 그것의 타오르는 부분이 나타나는 것이고, 물은 적셔진 부분이 나타나는 것이며, 흙과 공기 역시 그것들의 모상들이 받아들여지는 만큼 나타나는 것"[90]일 뿐이다. 따라서 우리는 물을 두고 "'이것이 물이다'가 아니라 '이러이러한 것이 물이다'라고"[91] 불러야 한다. 우리는 물의 본질을 감각할 수 없고, 그 양태를 통해 인식할 수 있을 뿐이기 때문이다.

둘째, 질서와 무질서도 대칭적이고 대립적이다. 플라톤에 따르면 신은 인색하지 않기에 생성된 것은 '닮음의 원리'에 따라 최대한 자신과 닮기를 원했다. 신은 "모든 것들이 훌륭하고, 하찮은 것은 가능한 한 전혀 없기를 바랐기에, 그런 이유로 해서 가만있지 않고 조율되지 않은 채 무질서하게 움직이면서 가시적(可視的)인 것을 모두 취"[92]해 그것들을 질서로 만들어냈다. 여기서 신은 아름답고 완전하고 선한 존재이며 그것을 따라 질서 있게 만들어진 것이 우주이므로, 그에 대립하여 혼란과 혼돈의 상태에 있는 질료들은 추하고 불완전하며 악한 것이라는 우열 관계가 성립된다. 비록 무질서는 질서의 근거이자 질료이지만, 어디까지나 신은 자신의 구상에 따라 우주를 "지성과 혼이 깃든 살아 있는 생물"로 만들었으므로 완전한 신의 모범을 따른 질서는 무질서에 대해 우등하다.

여기서 세 번째 대칭이 나타난다. 하나(전체)와 여럿(부분)은 우열 관

90) 플라톤, 『티마이오스』, 90쪽.
91) 플라톤, 『티마이오스』, 86쪽.
92) 플라톤, 『티마이오스』, 51쪽.

계를 통해 대립된다. 신은 "자신과 본성상 동류인 '모든 생물을 자기 안에 담고 있는 것'으로서, 하나의 가시적인 생물을 구성"했다. 따라서 우주는 '다른 생물들을 부분으로 가지고 있는' 생물이기 때문에 전체이면서 완전한 하나이며, 반대로 부분인 생물들은 여럿이면서 불완전하다. "가지적인 생물인 것들 모두를 포함하고 있는 것이 다른 것과 함께 둘 중 하나가 되는 일은 결코 없을 것"이기 때문이다. 우주는 모든 생물을 포함하는 하나의 모나드와 같다.[93] 그러므로 "그 유일함에 있어서 완전한 생물과 닮도록 하기 위해서, 이 세계를 만든 자는 그런 이유로 그것을 둘로도, 또는 무한히 많은 수로도 만들지 않았던 것"[94]이다. 우등한 '하나'와 열등한 '여럿'은 세계를 구성하는 대칭적 · 대립적 쌍을 이룬다.

네 번째로 영혼과 몸도 우열 관계를 형성한다. "신은 생성에 있어서나 훌륭함에 있어서나 혼을 몸보다 더 앞서며 연장자인 것으로, 즉 지배당할 몸의 지배자이자 주인으로 구성하였으니" 영혼과 몸의 우열은 분명하다. 그것은 무엇보다 신이 몸보다 먼저 영혼을 구성한 데서 비롯된다. "혼의 모든 구성이 구성한 자의 생각대로 이루어지자, 그 다음으로 그(신)는 물체의 성질을 지닌 것 전체를 그것의 안에다 짜 맞추었고, 양자의 중심과 중심을 한데 모으고는 하나로 맞춰 나갔다."[95] 플라톤에게서 몸은 영혼의 구성을 따라 물질로 맞추어졌고, 영혼은 '닮

93) 라이프니츠는 "모나드는 타자가 출입할 수 있는 창문들을 가지고 있지 않다."고 했다. 모든 것(여럿)을 포함하고 있는 모나드(하나)는 "어떤 것도 밖에서 들어오거나 나가지 않는" 절대적 내부성을 띤다. 질 들뢰즈, 『주름, 라이프니츠와 바로크』, 55쪽.

94) 플라톤, 『티마이오스』, 52~53쪽.

95) 플라톤, 『티마이오스』, 58~60쪽.

음의 원리'에 의해 신을 따라 맞추어졌기 때문에 수직적 위계는 명확하다.

이처럼 '영원한 있음'과 '생성하고 사멸하는 것'의 대비 속에서 영원과 순간의 대칭과 대립이 나타난다. 신은 "그 본이 본래 영원한 생물이듯이, 그렇게 이 우주도 가능한 한 그와 같은 것으로 완성하는 일에 착수하였"지만, "그 생물은 본래 영원한 것이었으니, 생겨난 것에 그런 성질을 완벽하게 부여한다는 것은 실로 가능한 것이 아니었"[96]던 것이다. 그러므로 시간은 '생성과 사멸하는 것'으로 인하여 발생한다. "하늘에 질서를 부여하면서 그와 함께 단일성 안에 머물러 있는 영원을 모방하여 수에 따라 진행하는 영원한 모상"이 바로 시간이다. '모든 것'은 시간의 부분들이며, 순간으로 하여 과거와 현재와 미래가 동일한 시간의 세 측면으로 분절된다. 따라서 영원은 시간이 아니며, 오히려 순간이 시간의 본성에 부합한다. 시간에 따라 변하는 것, 생성했다가 사라지는 것들은 '오직 있음'인 영원한 존재에 비해 열등하다.

동일성 개념에 의해 내부와 외부라는 여섯 번째 대칭 구도가 형성된다. 혼은 회전 운동을 하면서 내부의 질서를 유지하고 외부의 무질서에 대응한다. 내부와 질서의 우위성에 외부와 무질서의 열등성이 대립한다. "외부에서 어떤 감각들이 운동해 들어와서 부딪히고는 혼이 담긴 용기(容器) 전체를 끌고 갈 경우, 그때 혼의 회전들은 자기들이 제압되면서도 제압한다고 여기게" 되는 것이다. 내부와 외부는 비례를 유지할 때 조화롭지만, 그것을 잃으면 대립 관계에 빠진다. "성장과 영

96) 플라톤, 『티마이오스』, 62쪽.

양을 담당하는 흐름의 유입이 감소하고, 이번에는 회전들이 평정을 찾은 뒤에 자기들의 길을 가며, 시간이 경과함에 따라 그것들이 더 안정된 상태가 될 때"[97] 비로소 본성에 따라 진행하는 "그 회전을 가진" 지혜로운 사람이 되는 것이다. 우주의 회전도 내부의 회전도 동일성을 유지하는 운동이며, 이 운동의 비례가 지켜질 때 조화와 질서가 보장된다.

이밖에도 참된 원인에 대하여 부차적인 보조원인도 일곱 번째 우열 관계를 형성한다. 플라톤에게 원인은 신이다. 본성상 지혜가 깃든 원인에 대립해 타자에 의해 움직여지는 보조원인이 있다. 따라서 "본성상 지혜가 깃든 원인들을 첫째가는 것들로 추구해야" 하는 데 반해 "필연에 의해 타자를 움직일 수밖에 없는 것들에 속하는 원인들은 둘째가는 것들로서 추구해야"[98] 하는 것이다. 플라톤은 지성을 겸비하고 아름답고 좋은 것들을 제작하는 원인과 지혜가 결여된 채 매번 무질서하고 우연적인 결과를 산출하는 원인들을 구분할 것을 요구했다.

마지막으로 운동과 정지도 우열 관계를 형성한다. 플라톤은 "균등함 속에는 결코 운동이 있으려 하지 않는다"고 말했다. 정지는 균등함 속에 있고, 운동은 불균등함 속에 있다. 불균등함은 부등함에서 기인한다. 플라톤의 우주는 "모든 것을 단단히 죄고 빈 공간이라고는 일절 남겨 놓지 않는" 진공 없는 완벽한 회전체이기 때문에 불, 물, 공기, 흙을 비례와 조화 속에서 완전한 구형으로 품고 있지만, 여기에 틈(부등함)이 생기면 연속적인 운동이 발생하게 된다. 우주를 구성하는 이

97) 플라톤, 『티마이오스』, 75~76쪽.
98) 플라톤, 『티마이오스』, 80쪽.

들 네 요소는 서로의 틈을 향해 '끊임없이' 순환하는 운동체이다. "불균등함의 생성이 항상 유지됨으로써, 그것들의 운동이 언제나 있고, 또 있을 수 있도록 끊임없이 제공해 주는 것"[99]이다.

아리스토텔레스 역시 이원론적 체계를 보여주었다. 비록 하나의 원인을 네 가지 원인(형상인, 질료인, 작용인, 목적인)[100]으로 다원화시키고, 23가지 근거를 들어 플라톤의 이데아론에 정교한 비판[101]을 가했지만, 유적 존재로서의 자연에 대해 보편적 존재(존재로서의 존재)를 대립시킬 때 그는 견고한 이원론을 구축한 것이었다. 아리스토텔레스는 실재의 원인은 다원화시켰지만 여전히 '제1의 실체'를 상정함으로써 자연(φύσις)이 아니라 그 다음(μετά-φύσις)을 연구하는 것이 '제1의 지혜'이자 '제1의 철학'[102]이라고 생각했다. 이를 토대로 그는 "모든 존재의 제1의 궁극적 원리는 그 자체에 있어서나 부대적으로나 움직이지 않는 존재이면서도, (천계의) 제1의 영원적이고 오직 하나의 운동을 움직이게 하는 제1의 움직이지 않는 동자"[103]라면서 별들의 운행을 가능케 하는 여러 시동자들을 상정하여 그들을 실체라고 하면서 각각 제1위, 제2위 등 순위를 매겨 수직적으로 위계화했다.

이처럼 '제1의 움직이지 않는 동자(動者:神)'를 정점으로 한 아리스토텔레스의 수직성은 그의 형이상학 전반에 걸쳐 대칭적이고 대립적인 체계로 나타난다. 첫째 하나(같음, 정지, 전체, 형상, 불멸)와 여럿(다

99) 플라톤, 『티마이오스』, 104~105쪽.
100) 아리스토텔레스, 『형이상학』(이종훈 옮김), 동서문화사, 2019(1판 2쇄), 36쪽.
101) 아리스토텔레스, 『형이상학』, 55~63쪽.
102) 아리스토텔레스, 『형이상학』, 103쪽.
103) 아리스토텔레스, 『형이상학』, 347쪽.

름, 운동, 부분, 질료, 소멸), 둘째 유(類)적 존재와 보편적 존재, 셋째 존재(있음, 참)와 비존재(없음, 거짓), 넷째 영혼과 육체, 다섯째 이성과 비이성, 여섯째 차이와 동일성, 일곱째 소유와 결여, 여덟째 우연과 필연 등이다.

'제1원인'을 상정한 아리스토텔레스의 체계에서 '하나'와 '여럿'의 대립[104]은 자연스런 귀결이다. 최초의 원인은 하나(부동의 동자)이다. 하나는 움직이지 않는 영원한 같은 시동자이며, 때문에 모든 것(전체)의 원인이자 형상이다. 여럿은 운동(생성)하는 다른 부분들이며 질료이자 소멸하는 것들이다. 유적 존재는 유적으로 범주화할 수 있는 '자연적인 존재'이며, 보편적 존재는 '존재로서의 존재'이다. 아리스토텔레스는 실체로서의 유적 존재와 제1의 실체로서의 보편적 존재를 대립시켰다. 따라서 유적 존재를 다루는 자연학보다 보편적 존재를 다루는 철학이 '제1의 지혜'가 된다.

우열 관계는 존재와 비존재의 대립에서도 나타난다. 심지어 '참'으로서의 존재와 '거짓'으로서의 비존재라고 함으로써 있음과 없음을 윤리적인 차원으로 이끌어가는 것이 보인다.[105] 아리스토텔레스는 "존재와 비존재는 저마다 결합과 분리(긍정과 부정)에 관련되어 있고, 전체적으로는 모순 대립에 대한 배분 방법에 관련되어 있다."고 했다. 또 영혼과 육체의 대립도 위계적이다. 영혼은 '제1의 실체(형상)'이고 육체는 질료일 뿐이다. 그러나 "이 둘로 이루어진 보편적인 뜻으로서의 결합

104) "일(一)에 대한 대립은 다(多)이다." 아리스토텔레스, 『형이상학』, 99쪽.
105) "선은 참(있음)이고 악은 곧 거짓(없음)"(괄호 – 인용자) 아리스토텔레스, 『형이상학』, 181쪽.

물"[106]을 인간이나 동물이라고 함으로써 영혼과 육체를 구별하면서도 그 우열을 절대시하지 않은 태도를 보여주었다.[107]

앞서 본 대로 아리스토텔레스 체계의 근원적인 대립 쌍인 하나와 여럿에서 같음과 다름의 대립이 있었다. 둘은 모두 '있음'이라는 점에서 모순되지 않지만, 질료와 설명 방식과 수에서 대립했다. 그런데 여기에서 차별성(차이)과 동일성이라는 새로운 대립이 파생된다. "어떤 사물이 차이를 갖는 까닭은, 이 사물이 어느 특정한 사물과의 관계에서 무언가 차이점이 있기 때문"이며, 따라서 '다른 것들'의 차이라는 관계에 따라 '어떤 동일성'이 존재해야 한다. "동일성은 유(類)이거나 종(種)"이며, '유'란 "차이가 있는 어떤 두 사물의 공통된 실체로서, 이 사물들의 술어가 되는 그 공통부분, 같은 사물"[108]이다. 이와 같은 동일성으로 인하여 소유와 결여의 대립도 나타난다. 소유는 공통부분의 있음이며, 결여는 그것의 없음이다. 따라서 가장 완전한 차이는 공통된 실체를 하나도 갖지 않는 가장 많은 차이이다.[109] 반대성이란 소유와 결여 사이에 가로놓인 심연 같은 것이다. 이들의 절대적 대립은 하나의 모순이다. 이런 사유 속에 "자아(moi)의 참된 대립은 비-자아가 아

106) 아리스토텔레스, 『형이상학』, 214쪽.

107) 영혼과 육체를 구별하고 거기에 우열을 두는 관점은 아리스토텔레스 이후에도 계속 나타났다. 가령 데카르트는 "정신이 실재적으로 신체와 구별된다는 것이 증명되며, 그러면서도 정신은 신체와 밀접하게 결합하고" 있다면서 "신체의 소멸에서 정신의 사멸이 귀결되지 않는다"는 영혼 불멸설을 주장하기도 했다(르네 데카르트, 『방법서설/성찰/철학의 원리』(소두영 옮김), 동서문화사, 2018(1판 2쇄), 95~97쪽) 그러나 스피노자는 "정신과 신체는 동일 개체로서 어떤 때는 사유의 속성 아래서 또 어떤 때는 연장의 속성 아래에서 생각된다"는 심신 평행설을 주장함으로써 영혼과 육체의 오랜 우열 관계에서 벗어나는 사유를 보여주었다(B. 스피노자, 『에티카』, 112쪽).

108) 아리스토텔레스, 『형이상학』, 281쪽.

109) "완전한 차이가 가장 많은 차이이고" 아리스토텔레스, 『형이상학』, 283쪽.

니라 내가 가진 것(le mien)"[110]이라는 가브리엘 타르드의 발상은 설 자리가 없다. 나의 '있음'은 내가 '가진 것'이며, 따라서 나와 대립되는 것은 '없음'이 아니라 내가 '이미 가진 것'이다. 타르드를 따르면, 소유는 '갖기'이며 결여는 '다른 것 갖기'이다.

마지막으로 참으로서의 존재와 부대적 존재의 위계 속에서 필연과 우연의 대립이 형성된다. '참인 존재'는 사상과 이어져 있으므로 사상 안의 어떤 모습이다. 그러나 '부대적인 존재'는 필연적이지 않고 규정이 없다. 이런 존재는 "원인이 무질서하고 무한하다."[111] 아리스토텔레스에게 필연은 참인 존재에게, 우연은 부대적인 존재에게 부여되는 것이다. 이처럼 아리스토텔레스 역시 에이도스(εἶδος ; 형상, 원인)를 정점으로 한 수직적으로 위계화된 이원론적 체계를 세웠다.

서구 이원론의 역사에서 아우구스티누스와 보에티우스의 위상은 특별하다. 그들 앞에는 '지금 이곳'이 아니라 '다른 저곳'에서 원형(형상, 원리)을 찾고 그 선한 목적에 따라 이상적 세계를 추구한 소크라테스와 플라톤과 아리스토텔레스라는 육중한 그리스 · 로마적 전통이 있었으나, 동시에 창조주의 육화(肉化)인 예수의 삶과 죽음과 부활을 직접 체험한 사도들과 그 가르침을 전수받은 수난기의 교부들이 있었다. 그들은 앞선 시대의 이원론적 사유와 그리스도교적 계시의 믿음을 조화롭게 잇고 전달하는 역할을 수행해야 했다. 가령 아테나고라스적인 변증을 계승하여 이성과 신앙을 조화시키고 그것을 전수하는 것이었다. 아테나고라스는 로마제국의 탄압으로부터 가톨릭교회를 변증하고 신앙

110) 질 들뢰즈, 『주름, 라이프니츠와 바로크』, 199쪽.
111) 아리스토텔레스, 『형이상학』, 317쪽.

을 내면화하는 데 기여했으며, 사람 안에 영혼과 몸 두 부분이 있다는 심신이원론을 주창함으로써 가톨릭의 관심사는 '영혼'이 아니라 '사람'임을 분명히 알게 했다.[112)]

아우구스티누스는 '계시의 믿음을 이성적 사유와 결합'하고자 노력했다. 그의 '고백'이 후대 스콜라철학자들에게 신학적으로만 계승된 게 아니라는 점은, 친구의 죽음으로 충격을 받아 "보이는 것마다 죽음"으로 보일 때에도 치열한 성찰과 사유로써 마침내 "저 슬픔이 내 맘에 사무치기는 죽을 사람을 안 죽을 것처럼 사랑함으로써 내 영혼을 모래 위에다 쏟아놓은 때문이 아니고 무엇이었더이까."[113)]라며 생사가 모두 하느님에게서 비롯된다는 그의 깨달음이 중세인들의 내면에 깊게 자리했던 사실을 통해 확인할 수 있다. 보에티우스도 "인간에게 죽음이란 달콤한 시절에 닥쳐오지 않으며/ 슬퍼하는 자들이 불러올 때에 행복한 것"이라면서 슬픔의 종결은 오히려 죽음을 통해 맞이할 수 있다는 역설을 제기했다.[114)] 생의 유한성을 통해 사(死)의 영원성을 통찰한 보에티우스는 "당신은 육체가 죽은 후에 영혼에 대한 처벌을 남겨두시는 것입니까?"[115)]라면서 "영원한 것은 자신의 주인으로서 항상 자신에 대해 현존하며, 무한히 움직이는 시간을 현재로 가지고 있는 것"[116)]이

112) "움직이는 기능(영혼)과 움직임을 당하는 기능(몸)이다. 사람의 목적은 사는 것이기 때문에, 죽은 후에 있게 되는 몸의 부활은 자기의 목적을 이루는 일에 요구되는 것이다. …… 지성과 이성을 받은 것은 영혼이 아니라 사람이다. 그러므로 이성이 유지될 수 있으려면 반드시 사람이 유지되어야 한다." 에티엔느 질송, 『중세철학사』(김기찬 옮김), 현대지성사(중쇄), 2013, 38쪽.

113) A. 아우구스티누스, 앞의 책, 146~147쪽.

114) 아니키우스 보에티우스, 『철학의 위안』(이세운 옮김), 필로소픽, 2014(초판 제1쇄), 26쪽.

115) 아니키우스 보에티우스, 앞의 책, 170쪽.

116) 아니키우스 보에티우스, 앞의 책, 219쪽.

라는 인간학적 성찰을 남길 수 있었다.

이와 같이 아우구스티누스와 보에티우스에게는 '지금 이곳'의 인간과 '다른 저곳'의 하느님을 하나로 이어 후대에 전수해야 하는 무거운 과제가 주어져 있었고 그들은 그것을 실천으로 옮겼다. 그들은 이원론으로서의 형상의 세계에서 일원론으로서의 신의 나라를 세우고 물려주었다. 공교롭게도 서기 529년 같은 해에 있었던 두 가지 상반된 사건은 매우 상징적이다. 가톨릭 신자였던 유스티니아누스 황제는 그해 아테네에 있던 플라톤의 '아카데메이아'를 폐쇄했다. 그런데 바로 그 해에 "로마와 나폴리 사이, 하나의 민족이동 군용도로 위쪽에 높다랗게 첫 번째 베네딕토 수도원이 설립되었다."[117] 그리스 · 로마적 전통의 단절과 그리스도교 수도원의 설립이 같은 해에 이루어졌다. 그리고 이들 뒤에는 신앙과 이성의 조화를 열망했던 스콜라철학자들이 있었다.

토마스 아퀴나스도 신을 제일원인으로 한 일원론적 사유를 전개했다. 그는 "'신이 실존한다(Deus existit)'는 표현은 참되긴 하지만, 명증적(evidens)인 것은 아니"라면서 다섯 가지 방식으로 신의 실존을 증명함으로써 궁극적으로 그리스 · 로마적 전통과 그리스도교적 체계를 종합할 수 있었다. 그에게는 플라톤의 데미우르고스와 같은 창조자인 신이 있고, 그를 제일원리로 하여 세계의 무한한 존재가 실존하는 체계가 있다. 또한 아리스토텔레스와 같은 목적론적 선(善)의 세계가 있고, 존재자들을 실존케 하는 필연적 원인이 있다.

아퀴나스에 따르면 신의 실존은 다음과 같은 이유로 증명된다. 첫

117) 요셉 피퍼, 앞의 책, 20쪽.

째, 어떤 것도 스스로 가능 상태에서 존재 현실로 건너갈 수 없기 때문(에) … '제일 원동자(第一原動者, primum movens)'를 인정하지 않을 수 없다. 둘째, 그 어떤 것도 스스로 자기 자신의 원인일 수는 없(기 때문에) … 이차적 원인들을 추적하며 무한히 소급해 올라가는 것은 제일 원인을 부정하는 셈이 되고, 그 결과 제이 원인들도 부정하는 셈이 된다. 셋째, 우리가 보는 모든 존재자(有, ens)들은 우연유들이다. 그러므로 과거 언젠가는 아무것도 실존하지 않았던 적이 있었으며, 지금이라도, 만일 실존하지 않을 수 없는 '필연유(ens necessarium)'가 없었더라면 아무것도 실존하지 못할 것이다. 넷째, 사물들 속에는 선이 있다. 그러나 선의 원천에 참여하는 정도에 따라 '더'와 '덜'이 있다. 그러므로 '그 자체 선'인 자가 있다. 다섯째, 이성이 없는 피조물들은 놀랄 만큼 정밀한 규칙성을 지니고 있다. 그러므로 그것들을 그렇게 형상화한 자가, 즉 '최고 지성'이 있었음에 틀림이 없다.[118)]

이처럼 창조자이자 제일 원인인 신은 단순하고 완전하며 선 자체이자 무한하고 불변하며 영원한 오직 하나이다. 비록 세상의 바깥에 초월적으로 존재하지만, '만든 자'로서 신은 피조물과 무한히 연결된다. 때문에 피조물들도 서로 무한히 연결된다. 둘의 세계에서 하나의 세계로 이동하는 천여 년 간의 여정이 토마스 아퀴나스에 의해 종합되었다. 수많은 대립 항들이 '연결'에 의해 하나로 통합되고 탄생 이전과 탄생, 자람과 늙음과 죽음과 죽음 이후까지 신의 섭리에 의해 일관되게 해명되는 하나의 체계가 완성되었다. 그것은 신을 통하여 신앙만이

118) 토마스 아퀴나스, 『신학대전 요약』(G. 달 사쏘 · R. 꼬지 편찬, 이재룡 · 이동익 · 조규만 옮김), 가톨릭대학교출판부, 2004(제2판 제3쇄), 27~29쪽.

아니라 인간과 우주, 열정과 덕, 법과 희망과 정의와 인생사 희로애락 모두를 설명하는 스콜라적 세계였다.

대칭과 대립

데카르트의 성찰은 '바깥'에서 '안'으로 향한다. 낱낱이 연결된 피조물들의 세계 바깥에 존재하는 신으로부터 하나하나 부정하고 회의하면서 단 하나 거부할 수 없는 '사유' 속으로 코기토는 운동한다. 그는 신과 인간의 존재론적 연결을 끊고 인식론적 분리를 시도한다.[119] 때문에 정신과 육체도 분리된다. 생각하는 자아의 절대적 동일성 앞에서 정신을 제외한 모든 것은 결속이 풀어져 다시 대칭과 대립의 길에 들어선다. 구세주의 육화와 죽음과 부활이라는 구원의 계시를 통해 안팎을 연결했던 스콜라적 통일의 세계에서 이제 코기토만이 실체로 인정되는 '사유하는 인간'의 시대가 도래한다. 그러나 사유의 이미지가 이성적이고 합리적일지는 모르지만 동시에 외롭고 불안한 강박적인 것이 되었다. 모든 것을 의심하고 부정하면서 오직 코기토에 의해 증명되는 것만을 진리로 인정하려는 극단적 회의의 체계이기 때문이다.

> 나는 깨달았다. 내가 이와 같이 모든 것은 거짓이라고 생각하고 싶은 동안에도 그렇게 생각하는 나는 반드시 그 무엇이어야 한다는 것을. 그리하여 '나는 생각한다, 그러므로 나는 존재한다(Je pense, donc je suis)'라는

119) "지금 나는 행위에 관계되는 일이 아니라 다만 인식에 관계되는 일만을 문제로 삼고 있으므로" 르네 데카르트, 『방법서설/성찰/철학의 원리』(소두영 옮김), 동서문화사, 2018(1판 2쇄), 102쪽.

이 진리는 회의론자의 어떤 터무니없는 상정으로도 뒤흔들 수 없을 만큼 튼튼하고 확실한 것임을 … 나는 하나의 실체이며, **그 본질 또는 본성은 다만 생각한다는 것** 이외의 아무것도 아니며, 존재하기 위해서 아무런 **장소도 필요 없고, 어떠한 물질적인 것에도 의존하지 않는다는 것**을.(강조–인용자)[120)]

데카르트에게 존재란 '생각하는 것'이므로 신체도 필요 없고 물질적인 어떠한 것도 필요치 않는다. 정신과 육체, 의식(사유)과 물질은 인식론적 차원에서 근본적으로 분리된다. 정신의 절대적 우위성은 "물체의 연장(길이 · 넓이 · 깊이)이나 모양, 공간에서의 움직임 등 물체에 속하는 본성들"[121)]을 완전히 배제하며 오직 사유만을 본성으로 허용한다. 이제 신도 존재론적 대상이 아니라 인식론적 증명의 대상이 된다. "내가 의심하고 있다는 것, 따라서 나의 존재는 절대적으로 완전하지 않다는 것"을 반성하는 코기토는 그것이 "모든 완전성을 스스로 가진 실체, 한 마디로 말해서 신의 실체에 의해서 내 속에 넣어진 것"[122)]이라는 인식에 도달한다. 이처럼 신에 대한 존재론과 인식론적 전환 사이에 스콜라적 통일의 세계는 붕괴되어 근대적 분열의 세계로 진입한다.

'생각하는' 자아의 절대적 동일성을 따라 분열된 세계는 수많은 대칭과 대립의 양상을 노정한다. 정신의 내면성으로 인해 무엇보다 먼저 안과 밖이 대칭되고 대립된다. 안은 생각하는 곳으로 "관념이 거기서"

120) 르네 데카르트, 앞의 책, 48~49쪽.
121) 르네 데카르트, 앞의 책, 189쪽.
122) 르네 데카르트, 앞의 책, 49~50쪽.

나오며, 밖은 “그 관념과 꼭 닮은 어떤 것”[123]이 존재하는 곳이다. 안의 우등성에 바깥의 열등성이 대립된다. 모든 것에 대한 철저한 의심에도 불구하고 ‘내 안의’ 생각하는 자아가 부정될 수 없는 만큼 바깥의 모든 것은 회의의 대상일 수밖에 없기 때문이다. 또 존재론적으로 분리된 나와 신의 관계를 따라 유한(불완전)과 무한(완전)이 대립된다. 이제 ‘나’는 신의 완전성을 분유(分有)한 존재가 아니라 ‘생각하는’ 것 외에는 모두 의심해야 하는 코기토일 뿐이며, “무한한 실체의 관념은 정말로 무한한 어떤 실체에서 나온 것”인데 ‘나’는 유한하기만 할 뿐이다.

완전성과 불완전성에 의해 필연과 우연도 대립된다. ‘가장 완전한 존재자에 대한 관념’은 인간에 의해 만들어진 것이 아니기 때문에 그 관념 속에는 ”필연적 존재가 포함되어 있으므로 존재하지 않을 수 없다”는 결론에 이른다. 따라서 불완전한 “다른 사물의 개념들 속에는 필연적 존재가 포함되어 있지 않으며, 다만 우연적 존재가 포함되어 있”[124]을 뿐이다. 완전한 것은 무한하기도 하며 필연적이기도 하다. 완전성도 무한성도 필연성도 모두 코기토의 사유 대상이다.

이처럼 데카르트가 철학의 첫째 원리로 꼽은 것은 정신이었다.[125] 생각하는 자신을 제외한 모든 것에 대한 의심은 코기토의 동일성만을 남겨 놓고 모든 것을 대립의 좌표축 위에 새겨 넣었다. 정신(영혼)과 육체(물질), 안과 밖, 유한(불완전)과 무한(완전), 필연과 우연, 연장적 물질의 전체와 부분, 자유의지와 예정의 대립 외에도 이성과 비이성,

123) 르네 데카르트, 앞의 책, 116쪽.
124) 르네 데카르트, 앞의 책, 193쪽.
125) “생각의 존재성, 즉 정신을 첫째 원리로 세웁니다.” 르네 데카르트, 앞의 책, 178쪽.

질서와 무질서의 대립 등[126] 데카르트의 영혼은 좌뇌와 우뇌처럼 이항적이다. 이런 구도 위에서 신과 인간의 관계도 역전되어 창조주인 신은 이제 코기토의 인식론적 대상으로 전락한다.

그러나 리쾨르의 작업을 "단말마의 직전에 있는 코기토를 새로운 형태로 구원"[127]하고자 한 시도라고 할 수 있다면, 그것은 신과 분리된 근대적 자아의 복권이라기보다 헐벗은 코기토에 새로운 옷을 입히는 일이다. 코기토의 '자기 동일성'에 대하여 리쾨르는 "자체성(mêmeneté)을 자체 동일성(identité-idem)과 동의어로 간주"하고, 그것에 대립해 "자기 동일성(indentité-ipse)을 지시하는 자기성"을 상정함으로써 "자기와 자기 아닌 타자(autre que soi)의 변증법을 가동시키"[128]고자 했다. 이와 같은 노력은 그에게 '생각하는' 주체의 수많은 긍적적 · 부정적 유산에도 불구하고 데카르트적 코기토는 여전히 인간의 주체성을 지시하는 일반적 규정으로 유의미하다는 점을 시사한다고 할 수 있다.

칸트에 따르면 인간의 이성은 인식에 있어 "거부할 수도 없고, 그렇다고 해서 대답할 수도 없는 문제로 괴로워하는 운명"[129]에 처해 있다. 이성은 기원을 탐구하고자 하는 '거부할 수 없는' 본성을 지니고 있으나, 가능한 경험을 통해서는 거기에 도달할 수 없음을 깨닫게 되기 때문이다. 인간은 세계의 모든 것을 경험할 수는 없다. 경험의 제약

126) 르네 데카르트, 앞의 책, 32쪽.
127) 김웅권, 「역자 후기」, 폴 리쾨르, 『타자로서의 자기 자신』(김웅권 옮김), 동문선, 2006(초판), 482쪽.
128) 폴 리쾨르, 『타자로서의 자기 자신』, 16~17쪽.
129) I. 칸트, 『순수이성비판』(최재희 역), 박영사, 2013(개정중판발), 19쪽.

은 이성이 그것으로써 세계를 인식할 수 없다는 명백한 현실을 깨닫게 한다. 때문에 인식에 있어 순수이성과 경험의 분리를 축으로 한 칸트의 작업은 완벽히 대립적이고 대칭적인 체계를 통해 세계의 '기원적인 제약'에 도달하고자 한 것이었다. 그에게 경험 너머의 순수이성과 지금 여기의 경험 세계는 함께하지만 명확히 구별되는 대립과 대칭의 쌍이다.

칸트에게 이성의 인식은 외부 대상과 그 개념을 단지 규정하는 이론적 인식과 그 이상으로 대상을 실현하는 실천적 인식으로 나뉜다.[130)] 이론적 인식은 수학이나 물리학과 같이 그 객관들을 선천적[131)]으로 규정하는 것이다. 여기서 물리학은 수학과 달리 부분적으로 비순수한 요소를 포함하고 있다. 이것은 물리학에 이성의 원천과는 다른 경험적 원천도 내포되어 있음을 함축한다. 그는 "자연과학상의 발견도 수학의 경우와 마찬가지로, 신속히 수행된 사고방식의 혁명에 의해서 설명될 수 있다."면서도 "경험적 원리에 기본한 한(限)의 자연과학만을 고려"[132)]한다고 밝혔다. 인간의 이론적 인식에 있어 순수이성에 절대적 위상을 부여하는 태도라고 할 수 있다.

이성의 필연성과 보편성에 경험의 우연성과 특수성도 대립한다. 경험은 인간에게 감각적 대상으로서 무엇이 존재한다는 것을 확증하는 것이지만, "무엇이 필연적으로 있어서 그것 외의 딴 것이어서는 안

130) I. 칸트, 앞의 책, 28쪽.

131) 칸트는 선천적인 것과 선험적인 것을 구별한다. '선천적'인 것은 비경험적인 인식의 계기 모두를 말하는 것이며, '선험적'이라는 말은 인식의 선천적 가능성 혹은 인식에 관한 선천적 사용을 뜻한다. 인식의 표상들 가운데 '선천적'으로 경험의 대상과 상관할 수 있는 가능성을 '선험적'이라고 할 수 있다. I. 칸트, 앞의 책, 99쪽.

132) I. 칸트, 앞의 책, 29쪽.

된다는 것"[133]을 보장하지는 않는다. 모든 경험은 특수한 것이다. 인간은 경험을 통해서는 진정한 보편성에 도달하지 못한다. 경험은 인식의 중요한 자극제이기는 하지만, 이성이 염원하는 '필연성이라는 특성을 가진 보편적 인식'은 거기에서 독립해야만 가능해진다. 보편적 인식은 선천적이며, 경험적 인식은 후천적이다. 이런 맥락에서 칸트는 플라톤에 대해 "감성계가 오성에 대해서 그다지도 많은 방해를 하기 때문에, 이념의 날개에 의탁하여 감성계를 떠난 피안에, 즉 순수오성의 진공중에 감히 뛰어 들어갔다."[134]고 비판했다. 경험에 우위를 두지도 않지만, 그것을 완전히 부정하지도 않은 데 칸트적 이원론의 특징이 있다.

경험 세계의 가능 근거인 공간과 시간도 칸트에 이르면 선험적 관념성과 경험적 실재성으로 나누어진다. 공간은 "외적 경험에서 추상된 경험적(후천적) 개념이 아니다."[135] 오히려 외적 경험이 공간의 표상에 의해 가능해지는 조건이다. 시간도 경험적 개념이 아니다. 시간은 대상이 주어져야 성립 가능한 모든 직관의 기초에 있는 필연적 표상으로서 선천적으로 주어져 있다(선험적 관념성). 따라서 현상들은 제거될 수 있으나 시간 자신은 없앨 수 없다. 시간은 "'감성적 직관'의 순수 형식"[136]이다. 그런데 장소의 변화로서의 운동은 시간 표상 안에서만 가능하고, 또 감관의 모든 대상은 필연적으로 시간 관계 중에 있기 때문에 "현상에 관계해서만 객관적 타당성을 갖는다"(경험적 실재성). 시간은 인간이 직관하는 주관적 조건이다. 인식을 통해 '순수'와 '물 자체'

---

133) I. 칸트, 앞의 책, 47쪽.
134) I. 칸트, 앞의 책, 49쪽.
135) I. 칸트, 앞의 책, 76쪽.
136) I. 칸트, 앞의 책, 82쪽.

에 도달하고자 했던 칸트에게는 근본적인 대립의 축인 이성적인 것과 경험적인 것 사이에 수많은 다른 대립 쌍들이 놓인다.

헤겔이 "오성적으로 이해한다는 것은 곧 사유하는 것으로서, 순수한 자아 그 자체"[137]라고 말할 때 그는 데카르트와 칸트의 공통 계승자임을 보여준 셈이다. 그것은 사유 주체로서의 '자기'의 정신을 절대시(데카르트)하면서 사유와 감각을 대립(칸트)시킬 때[138] 표면적으로 드러난다. 헤겔은 지각하는 것과 지각되는 것 사이의 변증법적 운동에 대한 분석을 통해 정신 현상의 본성에 육박해 들어간다. 그에게 정신 현상은 맥놀이처럼 전개된다. 주체와 대상과 되돌아온 새로운 주체가 중첩되고 진동한다. 주체와 대상의 대립과 그것의 붕괴, 새로운 대립이 의식과 자기의식, 이성의 축을 따라 무한히 선적(linear)으로 나아간다. 그것은 수평적 관계의 삼각 축과 수직적 관계의 삼각 축이 교차되는 두 겹의 나선을 따라 전진하는 세계와 같다. 무한한 전진을 통해 순수와 비순수를 아우른 정신은 지극히 높은 절대성에 도달한다. 헤겔은 물 자체를 낳는 절대정신이란 "자체적으로, 또 동시에 자기의 의식에 대해서 자기의식을 지닌 인간의 형태로 태어났다."며 그것은 곧 인간이라고 했다.[139]

무엇보다 변증법적 방법론 자체가 대립을 함축하고 있다. 헤겔의 변증법은 의식, 자기의식, 이성, 정신, 절대정신, 종교(신)를 거쳐 마침내

137) G. W. F. 헤겔, 앞의 책, 18쪽.
138) "사상이라는 것은 자아에 의한 부정의 힘이나 관념의 순수한 힘을 자신의 토대 또는 요소로 하여 성립하는 것인데, 반면에 감각적인 것은 다만 어쩌다 거기에 존재하게 된 추상적인 무기력한 것이기 때문이다." G. W. F. 헤겔, 앞의 책, 31~32쪽.
139) G. W. F. 헤겔, 앞의 책, 493쪽.

절대지에 이르는 장구한 직진의 궤도를 달린다. 각 계기마다 대립과 대칭의 구도가 구축되고, 붕괴되고, 재구축됨으로써 전체 체계는 정교하게 설계된 삼각의 건축물로 보이게 된다. 이는 물론 물질성을 완전히 벗어난 순수한 정신의 현상이며, 그에게 세계는 곧 정신이다. 이원론적 사유의 역사에서 헤겔이 차지하는 독특한 점은 대칭과 대립을 포함하면서도 그것을 방법론적으로 무화시켜 모든 이원성을 정신의 절대성 하나로 수렴해 나가는 변증법에 있다고 할 수 있다.

먼저 의식의 차원에서 대립의 형식은 자아로서의 의식과 대상으로서의 물질이 대자적 관계를 형성하는 데 있다. "자기가 확신을 갖는 것은 상대인 타자로서의 사물을 통해서이고, 마찬가지로 이 사물이 확신되는 것은 타자인 자아를 통해서인 것이다."[140] 이와 같은 감각적 확신의 대상은 그것에서 '아무 것도 떼어내지 않은' 어떤 사물의 존재일 뿐이며, 의식도 '단지 순수한' 자아로 있을 뿐이다. 자아는 순수한 '이 사람'으로 존재하며, 대상도 순수한 '이것'으로 존재한다. 대자적 대상이 본질적으로 '있다'는 것은 '지금' 있다는 것과 '여기' 있다는 이중의 형식으로 나타난다. "'지금'은 낮도 밤도 아니면서 또한 낮도 밤도 될 수" 있는 보편적 존재이다.[141] 감각적인 존재는 보편적이다. '여기'라는 것도 그 자리에 어떤 사물이든 다 들어갈 수 있다는 점에서 "매개된 단일한 것, 즉 보편적인 것"이다. 대상과 자아(지)의 대자적 관계는 본질-비본질의 대립과 매개자-피매개자의 대립을 거쳐 주체의 '사념'에 이

140) G. W. F. 헤겔, 앞의 책, 73쪽.

141) 헤겔은 "이도 저도 아닌 불특정한 것이면서 또한 이것이 되든 저것이 되든 전혀 관계없는 단일한 존재"를 '보편적 존재'라고 부른다. G. W. F. 헤겔, 앞의 책, 74쪽.

르러 존재에 대한 확신을 갖게 되는 변증법적 운동을 펼친다.

그러나 이러한 확신은 "진리를 손에 넣지 못한다."[142] 감각적 확신은 보편적인 '이것'을 개별물로 포착하려 하기 때문이다. 하지만 의식의 다른 계기인 지각은 자신의 존재를 보편적인 것으로 받아들인다. 이제 자아도 보편적이고 대상도 보편적이다. 지각을 받아들이는 방식은 필연성을 따른다. 여기서 '뭔가를 제시하는 운동'인 지각의 전개와 이것을 '단일물로 나타내는' 대상의 집약이 나타난다. 본질적으로 지각하는 운동은 대상과 동일해진다. 지각의 전개와 대상의 집약이라는 대립이 운동한다. 지각하는 것과 지각되는 것은 대립한다. 지각하는 것과 지각되는 것의 대립에 비본질적인 것과 본질적인 것의 대립이 겹쳐진다. "대상은 자기동일성을 유지하는 보편적인 진리인 한편 의식은 가변적이고 비본질적인 것이다."[143]

헤겔은 '감각적 확신'의 변증법적 운동이 보여주는 보편성과 '지각'의 개별성이라는 양극단을 넘어 "개별성과 이에 대립하는 보편성, 더 나아가 비본질적인 것과 결부되어 있는 본질 및 필연적이고도 비본질적인 것"[144]의 지각적인 오성의 힘을 보여준다. 오성에 있어 힘은 두 가지로 운동한다. "자립적인 소재가 밖을 향하여 존재를 드러내는" 힘의 발현과 "밖으로의 전개를 멈추고 사라져 자기에게 되돌아오는" 떠밀려 들어간 힘 또는 본디 힘 등이다.[145] 여기서 힘의 발현과 집중이라는 대립이 형성된다.

142) G. W. F. 헤겔, 앞의 책, 82쪽.
143) G. W. F. 헤겔, 앞의 책, 86쪽.
144) G. W. F. 헤겔, 앞의 책, 93쪽.
145) G. W. F. 헤겔, 앞의 책, 97쪽.

두 힘의 대립은 내용의 측면과 형식의 측면에서 이중의 구별로 나타난다. 하나는 "자기에게 되돌아오는 힘이라는 극과 소재의 매체라는 극"이라는 내용상의 구별이고, 다른 하나는 "능동적으로 유발하는 것과 수동적으로 유발되는 것"[146]이라는 구별이다. 그런데 드러남(발현)과 되돌아감(집중)이라는 힘의 두 극단은 "어느 쪽도 다른 쪽이 없이는 존재할 수 없다는" 점에서 상호간의 운동이다. 두 번째 힘은 "사물의 내면에서 꿈틀거리는"[147] 힘이다. 이처럼 사물의 내면과 오성의 대립적 상호관계 속에서 의식의 차원은 감각적 확신과 지각을 넘어선다. 그러나 의식의 세 번째 차원인 오성은 "내면세계를 아직 내용 없는 물자체라는 일반적인 의미로 받아들이는 초입 단계에 있"으므로 자기 자신을 의식하는 '자기의식'에 도달하기 위해서는 "동질적인 것의 자기반발과 비동일적인 것의 상호견인이라는 구별의 참된 모습"[148]을 의식하는 의식이 되어야 한다. 자기의식이란 곧 구별되지 않는 것을 구별하는 의식이다.

헤겔의 정신의 변증법에서 의식 다음의 차원은 자기의식이다. 의식의 직접적 대상은 '감각적 확신'의 존재와 '지각'이 알아내는 구체적 사물, '오성'이 파악해 내는 힘이었으나, 자기의식의 요소는 감각적으로 사념된 존재, 개별성, 이와 대립되는 지각의 보편성, 오성의 대상인 공허한 내면 등이다. 자기의식은 "감각세계와 지각세계로부터 반성을 통하여 자기에게 되돌아온 것으로서 그 본질상 타자존재에게 복귀한"[149]

146) G. W. F. 헤겔, 앞의 책, 100~101쪽.
147) G. W. F. 헤겔, 앞의 책, 102쪽.
148) G. W. F. 헤겔, 앞의 책, 105~118쪽.
149) G. W. F. 헤겔, 앞의 책, 112쪽.

의식이다. '나는 나이다'라는 명제는 아무런 운동(변화)도 없는 동어반복일 뿐이지만, 자기의식에는 자기와 구별되는 타자존재가 있다. '나'에게 나와 구별되는 '나'가 있다.

결국 자기의식의 개념도 변증법적 운동 속에서 세 가지 요소로 성립된다. 첫째 자기의식의 최초의 직접적인 대상은 전혀 구별되지 않은 순수한 자아이며[正], 둘째 이 직접적 존재는 절대적 매개를 거친 것으로서 자립적인 대상을 폐기함으로써만 성립된다는 점에서 욕구이고, 이것을 충족하면서 얻게 되는 것은 자기 확신의 진리이며[反], 셋째 이 확신의 진리란 이중의 반성이며, 자기의식을 이중으로 만드는 것이다[合]. 따라서 자기의식의 대상인 자기의식은 대상이면서 자아이기도 하다. 바로 여기서 자기의식과 이성의 다음 차원인 '정신'이 등장한다. 정신이란 독자적으로 존재하는 두 개의 자기의식이 완전한 자유와 자립성을 지니고 대립해 있으면서도 서로 통일되어 있는 차원이며, '나'와 '우리'의 구별과 통일이라는 절대적인 실체의 차원이다.

이성의 차원에서도 변증법은 관철되고 있다. 이성은 나아가 자연을 관찰하고 거기서 외적 현실과 관계하는 자기의식의 논리적 법칙과 심리학적 법칙을 발견하고, 또 직접적 현실과 자기의식이 맺는 관계를 탐색해야 한다. 이를 통해 이성적인 자기의식이 자기실현에 이르는 과정도 사유해야 한다. 쾌락을 향유한다는 것이 자기의식에 주는 긍정 · 부정의 이중적 성격을 살피고, 보편적으로 타당한 법칙이 자기 안에 있음을 의식하는 '마음의 법칙'을 검토하고, 보편성과 개체성의 통일이자 대립으로서의 덕성과 세계 운행을 생각해야 한다. 자기의식은 사물이 자기이고, 자기가 사물이라는 것을 안다. 그렇다면 이성의 '자기실현'이란 이런 자기의식을 내적 관계 속에서 대상으로 파악하는 것이다.

여기서 정신적 본질은 개인이다. 개인은 실재적인 실체이며 타자의 자유로운 자기의식 속에서 자기를 확신하고 거기서 자신의 진리를 발견하는 인정된 자기의식으로서 '인륜의 왕국'[150]의 국민이 된다. 개인은 자신의 개별성을 희생하여 보편적 실체인 이성을 자기의 혼이며 본질로 삼아 자신이 개별적이고 자립적인 삶을 영위한다는 사실을 의식한다. 그런데 개인은 개별화된 욕구를 가진 존재이며, 이 욕구 충족은 "보편적 공동체를 유지하는 매체로서의 민족 전체의 힘이 뒷받침되어야"[151] 한다. 바로 여기서 개인과 민족의 대립과 통일이라는 전체주의적 발상이 드러난다. 개인의 노동은 자신의 욕구만 충족시키는 것이 아니라 타자의 욕구도 충족시킨다. '전체는 어디까지나 전체로 이루어진 개인의 작업'이다. 헤겔에게 전체는 언제나 개인을 압도한다.

정신은 헤겔의 변증법적 대립 체계에 있어 중심에 해당한다. 의식과 자기의식과 이성을 거쳐 전진 운동만을 수행한 정신은 이제 절대정신과 절대신, 절대지로 상승한다. 정신은 "자기 자신을 세계로, 그리고 세계를 자기 자신으로 의식"하는 이성의 이름이다. 직관된 범주나 사물은 자아의 독자적 대자존재로 의식에 들어오지만[正], 자체적인 즉자존재에 대립하므로 스스로 폐기된다(反). 따라서 범주나 사물은 대자를 포괄하는 진리의 모습을 한 존재로 규정되기에 이른다. 실

150) "개개인의 자립적인 현실생활 속에서 그의 본질이 절대적인 정신적 통일을 이루며 나타나는 것" G. W. F. 헤겔, 앞의 책, 234쪽.
151) G. W. F. 헤겔, 앞의 책, 235쪽.

체의 편에서 정신은 즉자대자적인 것이다[合]. 이와 동시에 "현실적인 의식으로 존재하면서 자기 자신을 구체적인 형상으로 드러낸다면 그것이 바로 정신이다."[152] 이 정신적 본질은 곧 인륜적 실체이다. 그것이 '참다운 정신'이다. 그것은 현실적이며 인륜적인 본질을 갖춘 정신이다.

변증법의 대립적 사유에 따른 필연적 귀결로서 헤겔은 진보에 대한 믿음이나 발전에 대한 확신을 가졌다. 절대정신과 절대지는 진보와 발전의 궁극에 해당한다. 이러한 사유는 마르크스와 엥겔스에 이르러 새로운 양상으로 나타난다. 사유의 근저는 역전되고, 대립은 더욱 첨예해진다. 그들은 사유의 근저를 정신의 차원에서 물질계로 옮겼다. 그들은 "하늘에서 내려오는 독일 철학과는 정반대로 우리는 땅에서 하늘로 올라간다."면서 '활동하는 인간'으로부터 출발하여 그 현실적인 생활 과정 속에서 그것의 "이데올로기적 반영과 반향(der ideologischen Reflexe und Echos)을 서술"[153]하고자 했다. 과학적 유물론을 표방한 마르크스와 엥겔스는 "인간의 관념, 견해, 생각, 한 마디로 인간의 의식의 그의 물질적 존재조건, 사회관계, 사회생활이 변함에 따라 변화한다는 것을 이해하는데 그리 깊은 직관을 요하는가?"라며 "사상의 역사는 바로 물질적 생산이 변화라는 정도에 따라 정신적 생산이 그 성격을 변화시킨다는 것을 증명하고"[154] 있다고 밝혔다.

대칭과 대립의 체계에서 마르크스와 엥겔스의 '공산당선언'은 하나

---

152) G. W. F. 헤겔, 앞의 책, 290쪽.

153) 칼 마르크스 · 프리드리히 엥겔스, 『독일 이데올로기』(김대웅 옮김), 도서출판 두레, 2020(1판3쇄), 61쪽.

154) 칼 마르크스 · 프리드리히 엥겔스, 『공산당선언』(남상일 옮김), 백산서당, 1989, 111쪽.

의 정점에 해당한다. 그들은 “지금까지 존재한 모든 사회의 역사는 계급투쟁의 역사”라며 “자유민과 노예, 귀족과 평민, 영주와 농도, 길드 장인과 직인”은 물론이고 “억압자와 피억압자는 항상 대립하면서 때로는 숨겨진, 때로는 공공연한 싸움을 벌였다.”[155]고 주장했다. 인류 역사 전체를 대립과 투쟁의 관점에 따라 재정리하면서 ‘부르주아지의 시대’는 이전과 달리 계급적대를 단순화시킨 특징을 갖는다며 “전체 사회는 부르주아지와 프롤레타리아트라는 양대 적대적 진영으로, 서로 직면하고 있는 양대 계급으로 점점 더 분열되어 가고 있다.”[156]고 했다. 자본주의 생산양식이 일반화됨에 따라 생산수단을 소유하고 잉여가치를 독점하는 부르주아 자본가와 자신의 노동력 외에는 어떤 소유도 갖지 못한 프롤레타리아 임금노동자가 적대적으로 대립한다고 보았다.

마르크스는 “자본주의적 생산의 자연법칙에서 발생하는 사회적 적대관계의 발전 정도의 높고 낮음이 그 자체로 문제가 되는 것은 아니”라면서도 “철의 필연성(eherner Notwendigkeit)을 갖고 작용하며 자신을 관철해 가는 그 경향이 문제”[157]라고 주장했다. 부르주아지는 “봉건적 · 가부장적 · 전원적 관계를 종식시켜” ‘타고난 상하관계’를 끊어 버리고 “경건한 경외심으로 받아들여졌던” 의사, 법률가, 성직자, 시인, 과학자의 후광을 걷어냈지만, 이들을 모두 ‘임금노동자’로 전화시켜 버렸다.[158] 모든 것을 지배와 피지배 관계로 만들어가는 ‘철의 필연성’

155) 칼 마르크스 · 프리드리히 엥겔스, 『공산당선언』, 51쪽.
156) 칼 마르크스 · 프리드리히 엥겔스, 『공산당선언』, 53쪽.
157) 칼 마르크스, 『자본 Ⅰ-1』(김영민 옮김), 이론과 실천, 1987(초판), 14~15쪽.
158) 칼 마르크스 · 프리드리히 엥겔스, 『공산당선언』, 57~59쪽.

은 물신숭배를 유발하고 노동을 소외시켜 결국 인간의 생산이 인간에게 고통을 가하는 역설을 만든다. 부르주아지는 잉여가치의 창출과 전유를 위해 끊임없이 생산도구를 혁명적으로 개조하고 모든 사회적 조건들을 그것에 정위시키며 '거룩한 것'은 모두 더럽히고 만다. 또한 부르주아지는 "자신의 생산물을 팔 수 있는 시장을 끊임없이 확장시켜야" 하기 때문에 개별 국가를 넘어 세계시장을 개척한다. 생산과 소비의 세계화를 유발하고, 지역적 · 민족적 단절을 넘어 상호교류와 상호의존을 초래한다. 지적 창조물은 공동의 재산이 되고 세계문학이 생겨난다.

그러나 부르주아지가 만든 자본주의의 세계화는 곧 자신을 겨냥한 무기가 된다. 임금노동자들인 프롤레타리아트는 자본주의 생산양식 속에서 탄생한다. "부르주아지, 즉 자본이 발전하는 것과 똑같은 정도로 프롤레타리아트, 즉 현대 노동계급도 발전한다." 기계에 종속되고 공장주에 의해 노예화된 노동자는 노동의 주체가 아니라 소외된 도구에 불과하지만, '군대식으로 편성'된 노동자들은 태어나자마자 부르주아지와의 투쟁을 개시한다.[159] 소수 부르주아 자본가에 대립한 프롤레타리아트는 숫자가 증가할 뿐만 아니라 보다 큰 무리로 성장하며 힘을 집중(노동조합)하면서 "개별 근로자와 개별 부르주아 간의 충돌은 갈수록 두 계급 간의 충돌이라는 성격을 띠게 된다."[160] 충돌은 여기저기서 폭동으로 발전하고 때때로 노동자들이 승리하기도 하지만, 근본적으

159) "프롤레타리아트가 생겨나자마자 부르주이자와의 투쟁도 시작된다." 칼 마르크스 · 프리드리히 엥겔스, 『공산당선언』, 71~75쪽.
160) 칼 마르크스 · 프리드리히 엥겔스, 『공산당선언』, 77쪽.

로 정치권력을 획득하는 데에 이르지는 못한다. 따라서 "모든 계급투쟁은 정치투쟁이다."[161]

프롤레타리아트의 혁명에 의해 수립되는 공산주의 사회는 "아무도 배타적인 영역을 갖지 않고 각자가 그가 원하는 어떤 분야에서나 스스로를 도약시킬 수 있는" 사회이다. 또 "사회가 전반적인 생산을 조절하기 때문에 사냥꾼, 어부, 양치기 혹은 비평가가 되지 않고서도 내가 마음먹은 대로 오늘은 이것을, 내일은 저것을, 곧 아침에는 사냥을, 오후에는 낚시를, 저녁에는 목축을, 밤에는 비평을 할 수 있게 된다."[162] 공산주의는 '능력'에 따라 일하고 '노동량'에 따라 받는 낮은 단계와 '능력'에 따라 일하고 '필요'에 따라 받는 분배원칙이 관철되는 높은 단계로 나누어진다.[163] 이를 위해 마르크스와 엥겔스는 프롤레타리아트에게 "모든 지배계급을 공산주의혁명 앞에 떨게 하라."고 주문했다. 그들이 잃을 것은 쇠사슬밖에 없다면서 "전세계 노동자여, 단결하라!"[164]고 선언했다. 니체는 "플라톤은 현실 앞에서 비겁했고 - 그래서 그는 이상으로 도망쳤다."[165]고 했지만, 그리스 · 로마적 전통의 단절과 그리스도교적 일원론의 시대를 거친 영민한 이원론의 후예들은 반대로 이상에서 현실로 복귀했다. 그들은 선명한 대칭과 대립의 구도 위에 공격과 혁명의 칼날을 벼렸다.

161) 칼 마르크스 · 프리드리히 엥겔스, 『공산당선언』, 79쪽.
162) 칼 마르크스 · 프리드리히 엥겔스, 『독일 이데올로기』, 71쪽.
163) 칼 마르크스 · 프리드리히 엥겔스, 『공산당선언』, 103쪽.
164) 칼 마르크스 · 프리드리히 엥겔스, 『공산당선언』, 155쪽.
165) F. 니체, 「우상의 황혼」, 『니체 전집 15』(백승영 옮김), 책세상, 2020(초판12쇄), 198쪽.

제3장. 비대칭성의 시론적 가능성

1. 생성과 도약

생성

이시영은 체계적인 시론서를 발간한 적도 없고, 본격적인 시론을 발표한 적도 없다. 문학잡지의 월평이나 산문을 통해 간간이 자신의 시론을 개진했을 뿐이다. 그러나 그의 산문집 『곧 수풀은 베어지리라』와 『시 읽기의 즐거움』에 정리되어 있는 몇몇 산문들은 그의 시론을 파악하는 데 대단히 중요한 자료들이며, 비대칭성의 시론적 가능성을 탐색하는 본서에서 분석의 대상으로 삼는 그의 작품을 이해하는 데에도 중요한 시사점을 제공한다. 근원적으로 시를 적는 모든 시인에게는 자신의 고유한 창작 기율이 있으며, 나아가 다른 시인의 작품을 평가할 때 수반되는 평가의 틀로써 암묵적인 시론이 있기 마련이다. 따라서 이시영의 '시에 관한 에세이'들은 그의 시 세계를 이해하는 데 매우 중요한 1차 자료가 아닐 수 없다.

이시영은 시심이란 "본질적으로 자아와 세계를 새롭게 설명하고자 하는 욕구이며, 우리 안에 잠들어 있는 가장 창조적이며 충동적인, 예비된 광맥과 같은 것"[166]이라고 정의했다. 시심은 시어로 구성되어야 드러난다는 점에서 무엇보다 시인의 마음이지만, 사전적 의미대로 '시흥(詩興)이 생기는 마음'이라는 점에서는 누구에게나 있을 수 있는 흥취라고 할 수 있다. 시인은 시를 의욕하지만, 그렇지 않은 이는 향수하고자 한다. 이시영이 '자아와 세계를 설명하고자 하는' 욕구를 시심이라고 하면서 거기에 '창조적 충동의 광맥'이라는 특성을 부여한 것은 시인의 내면에 형성되는 능동성을 강조한 것으로 볼 수 있다. '자아'와 '세계'는 주체와 대상의 대칭성을 띠는 것이지만, 이시영에게서 그것은 내면적 계기 안에 들어 있는 욕구로 수렴된다는 점에서 대립을 벗어난다.

이시영이 내린 시심의 정의에서 주목되는 점은 '충동'과 '광맥'이다. 먼저 충동은 예측 불가능한 우발성을 함축한다. 시는 기획과 계획에 의해 쓰이지 않는다는 생각이다. 시인(주체)과 시재(詩材, 대상)를 이원론적으로 대립시키고, 거기서 시인의 의지에 특권을 부여하지 않는다면 계획적 '쓰기'는 가능하지 않다. 시인의 내면에 형성되는 시적 충동은 예측되지 않는다. 그런 점에서 시는 '쓰기'가 아니라 '받아 적기'에 가깝다. 광맥은 충동의 연쇄를 말한다. 낱낱이 분절된 개별적 충동이 아니라 무한히 연결된 미세지각들 혹은 사건의 지평선으로 솟아나기를 기다리는 잠재적 연속체이다. 충동을 미세지각이나 사건으로 이해

166) 이시영, 『곧 수풀은 베어지리라』, 80쪽.

하는 광맥의 개념이 성립된다면 시인과 시재는 대립에서 벗어나 내부성을 띠게 된다. 시인의 내부와 분리된 외부의 소재가 따로 존재하는 게 아니라 충동의 연쇄로 구성된 내면적 계기가 있다. 그러한 연쇄 때문에 이시영은 광맥을 '예비된' 것으로 보았다.

이시영은 또 시인이란 "시심으로 충만되어 있는 사람"으로서 자신 안에 "새로운 생명, 새로운 세계를 함묵처럼 가득 안고 있"[167]는 자라고 했다. 시인은 무엇이나 될 수 있지만 그러나 아무것도 되어서는 안되며, 나무가 바람 속에 제 몸을 열어 놓고 있듯이 제 자신을 모두 열어 놓고 있는 사람이다. 시인은 어떤 틀도 거부하며 주어진 질서도 부정하지만, 끊임없는 부정을 통해 그 자신이 항상 새로운 질서가 되고자 하는 사람이다. 그의 내부는 빈 독처럼 텅 비어 있고, 혼돈처럼 어지럽고 그리고 모순으로 가득 차 있지만 항상 새로운 빛으로 팽팽하게 긴장되어 있다. 요컨대 시인은 '창조적 충동'과 '예비적 광맥'으로서의 시심을 지닌 채 끊임없이 도전하고 부정하는 한편, 무궁한 의미의 지평에 자신을 열어놓고 있는 사람이다. 때문에 시인은 언제나 완성과 파괴라는 모순적인 가치를 지니고 산다. 한 편의 완성은 다른 한 편의 완성을 위한 파괴를 의미하는 것이다.

이처럼 이시영의 시인관에는 대립이 보이지 않는다. 먼저, 되기(생성)와 되지 않기 사이의 부정적 대립이 해체된다. 궁극적으로 모든 것이 시의 제재가 될 수 있는 만큼 모든 이가 시인이 될 수 있다. 시가 우발적 성격의 '받아 적기'인 만큼 시인도 능동적 '되기'보다 수동적 '부

167) 이시영, 『곧 수풀은 베어지리라』, 81쪽.

름 받기'에 가깝다. 따라서 "시인은 무엇이나 될 수 있지만 그러나 아무것도 되어서는 안 되"는 것이다. 다음, 질서와 무질서의 대립도 해체된다. 좋은 시인은 앞선 질서 속에서 태어나지만, 자신만의 고유한 질서를 새롭게 창조한다는 점에서 혁명가이다. 좋은 시인은 또 자신이 만든 질서마저도 끊임없이 갱신하고자 한다는 점에서 질서–무질서(새로운 질서)–질서의 연속 관계가 형성된다. 그런 점에서 문학은 "모든 것을 모든 방식으로 말할 수 있게 해 주는"[168] 이상한 제도라며 "문학이라 불리는 것의 역설적 구조는 문학의 시작이 곧 종말이 되게끔"[169] 한다는 데리다의 언급은 시 예술의 특성에 부합한다.

그러나 문학의 역사를 '폐허의 역사'라고 하는 데리다와 이시영은 다르다. 데리다가 문학의 역사를 시작–종말의 대립적 · 부정적 '대체 관계'로 보았다면, 이시영은 질서–무질서–질서의 '포함 관계'로 보았다. 이시영은 시의 터전이 되는 "대자연 또한 한없는 시심으로 충만되어 있다."면서 "새로운 질서를 잉태한 함묵의 질서, 혼돈과도 같은 질서, 고요와 은폐와 충일의 질서를 갖고 있다."고 했다. 자연과 인간을 비대립적 포함 관계로 보듯 자연적 존재로서의 시인들 또한 상호 포함 관계를 형성한다. 좋은 시인은 앞선 시인들을 대체한다기보다 포함한다. 좋은 시도 앞선 시를 근본 부정하는 게 아니라 '새로운 질서'로 포함한다고 할 수 있다. "철학은 위대한 철학자로부터 충격을 받고 난 후에는 결코 옛날 자리로 되돌아가지 않는다."[170]는 화이트헤드의 말을 따

168) 자크 데리다, 『문학의 행위』(정승훈 · 진주영 옮김), 문학과지성사, 2013(제1판 제1쇄), 53쪽.
169) 자크 데리다, 『문학의 행위』, 60쪽.
170) 앨프레드 화이트헤드, 앞의 책, p.65.

른다면, 위대한 시인으로부터 충격을 받은 시는 결코 옛날로 돌아가지 못한다. 그러나 좋은 시인들이 만들어 놓은 '새로운 질서'는 이전의 질서로 돌아가는 것이 아니라 무한히 새로운 질서로 포함되어 간다.[171] 이것이 대립의 부정적 차원을 벗어난 비대칭의 시적 창조성이다.

이처럼 포함과 상호 포함의 계기인 이시영의 자연은 변증법의 합(合)이 아니다. 그것은 차이의 반복이거나 카오스모스이며 스터캐스틱한 확률론적 진화의 세계이다. 시인은 혼돈과도 같은 자연 속에 포함되어 있는 새로운 창조의 물줄기를 찾아낸다. 이시영이 '진정한 민중문학'이란 "민중들의 염원에 적극적으로 응답하는 문학일 것"[172]이라면서 대자연의 심층에 이미 시심이 내포되어 있다고 전제한 것은 시로 승화되지 않은 구호와 의미의 과잉을 경계하는 것으로 볼 수 있다. 그에게 있어 좋은 시란 '아주 단숨에 밀물처럼 밀려오는 것'이고, 시인은 또한 '그것을 감격으로 받아들여 백지 위에 성실하게 기록하는 사람'이다. 따라서 이시영이 "말을 서술하는 시가 아니라 함묵하는 시, 서늘한 울림을 주는 시를 써보고 싶었다."고 한다거나 "막 얼어붙은 겨울 폭포의 숨결을 아무런 꾸밈없이 있는 그대로 생생히 되살리는 일에 기여하길 바란다."[173]고 한 발언들은 민중시(참여시)와 순수시를 대립시키는 관점에서 벗어난 것이다.

이시영의 초기 시론이 본격적으로 개진되고 있는 글 가운데 하나로 「도덕적 시각의 문제」를 꼽을 수 있다. 문병란의 시집 『죽순밭에서』와

171) "새로운 생명, 새로운 세계를 함묵처럼 가득 안고 있다." 이시영, 『곧 수풀은 베어지리라』, 81쪽.
172) 이시영, 『곧 수풀은 베어지리라』, 91쪽.
173) 이시영, 『곧 수풀은 베어지리라』, 131~141쪽.

나태주의 시집 『누님의 가을』, 윤상규의 시집 『명궁(名弓)』 등을 분석하여 그들의 시세계를 파악하고자 한 본격적인 비평이다. 이시영은 '진정한 시인'은 "시의 주인인 민중과 더불어 이 땅의 온갖 불평등과 억압의 현실을 극복해 나가는 자"라면서 "평등케 하고 자유케 하는 가운데 어렵사리 자기를 구현하는 자"라고 정의했다. 또한 참다운 시인은 우선 도덕적 건강성을 바탕으로 해야 한다고 했다. 그는 문병란을 높게 평가하면서 "민중의 소외를 제 몸의 현실로 받아들여 이를 '온몸'으로 밀고 나감에 있다고 믿는 시인"[174]이라고 했다. 요컨대 '도덕적 자각'을 하고 있는 시인이라는 말이다. 그러나 동시에 "도덕적 열정 자체 내의 의식의 상투성과 경직화가 시 세계를 한정시킨다"고 보면서 교조적 이념이 아니라 시적 창조성이 동반될 때 도덕적 열정이 빛을 발한다고 주장했다.

한편 나태주에 대해서는 "문병란의 절실한 현실 의식을 갖고 있지 않으면서도, 비록 한정적이지만 그 나름의 구체적인 시적 현실을 창조하는 데 어느 정도 성공하고 있는 것 같다."고 보았다. 이시영에게 '도덕적 열정'이란 비정한 자본주의 사회 구조 자체가 배태하고 있는 온갖 불평등과 억압의 현실을 고발하고 부정하는 의식인데, 나태주에게는 그것이 명확하지 않은 대신 "남달리 착한 마음씨와, 도시적 병을 앓은 일이 없는 누구보다도 깨끗한 눈"[175]이 있다고 보았다. 여기서 부정적 현실 인식과 그것을 극복하고자 하는 의지라는 민중성과 착함-깨끗함의 순수성이 대립을 벗어나 '좋은 시'의 두 계기가 된다. 이시영은

174) 이시영, 『곧 수풀은 베어지리라』, 147~149쪽.
175) 이시영, 『곧 수풀은 베어지리라』, 152~153쪽.

나태주를 '시골 시인'이라 부르며 "시라는 것을 철저히 지적 조작의 소산이라고 믿고 있는 소위 도시적 '현대 시인'들"인 모더니스트에 대립시켰지만, 민중성과 순수성의 대립을 해체함으로써 인간과 자연의 통일로서 '자연 그 자체'를 긍정하는 시론에 도달했다.

「의미와 무의미」도 이시영의 초기 시론을 파악하는 데 중요한 시사점을 준다. 이시영은 "좋은 시는 그 자체가 생물과도 같아서 스스로의 힘으로 존재하며 빛을 뿜고 수런대고 교감하고 우리에게 말을 걸기도 한다."고 주장했다. 그에게 좋은 시는 시인의 의지에 종속된 수동적 대상이 아니라 '스스로의 힘'만으로도 너끈히 자신의 의미를 표현할 줄 아는 능동적 주체이다. 진정한 무의미는 '의미 없음'이 아니라 "온갖 의미를 이루려는 충동 혹은 욕망을 탈각한"[176] 경지이다. 생물과 무생물, 능동과 수동, 주체와 대상이라는 삼중의 대립을 해체하는 의미-무의미의 물활(物活)론적 개념이 형성된다.

> 아침나절 찬 공기 속에
> 발 걸고 거꾸로 누워 허리운동하는
> 틀 위에 거꾸로 누워 있는데
> 샘물 떠가지고 가는 아주머니들이
> 깜짝이야! 하면서 깔깔깔 지나간다.
> 저 어투 속에서 우리네 아침은 밝고
> 저 웃음 소리가 태양들을 하늘에 굴린다
> 나도 덩달아 까치처럼 껑충거리며

176) 이시영, 『곧 수풀은 베어지리라』, 224~225쪽.

산길을 내려온다

— 정현종, 「저 웃음 소리가」 전문(『한 꽃송이』, 1992)

이시영이 보기에 이 작품의 풍경은 "다른 무엇의 배경으로서가 아니라 그 자체로 살아 싱그러운 입김을 내뿜으며 우리에게 말을 걸어오고"[177] 있다. '깔깔깔' 웃음소리로 하여 덩달아 까치처럼 '껑충거리는' 아침 풍경은 단순히 무의미한 대상의 차원을 벗어나 의미 생성의 주체가 되는 도약의 순간을 보여준다. 모든 좋은 시에는 무의미가 의미로 도약하는 생성 순간이 있다. 나아가 이시영은 "우리가 80년대를 통과해 오면서 잃어버린 것 중의 하나가 시 예술이 근원적으로 발현하기 마련인 이 무의미의 세계"라고 말함으로써 민중시의 경직된 리얼리즘적 기율이 빠지기 쉬운 형식주의를 경계한다. 이런 맥락에서 이시영은 "정현종의 안 좋은 시들은 그의 시가 돌연히 이데올로기화할 때"라며 "권좌는 저주의 수렴이요/ 권좌는 치욕의 원천이며/ 권좌는 강력한 오점(汚點)이다"(「권좌(權座)」 전문)라는 작품에 대해 '오도된 권력론'에 빠졌다고 비판했다.[178]

이상과 같이 첫 산문집 『곧 수풀은 베어지리라』에서 나타나는 이시영의 초기 시론은 시심의 내부성과 우발성, 연속성을 필두로 하여 질서와 무질서, 생물과 무생물, 주체와 대상, 능동과 수동, 의미와 무의미 등의 대립적 관계를 해체한다. 이를 부정적 대칭성이 제거된 생성과 도약의 비대칭적 시론이라고 잠정할 수 있을 터이다.

---

177) 이시영, 『곧 수풀은 베어지리라』, 227쪽.
178) 이시영, 『곧 수풀은 베어지리라』, 229~230쪽.

도약

첫 산문집 이후 21년 뒤에 간행된 두 번째 산문집 『시 읽기의 즐거움』에서도 이시영의 논지는 일관되게 이어지고 있다. 여기서도 물질 대 비물질, 생물 대 무생물, 의미 대 무의미, 연속 대 불연속 등의 대립이 해체되면서 시를 비대칭적 다양체로 인식하는 데까지 이른다. 이시영은 "돌이켜보면 옳은 시가 있는 것이 아니라 다양한 시가 있을 뿐이며, 살아 있는 시와 그렇지 못한 시가 있을 뿐"[179]이라고 말했다. 데리다의 말처럼 '모든 것을 모든 방식으로' 말하는 시에 있어 옳음-그름의 윤리적 규준이 아니라 다양한 시가 있을 뿐이라는 관점은 전형적으로 비대칭적 사유를 보여주는 것이라 할 수 있다. 이시영은 또 시적 다양체에 도달하기 위한 방법론으로 정직, 고독, 자유, 양심, 긴장, 새로움 등을 제시했다. 그러나 이 또한 절대적 법칙이라기보다 다양성을 보장하기 위한 상대적 계기에 가깝다. 그렇기에 "너의 길을 가라. 그보다 먼저 네 시의 행로를 고독을 다해 살아라. 언어는 그 다음의 문제다."[180]라고 말할 수 있었다.

이시영은 "문학사란 어느 면에서 대단히 임의적인 것"이라면서 "좋은 시인들, 좋은 작가들을 누락 혹은 사상하면서 나아가는 것을 목도"[181]한다고 말한다. 그가 보기에 '누락 혹은 사상'의 대표적인 피해자는 김종삼이다. 이시영은 "이만큼 의미와 행간의 긴장으로 꽉 찬 분단

179) 이시영, 『시 읽기의 즐거움』, 109쪽.
180) 이시영, 『시 읽기의 즐거움』, 222쪽.
181) 이시영, 『시 읽기의 즐거움』, 25쪽.

시를 경험해 본 적이 없다."[182]라며 김종삼의 「민간인」을 상찬했다.

1947년 봄
심야
황해도 해주의 바다
이남과 이북의 경계선 용당포

사공은 조심 조심 노를 저어가고 있었다.
울음을 터뜨린 한 영아(嬰兒)를 삼킨 곳.
스물 몇 해 지나서도 누구나 그 수심(水深)을 모른다.

— 김종삼, 「민간인」 전문(『북치는 소년』, 1991)

이시영은 이 작품에 대해 "'울음을 터뜨린 한 영아'의 입을 틀어막은 월남 가족의 비극을 고스란히 체험케 해준다."면서 "시간의 힘에 밀리지 않으면서 아직도 의미를 생산하고" 있다고 높게 평가했다. 또 "청계천변 10전균일상(一0錢均一床) 밥집 문턱엔/ 거지 소녀가 거지 장님 어버이를/ 이끌고 와 서 있었다/ 주인 영감이 소리를 질렀으나/ 태연하였다/ 어린 소녀는 어버이의 생일이라고/ 10전짜리 두 개를 보였다."는 「장편(掌篇) 2」를 호평하면서 '모더니스트 김종삼답게' 묵언으로써 "시적 조화와 균제미, 그리고 넓은 의미의 '민중성'"에 있어서 신경림의 「농무」에 결코 뒤지지 않는다고 말했다. 이시영은 김종삼에게서 모더니즘의 기교주의와 리얼리즘의 민중성이라는 대립이 해체된 것

182) 이시영, 『시 읽기의 즐거움』, 26쪽.

으로 보았다. 이는 "시라는 것을 철저히 지적 조작의 소산이라고 믿고 있는 소위 도시적 '현대 시인'들"[183]이라며 모더니스트들을 부정적으로 언급했던 것과는 다른 주장이기도 하다.

그런데 이시영은 더 나아가 '여백의 시학'이라는 맥락에서 김종삼의 시가 의미와 무의미의 대립을 해체하는 미학주의 작품이라고 했다. "시가 시를 말하게 하고 시인은 깊은 침묵 속에 빠질 줄 아는" 작품이라는 주장이다. 그것은 의미 창출을 위해 시인이 적극적으로 발언하는 게 아니라 오히려 침묵을 통해 시가 스스로 의미를 형성하게 하는 미학주의이다.

> 물 먹는 소 목덜미에
> 할머니 손이 얹혀졌다.
> 이 하루도
> 함께 지났다고,
> 서로 발등이 부었다고,
> 서로 적막하다고,
>
> — 김종삼, 「묵화(墨畵)」 전문(『북치는 소년』, 1991)

이시영은 '묵화'의 묵언(黙言)이 그 말 없음으로 하여 "'민중시'가 목소리를 높여 가던" 70년대 시단 분위기 속에서 "기묘하게도 '절제의 시인'으로" 김종삼이 살아남을 수 있었다고 보았다. "모든 시들이 암울한 시대의 정치적 폭발을 향하여 치닫고 있던"[184] 시대에 김종삼은 '가

183) 이시영, 『곧 수풀은 베어지리라』, 153쪽.
184) 이시영, 『시 읽기의 즐거움』, 30쪽.

장 완성도가 높은 순수시인'이었다. 결국 모더니스트 김종삼은 의미-무의미의 대립을 해체하는 '여백의 시학'을 통해 민중시의 리얼리즘적 기율을 넘어 '진정한 시인의 반열'에 올랐다는 평가인 셈이다.

이시영은 또 김수영의 「풀」도 의미-무의미 대립의 해체라는 관점에서 보았다. 그는 "「풀」이야말로 우리의 손쉬운 해석을 거부하는 진짜 '무의미 시'인지도 모른다."면서 "'풀'과 '바람'은 … '크나큰 침묵'을 안은 채 '세계와 대지의 양극의 긴장 위에 서 있'기 때문"이라고 했다.[185] "비를 몰아오는 동풍에 나부껴" 풀이 눕고 우는 의미(이유)를 몰라도 그 정서는 감각할 수 있는 것이며, "바람보다 늦게 누워도/ 바람보다 먼저 일어나고/ 바람보다 늦게 울어도/ 바람보다 먼저 웃는" 모순 어법을 합리적으로 이해하지 못한다 하더라도 그 느낌은 가질 수 있는 것이다. 이시영이 말하는 무의미 시가 궁극적으로 지향하는 바는 논리적 의미 체계로 시를 환원시키는 해석의 과잉이나 산문화가 아니라 "살아 있는 시를 더욱 살아 뛰게 하는 '생물 비평'"[186]이라고 할 수 있다. 그렇다면 의미-무의미의 대립을 해체하는 비대칭성은 시를 이해하는 보다 더 시적인 독법이라고 할 수 있겠다.

이시영은 말한다. "시란 그 창작과정에서 (무)의도적인 생략 내지 (얌전한 독자들을) 혼란에 빠뜨리는 어떤 비약, 작품 바깥으로의 과감한 도약을 감행하려는 시인의 창조적이고 저돌적인 무모성이 작용하기

185) 위 이시영의 지문 중 "세계와 대지의 양극의 긴장 위에 서 있"는 것이라는 말은 김수영의 「시여, 침을 뱉어라」에 나오는 문구이다. 김수영, 『김수영 진집 2』(산문), 민음사, 1984(4판), 251쪽.

186) 이시영, 『시 읽기의 즐거움』, 39쪽.

마련이다."[187] 첫 산문집에서도 정현종의 「저 웃음 소리가」를 통해 생성과 도약의 시론을 전개했듯이 이번에는 백석의 「주막」을 통해 연속과 불연속의 대립을 해체하는 사유를 보여준다.

호박잎에 싸오는 붕어곰은 언제나 맛있었다

부엌에는 빨갛게 질들은 팔(八)모알상이 그 상 우엔 새파란 싸리를 그린 눈알만 한 잔(盞)이 뵈였다

아들아이는 범이라고 장고기를 잘 잡는 앞니가 빠드러진 나와 동갑이었다

울파주 밖에는 장꾼들을 따러와서 엄지의 젖을 빠는 망아지도 있었다

— 백석, 「주막」 전문(『백석시전집』, 1987)

이 작품 3연에 나오는 주막집 '아들아이'와 '나' 가운데 누가 "장고기를 잘 잡는 앞니가 빠드러진" 아이인지 해석하는 문제에 있어 이시영은 '아들아이는 범이라고, 장고기를 잘 잡는, 앞니가 빠드러진, 나와 동갑이었다'로 읽어야 한다며 백석은 의도적으로 쉼표를 생략함으로써 의미상의 도약을 꾀하고 시적 재미를 창출했다고 보았다. 즉 주막집 아들아이를 묘사하는 세 가지 수식(범이라고, 장고기를 잘 잡는, 앞니가 빠드러진) 사이에 들어가야 할 쉼표를 빼 버림으로써 '겹침 수사'의 맛을 제대로 구사했다는 생각이다. 문법적으로 필요한 문장부호를 뺀

187) 이시영, 『시 읽기의 즐거움』, 42쪽.

자리에 시적 도약의 즐거움이 생성된 것으로 보았다.

> 짝새가 발뿌리에서 닐은 논드렁에서 아이들은 개구리의 뒷다리를 구어 먹었다
>
> 게구멍을 쑤시다 물쿤하고 배암을 잡은 눞의 피 같은 물이끼에 햇볕이 따그웠다
>
> 돌다리에 앉어 날버들치를 먹고 몸을 말리는 아이들은 물총새가 되었다
>
> — 백석, 「하답(夏畓)」 전문(『백석시전집』, 1987)

산업화 이전 농촌 아이들의 여름 놀이와 일상 풍경이 생동감 있는 민화처럼 표현된 이 작품에 대해 이시영은 시적 도약의 불연속이 시를 시답게 하는 창조적 연속이라고 생각했다. 그는 이 작품의 각 연을 불연속적 서사로 보았다. 세 가지 에피소드가 각 연에 배치되어 연속된 것처럼 보이지만, 이들을 단일 서사로 보기에는 시공간적 거리가 너무 넓다. 개구리 뒷다리를 구워 먹는 사건과 게가 아니라 뱀을 잡은 사건, 또 여름 햇볕에 몸을 말리는 사건은 '여름'이라는 한 계절 안에 펼쳐질 수 있는 것이지 하나의 서사로 선후 관계가 성립되는 것은 아니라는 주장이다. 이시영이 보기에 "3연 각 1행의 시는 그야말로 각 연이 독립된 비연속의 (연속적) 서사이지 친절하게 풀어쓴 '산문'이 아닌 것이다."[188] 만일 단일 서사로 해석하게 될 경우, "아무리 아이들이라

---

188) 이시영, 『시 읽기의 즐거움』, 46쪽.

해도 소중한 벼가 자라고 있는 무논 안에 들어가 장난치며 놀 수 없"는 사실을 왜곡하게 되고, 또 "무논 안에 게구멍은 없으며, 게는 주로 논둑이나 이웃한 개울에 구멍을 파고 숨어 사는" 자연 생태를 부정하게 되고, 마침내 "무논의 어느 자리에도 징검다리는 놓일 수 없으며 징검다리 내지 돌다리는 개울을 가로지르는 곳에 놓이는"[189] 농경 사회의 순리를 거스르고 만다. 이시영은 「주막」에서 쉼표 생략과 「하답」에서 사건의 도약을 통해 백석의 시가 생동감 있는 창조적 개성을 보여준 것으로 보았다.

앞서 보았듯 이시영은 '옳은 시'와 '그른 시'라는 대립도 해체한다. 그에게는 한 마디로 '다양한 시'가 있을 뿐이다. 시의 다양체 가운데 '살아 있는 시와 그렇지 못한 시'가 있는 것이지 옳음-그름의 윤리적 층위가 있는 게 아니라는 생각이다. 다양체로서의 시라고 해서 아무런 기준이 없는 것은 아니다. '시작이 곧 종말'은 아닐지 모르나 '떠남'은 있는 것이다. 시인은 자신의 물리적 공간으로부터 떠나야 하고 심리적 거처로부터 떠나야 한다. "생각해 보면 나의 시는 너무 오래 고향의 질곡에 묶여 왔다."면서 새로운 다양체를 향한 '떠남'을 강조했다. 그가 "기차를 타야 하리라. 전라선 구례구역에서, 이제는 근대의 수많은 항구를 경험한 성숙한 시민이 되어."[190]라고 할 때 염두에 둔 것은 '살아 있는 시'를 향한 새로움의 도정이다.

이시영은 여기에 더해 정직, 고독, 자유, 양심, 긴장, 새로움 등도 제시한다. 그는 우선 김수영이 살아남은 이유를 정직에서 찾는다. "(김

189) 이시영, 『시 읽기의 즐거움』, 45쪽.
190) 이시영, 『시 읽기의 즐거움』, 205쪽.

수영은) 참여시인이기 전에 먼저 자기 자신에게 가혹할 정도로 정직한 사람이었으며 남에게도, 사회에 대해서도 그것을 요구했다."[191] 때문에 김수영은 고독했다. 정직을 추구하고 정직을 요구하는 시인은 고독할 수밖에 없다. 이시영이 '두 명의 스승'[192] 가운데 한 사람이라 밝힌 김수영은 "자유는 고독한 것이다. 그처럼, 시는 고독하고 장엄한 것"[193]이라고 말했다. 정직은 고독하고, 고독은 자유로우며 자유는 정직을 뿌리로 한다는 일종의 순환논법이 형성된다. 이시영은 나아가 김수영 시론의 핵심을 '고독'이라고 하면서 "본질적으로는 '죽음의 완수'를 가리키는 말"[194]이라고 했다. 시적 다양체로 살아남기 위한 시인들의 방법론이 어떤 극한의 정신성으로 비쳐지는 대목이다.

이처럼 이시영의 두 산문집에서 보이는 그의 시론은 비대칭적이다. 시심의 내부성과 우발성, 연속성과 불연속성, 질서와 무질서, 생물과 무생물, 주체와 대상, 능동과 수동, 의미와 무의미 등의 대립이 해체되면서 부정성이 사라진 생성과 도약의 시론이 형성된다. 이시영에게 시란 비대칭적 다양체이다. 따라서 그의 시적 윤리는 옳음-그름의 배제적 관계가 아니라 모든 시적 가능성을 무한히 확장하는 대긍정의 지평으로 나아간다.

---

191) 이시영, 『시 읽기의 즐거움』, 207쪽.

192) 이시영의 첫 산문집에 수록된 「습작 노트와 김수영」에는 서라벌예술대학 초대 강사로 4학년생들에게 강의한 사실이 기록돼 있으며, 같은 책에는 「스승 서정주」라는 글도 있다. "한때는 친숙했으나 너무 오래 잊고 있다가 문득 되돌아가보고 싶은 시인이 있다. 내게는 그런 분 중의 한 사람이 서정주이고 다른 한 사람이 김수영이다." 이시영, 『곧 수풀은 베어지리라』, 100쪽, 『시 읽기의 즐거움』, 206쪽.

193) 김수영, 앞의 책, 252쪽.

194) 이시영, 『시 읽기의 즐거움』, 208쪽.

2. 주름과 펼침

김지하와 '흰 그늘'

모든 시는 보이지 않는 질서(의미)를 찾는다. 무질서(다른 질서)와 무의미(다른 의미) 속에서 의미의 질서를 찾는다. 뛰어난 시에는 언제나 쉽게 드러나지 않던 자연의 질서가 생생하게 살아나 있다. 무질서 속에 어떤 질서가 보인다. 감각 기관의 일차원적인 신호가 시인의 내면에 투사되면 전체로서 새로운 차원의 상(象)이 그려지고, 그것이 일정한 시적 얼개 속에 교직될 때 한 편의 시가 탄생한다. 따라서 모든 뛰어난 시는 논리적 언어로 환원되지 않는다. 감각적 현실 세계의 무수한 신호로부터 그것을 단순 통합하는 게 아니라 전혀 새로운 차원의 의미 맥락을 발견하는 것, 즉 차원의 변화를 수반하는 제 3의 영역으로 직핍하는 것이 뛰어난 시의 특징이라고 할 수 있다. 일상적이고 단조로운 반복 속에서 우발적으로 드러나는 차이, 그 차이의 인식과 차원 변화를 통해 일상성의 붕괴를 거쳐야 비로소 시가 등장한다. 그러므로 시적 탄생의 순간은 시인이 찾아 나서서 발견하는 것이 아니라, 차이가 주체의 내면에 다가오고, 주체 역시 차이에 육박해 들어감으로써 '만나게 되는 것'이다. 세계를 무수한 차이의 존재론으로 인식하는 것이야말로 시적 탄생의 출발점이라 할 수 있다.

차이를 인식하는 시적 주체와 관련해 김지하의 '흰 그늘' 개념은 주목된다. 김지하는 그늘이란 "음이면서 양"이라고 말했다. 그는 "서양식으로 이야기하면 카오스이면서 코스모스"라면서 들뢰즈와 가타리가 말하는 카오스모스는 '카오스적 코스모스, 무질서한 질서, 혼돈의 질서, 복잡계의 질서'를 뜻한다고 했다.[195] 카오스모스가 곧 그늘이라는 생각이다. 그늘은 우선 인간 삶의 조건으로서 현실 속에서 무시로 맞닥뜨리게 되는 어떤 불행, 고통, 이별, 죽음이다. 그것은 행복, 환희, 만남, 생의 반대편에서 인간 삶에 혹독한 시련을 가하는 어떤 것들이다. 모든 인간은 그늘을 안고 있다. 인간 존재의 뿌리에는 언제나 그늘이 자리한다. 죽음과 이별만이 아니라, 탄생마저도 고통이며 생명 자체가 고통이다. 그늘은 주름이다. 그러나 김지하에게 이 때의 그늘은 '어두움'일 뿐이다.

시적 주체가 시적 차이를 만날 수 있는 그늘이 되기 위해서는 일면적인 어두움에 그쳐서는 안 되고, 어두움을 삭이고 삭이는 '시김새'[196]를 통해 진정한 그늘에 도달해야 한다. 인생의 그늘을 그 자체로만 보게 되면 타락, 환멸, 자포자기를 거쳐 결국에는 허무주의로 전락하고 만다. 그러나 그늘을 삭이고 삭이는 가운데 형성된 한(恨)으로서의 주름이 되면, 비로소 시적 주체가 시적 차이를 만날 수 있는 길이 열린다. 따라서 김지하가 말하는 그늘은 그늘 자체가 아니다. 현실의 고통이나 한을 풀어버리는 게 아니라 삭이는 것이며, 고통의 즉자적 해소가 아니라 오히려 축적이다. 그는 "현실과 환상, 자연과 초자연, 땅과 하늘, 이승과 저승, 주관과 객관, 주체와 타자, 두뇌와 신체, 이런 대립되는 것을 연관시키고 또 하나로 일치시키는 미적인 창조 능력"을

195) 김지하, 『예감에 가득 찬 숲 그늘』, 실천문학, 1999(초판 1쇄), 26~27쪽.
196) "한을 한으로 풀면 폭력적인 자기발현밖에 안 됩니다. … 삭여야 합니다. 삭이는 것을 '시김새'라고 합니다." 김지하, 앞의 책, 30쪽.

그늘이라고 말했다. 김지하의 그늘은 고통을 삭여 그것을 질적으로 차원 변화시키는 한으로의 통합(주름)이라는 비대칭적 계기이다.

'흰 그늘'에서 '흰'은 그늘로부터 일순간 태양처럼 높이 솟구쳐 우주라는 새 차원으로 드러나는 것이다. 김지하는 흰이란 "체(體)를 성취 · 체현하는 우주 리듬의 독특한 용(用) 즉 '신명성'의 완성"이라면서 '제 3의 원'이라고 강조했다. 그늘이 그늘로 머물지 않고, 신령스런 신명으로 확산되는 것이 흰의 의미이다. 흰은 펼침(드러남 혹은 드러냄)이다. 현실의 고통들로 쌓이고 쌓인 그늘이 어느 순간 드높은 해탈의 차원으로 비약하는 것이 바로 '흰 그늘'이다. 김지하는 '그늘이 우주를 바꾼다(影動天心月)'라고 할 때의 우주적 신명의 경지를 '흰 그늘'이라고 부른다. 그것은 '주름의 펼침'이다. 김지하의 흰 그늘은 축적된 고통의 차원 변화를 통해 형성된 한이 신명을 통해 드러나는 일종의 해방과 같은 경지이다. 고통과 해방은 대립되지 않고 주름과 펼침도 대립되지 않는다. 나아가 김지하는 "생명과 죽음 사이는 대립되지 않"는다고 말했다. 생명과 대립하는 것은 죽음이 아니라 '죽임'이다.[197] 김지하의 흰 그늘은 대립되는 계기들을 모두 해체하는 비대칭의 미적 사유를 함축하고 있다.

그런데 김지하는 '생명의 문학'과 '죽음의 문학'을 대별시키는 문단 풍토를 비판적으로 언급하면서도 서정주를 전자에 기형도를 후자에 배치했다. 그는 서정주의 「상가수의 소리」를 '그늘을 최고로 표현한 시'라는 평가를 받는 작품으로, 기형도의 「가을 무덤 – 祭亡妹歌」를 '죽음

197) 김지하, 앞의 책, 39쪽.

의 문학을 대표하는 시'로 인용했다. 상가수는 상여 앞에서 망자를 저승으로 인도하는 소리꾼이다. 상가수는 이승의 소리를 저승에 전하는 자이며, 이승과 저승의 경계에 선 사람이다. 그의 소리는 '껄껄하게 걸리는 소리, 상처투성이의 소리, 카오스의 소리, 비틀어지고 자빠지고 깨진 소리'이다. 상가수의 소리에는 망자를 보내는 산 자의 슬픔과 이승을 버리고 떠나는 망자의 슬픔이 교차하고, 그럼으로써 이승과 저승이 아스라이 연결된다. 그러나 상가수의 소리에는 슬픔을 슬픔으로 끝내지 않고, 보다 근원적인 만남(모든 인간은 죽는다)을 이끌어내는 합일의 기운이 포함되어 있다. 서정주의 「상가수의 소리」에는 이와 같은 삶의 그늘이 짙게 배어 있다. 그러나 서정주에게는 '질마재 사람들'의 한이 없다. 조선 말기의 피폐한 삶과 일제로부터의 폭압, 6 · 25, 군사독재와 같은 현실의 한이 없다.[198] 서정주의 시에는 역사의 회오리가 전혀 반영되어 있지 않다. 때문에 고통이 없고, 한이 없고, 삭임(시김새)이 없다. 서정주의 시는 미적 패러다임으로서 그늘은 있으나, 윤리적 패러다임이 누락되어 있어 진정한 감동, 깊은 공감을 얻지 못한다. 요컨대 '흰 그늘'에 도달하지 못한 것이다. 김지하가 보기에 서정주에게는 한을 삭이고 삭여 마침내 신명나는 초월의 세계에 도달할 근거가 없었다.

198) "『질마재 신화』에 나오는 사람들이 바로 자기 고향 사람들인데요, 조선 말기 동학이 펼쳐지는 곳이 바로 고부(古阜)입니다. … 그 뒤 일제 36년, 그 뒤 6 · 25, 그 뒤 독재체제예요. 『질마재 신화』는 이 거대한 역사적 회오리가 조금도 반영되어 있지를 않습니다." 김지하, 앞의 책, 42쪽.

질마재 상가수의 노랫소리는 답답하면 열두 발 상무를 젓고, 따분하면 어깨에 고깔 쓴 중을 세우고, 또 상여면 상여머리에 뙤약볕 같은 놋쇠 요령을 흔들며, 이승과 저승에 뻗쳤습니다.

그렇지만, 그 소리를 안 하는 어느 아침에 보니까 상가수는 뒤깐 똥오줌 항아리에서 똥오줌 거름을 옮겨 내고 있었는데요. 왜, 거, 있지 않아, 하늘의 별과 달도 언제나 잘 비치는 우리네 똥오줌 항아리, 비가 오나 눈이 오나 지붕도 앗세 작파해 버린 우리네 그 참 재미있는 똥오줌 항아리, 거길 명경으로 해 망건 밑에 염발질을 열심히 하고 서 있었습니다. 망건 밑으로 흘러내린 머리털들을 망건 속으로 보기좋게 밀어넣어 올리는 쇠뿔 염발질을 점잔하게 하고 있어요.

명경도 이만큼은 특별나고 기름져서 이승 저승에 두루 무성하던 그 노랫소리는 나온 것 아닐까요?

— 서정주, 「상가수의 소리」 전문(『질마재 신화』, 1986)

반면 기형도에게는 고통의 세계가 즐비하게 나타난다. 기형도는 삭임의 시김새에서 우러나오는 수리성에 도달할 가능성이 있다. 그에게는 현실 세계의 무수한 고통이 여과 없이 그대로 드러난다. 그러나 기형도는 제 안의 고통을 삭이지를 못했다. 마치 장바닥에 내장이 터져 나오는 것처럼 고통만 즐비하게 늘어놨다. 김지하가 보기에 기형도는 '고통을 삭이지 못 하고' 말았으므로 '흰 그늘'에 도달할 가능성만 갖고 있는 셈이다. "당연히 삭여야죠, 내장을 집어넣고 꿰매서 이를 악물고 삭여야지, 승화시켜야지, 그래야지 이때 하늘과 땅, 초자연과 자연, 환상과 현실, 주관과 객관이 하나로 손을 들어오는 것—이게 수리성이고 그늘입니다."[199] 기형도의 '죽음의 문학'은 고통을 있는 그대로 뱉어내기는 했지만, 그것을 삭이고 삭여 한으로 응축하지 못했고, 나아가 삶과 죽음의 경계를 무화시키는 신명의 경지에 도달하지 못했다. 기형도에게는 그늘의 주름만 있고, 흰 그늘의 펼침이 없었다.

누이야
네 파리한 얼굴에
철철 술을 부어주랴.

시리도록 허연
이 영하의 가을에
망초꽃 이불 곱게 덮고
웬 잠이 그리도 길더냐.

풀씨마저 피해 나는
푸석이는 이 자리에
빛바랜 단발머리로 누워 있느냐.

헝클어진 가슴 몇 조각을 꺼내어
껄끄러운 네 뼈다귀와 악수를 하면
딱딱 부딪는 이빨 새로
어머님이 물려주신 푸른 피가 배어나온다.

물구덩이 요란한 빗줄기 속

199) "삭인 소리의 절정을 판소리에서는 '수리성이라고 합니다." 김지하, 앞의 책, 41~43쪽.

구정물 개울을 뛰어 건널 때
왜라서 그리도 숟가락 움켜쥐고
눈물보다 찝찔한 설움을 빨았더냐.

아침은 항상 우리 뒤켠에서 솟아났고
맨발로도 아프지 않던 산길에는
버려진 개암, 도토리, 반쯤 씹힌 칡.
질척이는 뜨물 속의 밥덩이처럼
부딪치며 하구로 떠내려갔음에랴.

우리는
신경을 앓는 중풍병자로 태어나
전신에 땀방울을 비늘로 달고
쉰 목소리로 어둠과 싸웠음에랴.

편안히 누운
내 누이야.
네 파리한 얼굴에 술을 부으면
눈물처럼 튀어오르는 술방울이
이 못난 영혼을 휘감고
온몸을 뒤흔드는 것이 어인 까닭이냐.

— 기형도, 「가을 무덤 – 祭亡妹歌」 전문(『기형도 전집』, 2004)

여기서 김지하의 '그늘'의 의미가 한 단계 심층적으로 이해된다. 뛰어난 시편에는 미적 세련성과 아울러 윤리적 건강성이 확보되어 있다는 생각이다. 진정한 그늘이 되기 위해서는 크든 작든 삶의 혹독한 시련을 견디는 건강한 의지와 단련으로서의 삭임(시김새)이 있어야 하고, 이러한 한의 삭임을 통해 '빛, 어둠, 웃음, 눈물, 천상과 지상, 기쁨과 슬픔'이 한데 어우러지는 미적 세련성이 획득되어야 한다. 「제망매가(祭亡妹歌)」의 세계는 누이의 죽음을 한스럽게 바라보면서도 끝내 미타찰에서 만날 것임을 확신하는 가운데 오롯이 '그늘'이 생성되어 있다. 또한 태어남 자체를 고통으로 바라보고, 그러한 근원적인 슬픔을 통해 세상 만물과 소통하는 자세가 드러나 있다. 비바람이 몰아치는 가운데서도 알을 품은 채 바들바들 떨고 있는 어미 새를 측은하고 슬프게 바라보는 태도야말로 윤리적 건강성과 미적 세련성을 확보해 나가는 시적 주체의 규준이다. 그것이 그늘이다.

그러나 이러한 차원에 머물게 되면 '흰 그늘'에는 이를 수 없다. 쓸쓸하고 허무하고 고통스런 삶을 그것으로만 바라보지 않고 한 차원은 승화시킬 때 거기에 도달할 수 있다. 김지하의 표현대로 '가던 달을 멈추게 하는 향가의 힘' 혹은 '밤길을 가는 화랑의 앞길을 별빛이 내려와 쓸어주는' 어떤 초월적인 영성의 상태에 이르러야 '흰 그늘'의 차원에 접근할 수 있다. "한, 어둠, 고통 안에는 그 한을 움직이는 '신명'이라는 밝은 영이 들어 있"다. 그것이 "절정에 이르러서 한의 표피를 깨고 나오는" '신명풀이'에 이르러야 한다.[200] 김지하의 흰 그늘은 인간과 자연의 진정한 연속성, 인간과 자연의 완전한 합일의 의지가 강조되는 비대칭의 시론이다. 이는 우선 원효의 '일심(一心)'이나 최치원의 '접화

200) 김지하, 앞의 책, 74쪽.

군생(接化群生)', 김일부의 '영동천심월(影動天心月)', 최제우의 '오심즉여심(吾心卽汝心)'과 상통하는 한국적 사유를 바탕으로 하는 것이며, 나아가 스토아주의와 둔스 스코투스, 스피노자와 라이프니츠, 베르그송과 화이트헤드, 들뢰즈로 이어지는 일의성의 철학과 궤를 같이 하는 것이다. '흰 그늘의 시론'은 무한한 차이를 하나로 인식하는 주체의 연속적 사유로 동서양의 공통점 혹은 만남의 지점이라고 할 수 있다.

김지하의 '흰 그늘'의 시론은 비대칭적이다. 그는 대립을 넘어 생성에 이르는 사유를 보여주었다. "인간의 미적인 인식 감상 주체와 미적 대상인 작품 안에 있는 이중성이라는 그늘을 쌍방향으로 자기초월시켜 크게 심화 확장시킴으로써 흰 빛이라는 이름의 성스러운 제3의 내면성을 생성"시키는 비대칭적 천지공심이 있다.[201] 대립과 투쟁이 대립되는 대상을 전복시켜 부정적 모순 관계를 질적으로 변화시킬 수는 있지만, 그것이 인간 존재의 근원적인 모순(그늘)을 제거할 수는 없는 일이다. 대립과 대칭은 언제나 새로운 대립과 대칭으로 연장된다. 김지하의 '흰 그늘'이 밝음과 어두움의 대립을 무화시킨 개념이듯 그가 추구한 시론의 지평은 대립과 부정성이 제거된 예술적-미적 초월성이라고 할 수 있다.

임우기의 '의미와 무의미'

"행간의 상실은 오늘의 한국 현대시가 흘러가고 있는 역사적 위치를

201) 김지하, 앞의 책, 152쪽.

상징적으로 보여준다."[202] 임우기는 시행이 아니라 시행들 사이의 여백, 침묵, 무의미에 진정한 시적 의미가 있다고 주장했다. 도저한 반로고스, 반논리, 반합리, 반언어적 태도가 보인다. 시행의 의미와 행간의 무의미를 대립시키지 않는 그의 비대칭적 사유는 동시에 있음과 없음의 간격도 무화시키는 것이기도 하다. "행간은 있음의 없음이지만, 행간의 없음이 그저 없음이 아니라 없음의 없음(비연 비불연!)의 세계를 보여주는 행간일 때"[203] 행간은 단순한 없음이 아니라 '없음의 없음'이라는 대긍정의 사유가 된다. 임우기가 말하는 행간은 의미-없음의 부정적 계기가 아니라 오히려 모든 것이 의미-있음이 되는 긍정이다. '시의 비존재성'에 대한 고뇌가 시를 생산하는 원초적 힘이 되는 역설이 성립된다. '한국 현대시는 행간을 잃어버렸다.'는 주장은 의미와 무의미, 있음과 없음의 대립을 해체하는 비대칭성의 시론으로 구축된다.[204]

이원론의 대립적 체계에 대한 임우기의 비판은 매우 강렬하다. "이성 중심의 역사는 원인과 결과로, 생각하는 주체와 생각되는 객체로, 말씀의 절대적 합리성과 말씀 밖의 불합리성으로, 보이는 것과 없는 것으로" 세계를 둘로 쪼개었다. 그는 이러한 이분법적 사유가 부정적 대립 구도 속에서 옳음-그름의 윤리적 의상을 입을 때 드러나는 파괴의 양상을 비판하는 것이며, '나'와 '너'의 차별로 나타날 때 벌어지는 폭력의 실상을 우려하는 것이다. 그는 이원론적 대립의 정점에 로고스

202) 임우기, 『그늘에 대하여』, 도서출판 강, 1996, 105쪽.
203) 임우기, 앞의 책, 106쪽.
204) "나는 없는 있음이며, 있는 없음이다." 임우기, 앞의 책, 100쪽.

(말)가 있다고 말했다. '태초의 말씀'과 그것이 부여한 인과법칙이 관철되는 질서가 합리주의, 이성주의, 과학주의의 근원이다. 로고스 중심적 세계관을 벗어나는 것은 대립을 해체하는 것이며 부정성을 제거하는 것이다. "그리하여 로고스에게도 해방의 자유를 주는 것"205)이 그의 시론이 추구하는 목표이다.

그런데 임우기 스스로 '딜레마'에 빠진다고 언급하였듯이 그의 이원론 비판 또한 이원론적 성격을 완전히 벗지는 못하고 있다. 베르그송의 '무란 없다'는 명제가 존재론적 층위에서 절대적 긍정(있음)에 도달하는 대신 인식론적 층위에서 상대적 부정(없음)을 동시에 함축하였던 것처럼 임우기의 '행간'도 마찬가지다. '행간'은 존재론적으로 오직 '있음'이지만, 인식론적 차원에서는 부정성을 완전히 제거하지 못한다. 진정한 로고스주의 극복은 반로고스주의가 아니라 그 자체를 무화시키는 것이어야 한다. 로고스를 해방시키는 게 아니라 해방시킬 로고스를 없애는 인식론적 전환이 필요하다. 그러나 임우기의 우려와 달리 그가 말하는 행간은 의미와 무의미의 대립을 해체하는 진정한 탈로고스로 보인다. 행간은 절대적으로 있으며, 상대적으로도 있다.

임우기가 말하는 예술사상적 근본 범주로서의 '그늘'에는 대립이 없다. 그늘은 빛에 대립되지 않으며, 긍정성에도 대립되지 않는다. 그늘은 일차적으로 한(恨)[206]이지만 부정적인 것을 함축하지 않는다. 그늘은 세속의 신산고초를 겪으면서 쌓이는 고난 체험들의 축적물이면서 그것을 자기화함으로써 다다르는 지극한 '무위의 존재'이다. 그것

205) 임우기, 앞의 책, 19~22쪽.
206) "그늘은 가슴속의 한(恨)" 임우기, 앞의 책, 23쪽.

은 텍스트 속에 숨어 살아 숨 쉬는 생활력이다. 그늘이 살아 있어야 텍스트가 말을 할 수 있다. 말 없는 그늘이 말을 하는 역설이 성립된다. "그러므로 예술 비평 또한 침묵을 지향한다. 무(無)를 지향한다." 행간의 그늘에 생긴 틈이 주름이다. 그늘에 드리워진 주름은 "연륜과 세파가 남긴 흔적이자 예술 작품의 생명성을 알리는, 즉 '삶으로서의 예술'의 표식"[207]이다. 그의 말처럼 문학은 '말들의 방목장'이다. 말들은 "고삐 풀린 망아지들처럼 마구 뛰"놀아야 하는데, 자꾸만 로고스주의와 이성주의의 방책이 둘러쳐진다. 그러나 방책을 뛰어넘는 주름의 펼침이 있다. 예술가의 삶의 표식인 주름은 의미-무의미의 대립을 넘어 펼쳐진다. 침묵이 언어가 되고, 여백이 채워짐이 되는 비대칭적 운동 속에서 펼쳐진다.

임우기는 또 "미완성이란 존재하지 않는다."[208]고 말했다. 작품이나 텍스트에 '미완성'이 없다는 말은 모든 작품은 완성작이라는 말이 아니라 완성-미완성의 대립이 없다는 생각이다. 예술이 '예술가의 삶 속에서 피고 지는, 시작도 끝도 없는 과정이듯' 그것은 '충만한 없음'이다. 이러한 임우기의 사유에서 주목되는 점은 완성-미완성의 해체가 내용-형식의 대립까지 해체한다는 발상이다. 그는 미켈란젤로의 「론다니니 피에타」를 '거친 미완성작'으로 보는 서양 미술사에 반대하여 그 자체로 하나의 작품으로서 의미를 확보한다고 보았다. 내용-형식과 완성-미완성이 중층적으로 대립되는 것을 뛰어넘는 생각이다. 임우기는 '피에타'에서 "세련된 기준에 따른 '완성/미완성'으로부터 자유로운,

207) 임우기, 앞의 책, 25~26쪽.
208) 임우기, 앞의 책, 33쪽.

삶이 마침내 낳은 위대한 예술적 형식을 발견"[209]했다. 완성-미완성의 기준이 작품 외적으로 존재하지 않듯이 내용-형식도 작품과 별개로 존재하지 않는다. 두 개념 쌍들은 예술 작품의 내부적 성격에 의해 비대칭성을 띠게 된다.

임우기는 내용-형식의 비대칭성에서 나아가 인위-무위의 대립도 해체한다. 그는 "플롯(plot)은 없다."[210]고 말했다. 좋은 예술 작품은 어떤 준거점으로써 고정된 플롯을 따르지 않는다는 생각이다. 데리다가 말하는 '시작이 곧 종말'이라는 절대적 창조성에 대한 또 다른 긍정으로 읽힌다. 작품이 따라야 할 기준은 작품 외부에 따로 존재하지 않는다. 작품은 작품 내부의 생성 운동을 따라간다. 임우기는 이문구의 소설 『관촌 수필』에 대해 "인위 속에서 쓰되, 무위에 기대는 것"이었으며 '무위로서의 군말'이라고 보았다.[211] 무위의 글쓰기는 인위를 넘어서고, 어느 사이, 어느 틈인가, 넘어가는 무아의 경지이며, '넘어가듯 되돌아와 인위를 껴안는 형식'이다. 외부의 법칙을 따르는 제작이 아니라 내부의 생성을 따라가는 창조적 운동으로서의 인위-무위의 통합이라고 할 수 있다.

인위-무위의 비대칭은 다시 무심-관심의 대립도 해체한다. 임우기는 박경리의 『토지』(5부 3권)를 인용하며 "무심과 관심이 엇섞이는 곳"[212]이라고 말했다. 그는 "그래 그래. 미음 데파오께./ 배고프다는 말이 반가워서"라는 소설의 대사를 무심-관심이 엇섞인 곳으로 보

209) 임우기, 앞의 책, 34쪽.
210) 임우기, 앞의 책, 39쪽.
211) 임우기, 앞의 책, 39~40쪽.
212) 임우기, 앞의 책, 50쪽.

았다. 인물들의 내면에 형성되는 '잔떨림'을 표현하는 무심한 관심으로 본 것이다. 임우기는 이런 것을 주름이라면서 『토지』의 위대성을 입증하는 중요한 지표라고 했다. 그가 생각하는 무심-관심의 비대칭성은 이야기의 중심과 변죽이 무심히 엇섞이는 관심이라는 것이며, 그것이 무위로써 인위가 되는 것을 말한다. 예술 작품은 말하면서 말하지 않기, 보여주면서 보여주지 않기, 들으면서 듣지 않기의 불규칙한 운동을 수행한다.

임우기는 "예술 속에서 진실한 삶을 구하고자 하는 자로서 어찌 삶의 그늘을 모시지 않을 수 있겠는가."[213]라고 말했다. 삶을 살아가는 예술가 내면에 드리워진 주름과 그것의 펼침을 그늘의 운동으로 보는 것이다. 임우기의 주름은 라이프니츠와 들뢰즈의 형이상학적 층위에 해당하는 것은 아니지만, 그들의 개념이 적어도 존재론인 이상 임우기의 그늘까지 포함하고 있음은 당연하다. 예술가라는 모나드도 두 겹의 주름과 두 개의 층으로 접혀 있다. 예술가 모나드는 자신에게 접힌 주름을 펼치면서 세계를 표현한다. 그는 세계를 향한 창을 갖고 있지 않으며, 자신의 미세지각을 실재화하는 강도적 펼침 운동을 할 뿐이다. 예술가가 가진 주름의 모양이 다르듯 예술 작품 또한 다른 모습으로 펼쳐진다. 주름이 무한한 만큼 작품 또한 무한하다. 임우기가 보여주는 비대칭적 사유[214]는 불립문자(不立文字)나 도가도비상도(道可道非常道)와 같은 동양-한국적 사유와 서양의 일원론적 사유를 통섭하고

213) 임우기, 앞의 책, 32쪽.
214) "후일 여건이 허락한다면 '주름'의 미학과 철학을 내 나름으로 전개하고자 한다." 임우기, 앞의 책, 26쪽.

자 한 점에서 돋보이는 성과이다.

오철수의 '순간과 영원'

오철수의 비대칭적 사유는 순간과 영원을 탐색한다. 그는 이시영의 작품들에 대해 "'스스로 그러함'을 드러내는 영원한 순간들의 미학"[215] 이라고 하면서 자신의 시론을 전개했다. 그가 말하는 이시영 시의 비대칭적 양상은 대략 다섯 가지로 요약된다. 첫째 고양이 세 마리를 통해 한순간에 우주의 법까지 느끼게 하는 '순간과 영원의 비대칭'(「평화롭게」「춘천」), 둘째 '자연함의 법'이 드러나는 조건을 충족할 때 형성되는 '분량의 길고 짧음의 비대칭'(『우리의 죽은 자들을 위해』『경찰은 그들을 사람으로 보지 않았다』), 셋째 말을 탄 인디언들이 갑자기 뒤를 돌아보는 행동을 통해 깨달은 '영혼과 육체의 비대칭'(「옛날엔」), 넷째 역도선수 장미란과 바벨의 작별을 들어올림의 관계 역전으로 사유한 '인간(유위)과 사물(무위)'의 비대칭(「작별」), 다섯째 펭귄의 탄생을 이끄는 어미와 새끼의 줄탁동기(啐啄同機)를 인과동시(因果同時)로 사유하는 안과 밖의 비대칭(「입」) 등이다.

동양파라곤아파트 동쪽 정원 측백나무 옆
고양이 세 마리가 나와 자울자울 해바라기를 하고 있는데
그중 두 놈은 흰 배에 검은색 등이고

215) 오철수, 「'스스로 그러함'을 드러내는 영원의 순간들」, 『호야네 말』, 창비, 2020(초판 3쇄), 148쪽.

나머지 한 놈은 완전 호랑이 색깔이다

그런데 저렇게 평화로울 수 있다니!

— 이시영, 「평화롭게」 전문 (『호야네 말』)

오철수는 이를 "순간이 영원이 되는 형상을 만든 것"[216]으로 보았다. 해바라기를 하고 있는 고양이들의 '순간의 형상'에 '영원한 평화'가 실려 있다는 생각이다. 여기서 순간—영원의 비대칭은 비유나 수사가 아니다. 한없이 짧은 순간도 더 짧은 순간으로 분할되며, 아무리 긴 시간도 더 긴 시간으로 연장될 수 있듯이 이 작품이 보여주는 순간의 평화는 그 자체로 영원한 평화이다. 그런 점에서 순간과 영원은 상대적인 것이지만, 순간—영원의 비대칭성은 절대적이다. 또한 '같은' 두 마리와 '다른' 한 마리가 편을 가르고 서로 다투지 않는 순간이 영원하기를 갈망하는 시인의 '말 없는 말'이 있다. 말하지 않아도 의미가 형성되는 '생성의 순간'이자 '생성의 영원'이라고 할 수 있다. 오철수는 또 "오 선생님, 춘천을 너무 오래 비워두시면 안 됩니다."라는 '귀밑머리 희끗한 역장'의 말을 들은 순간, "아, 나도 그런 춘천에 가 한번 살아봤으면!" 하는 생각을 떠올렸다는 시 「춘천」을 "시인의 눈이 '옛 시작'에 닿아 그 따뜻함을 오늘 순간의 형상으로 절대화하는 것"[217]으로 보았다. 그에게 순간과 영원은 대립되지 않는다.

오철수는 또 『우리의 죽은 자들을 위해』와 『경찰은 그들을 사람으로 보지 않았다』에 보이는 대로 "신문기사나 이야기나 책을 읽다가도

216) 오철수, 앞의 글, 140~141쪽.

217) 오철수, 앞의 글, 143~144쪽.

자연합의 법이 드러나는 유의미한 형상을 붙잡고 감응하여"[218] 창작된 시가 있다면서 작품의 분량이 길고 짧은 것은 이시영 시의 요체가 될 수 없다고 보았다. "경찰은 그들을 적으로 생각하였다. 2009년 1월 20일 오전 5시 30분, 한강로 일대 5차선 도로의 교통이 전면 통제되었다."로 시작되는 「경찰은 그들을 사람으로 보지 않았다」[219]와 같이 육하원칙에 따라 작성되는 신문기사의 형식을 띤 긴 시에도 자연함(스스로 그러함)을 드러내는 한 순간이 있으며, "파도에 내리꽂히는 갈매기떼들/ 간혹 바다가 그들의 입을 물고 놓지 않는다."(「탑동 마을의 아침」)[220]는 단 2행의 짧은 시에도 그 순간이 있다는 생각이다. 오철수는 길고 짧음의 대립이 아니라 '영원이 실린 순간'이 작품 속에 포함되느냐 여부를 요체로 보았다.

> 말을 타고 달리다가 인디언들은 갑자기 뒤를 돌아본다고 한다
> 거기 영혼이 따라오는지 모려고!
> 그들이야말로 영원한 대지의 자식들이다
>
> — 이시영, 「옛날엔」 전문 (『호야네 말』)

이 작품에서 보이듯 영혼과 육체는 대립되지 않는다. 인디언들은 육체가 없는 영혼과 교감한다. 교감의 수단도 육체라기보다 자신의 영혼이다. 육체의 눈이 영혼을 감지하는 게 아니라 영혼이 영혼과 교감함으로써 자신의 육체적 내부가 감응토록 한다. 오철수는 "이 장면에서

---

218) 오철수, 앞의 글, 141쪽.
219) 이시영, 『경찰은 그들을 사람으로 보지 않았다』(제12시집), 창비, 2012, 90~91쪽.
220) 이시영, 『우리의 죽은 자들을 위해』(제11시집), 창비, 2007, 34쪽.

는 속도와 관련해서 '영혼과 육체의 조화'가 '대지의 자식들'의 법이라는 생각이 들어 있는 것"[221]이라고 말했다. 고속으로 질주하는 말과 인디언의 육신, 한 순간 뒤를 돌아보는 영혼의 시선이 대립되지 않는 혼융의 경지에 이를 때 참다운 '대지의 자식들'이라는 자연의 법이 실현된다는 주장이다. 그렇다면 영혼-육체의 통일체는 내부-외부의 단일체로 연결된다. 인디언들의 교감은 어디까지나 내부적인 것이다. 개체적 통일이 '대지의 자식'이라는 보다 더 큰 단일체로 나아가는 것이다.

끝내 들어올리지 못한 바벨을 내려놓고
그것을 쓰다듬는 장미란의 손길은 아름다웠다
그래, 고맙다 바벨!
그동안 내가 너를 들어올린 것이 아니라
네가 나를 힘껏 들어올려주었구나!

— 이시영, 「작별」 전문 (『호야네 말』)

오철수는 "'작별'은 역사(力士) 장미란이 은퇴하는 작별이기도 하지만, 유위에 유위를 더하는 문화적 방식과의 작별의 의미하기도" 한다고 말했다. 역도선수 장미란에게 유위의 들어올림과 무위로서의 내려놓음이 하나이듯이, 바벨에게 들어올려짐과 들어올려지지 않음은 다르지 않다. 들어올림-내려놓음이 장미란과 바벨에게서 하나의 현상이듯이 유위-무위의 대립은 해체된다. 나아가 「작별」은 또 '나'와 '너'를 넘어 '우리'가 되는 경지를 보여준다. "'나'와 '너'의 차원을 넘어 '우리'

221) 오철수, 앞의 글, 142쪽.

라는 차원에서 '신(神)답다'(곰+답다)에 해당하는 '고맙다'라는 말이 성립"[222]한다고 말했다. 바벨을 들어올리지 못한 장미란이 오히려 그것을 쓰다듬는 행동에서 이시영이 본 것은 유위-무위의 대립을 벗어난 진정한 물아일체의 '우리'이다.

> 눈부신 햇살이 쏟아져내리는 남극의 싸우스조지아 섬, 턱끈펭귄 암컷이 둥지에 품고 있던 알을 부리로 톡톡 깨자 기다렸다는 듯이 껍질을 뚫고 나오다가 옆으로 쓰러지는 새끼 턱끈펭귄. 고개를 젖혀 비린 눈을 뜨자마자 어미를 향해 한껏 벌린 입이 저 아래까지 빨갛다.
>
> — 이시영, 「입」 전문 (『호야네 말』)

오철수는 펭귄의 탄생을 이끄는 어미와 새끼의 줄탁동기를 인과동시로 사유했다. 턱끈펭귄의 탄생에 있어 바깥의 어미와 알 내부의 새끼는 연결되어 있다. 원인과 결과가 안팎의 비대칭 속에서 접히고 펼쳐지는 과정이 생명의 탄생이라는 생각이다. 밖에서 어미는 생명의 바람을 전하고, 안에서 새끼는 탄생의 신호를 내뱉는 완전한 통일의 운동이다. 여기에는 그 어떤 대립도 부정도 없다. 생명에 어떤 원초적 에너지가 있다면 이와 같은 절대적 긍정성일 것이다. 오철수가 계속해서 말하는 '스스로 그러함'은 우주적 생명의 질서-무질서라고 할 수 있다.

이상과 같이 다섯 가지 비대칭적 양상을 이시영 시의 특성으로 이해한 오철수는 다시 '짧은 시' 형식을 세밀하게 분석하면서 자신의 순

222) 오철수, 앞의 글, 146쪽.

간-영원의 시론을 강화했다. 공감과 긍정의 관점에서 접근하는 그의 분석은 세밀하다. 그는 '짧아지기 위해' 제반 이미지들을 걸러내고 대상의 핵심에 육박해 들어가는 형식이 공감과 긍정을 유발한다고 보았다. "짧기에 정황을 주렁주렁 거느리지 않"고 그로 인하여 "어느 방향에서도 안으로 쉽게 들어서게"[223] 만들어 쉽게 공감되고 긍정된다는 생각이다. '짧음'은 일종의 부분 효과라고 할 수 있다. 생략된 자리는 부분이며 남는 것도 부분이다. 오철수는 생략된 부분이 의미 형성에 일정한 역할을 하고, 남은 부분이 그것과 서로 조응하는 '짧음'의 특성이 이시영 시의 독특한 형식이라고 본다. 여기서 부분과 전체, 의미-무의미의 대립이 해체되면서 공감과 긍정을 이끌어낸다는 생각이다.

> 서초중앙하이츠빌라의 머리가 하얗게 센 경비 아저씨는
> 저녁이면 강아지와 함께 나와 지나가는 사람들에게 인사를 한다
> 세상엔 이렇게 겸손한 분도 있다
>
> — 이시영, 「절」 전문 (『호야네 말』)

그는 또 '짧음'은 "대상의 표면을 중시한 형상의 효과"를 낳는다고 했다. '짧아지기 위해' 시적 대상에 대한 주관적 해석이나 의미부여가 최대한 배제되고, 대상의 표면 또한 특징적인 순간의 영상으로 압축되어야 한다. 강도가 높은 표면일수록 심도 깊은 의미에 도달한다. 따라서 가장 효과적인 표면은 "심층과 분리된 표면이 아니라 하나가 된 표

223) 오철수, 앞의 글, 137쪽.

면"[224]이다. 표면은 심층과 구별되지 않는다. "저녁이면 강아지와 함께 나와 지나가는 사람들에게 인사를" 하는 표면에, 그 행위를 주목하는 시인의 심층이 포함되어 있다. '저녁 인사'가 하루 일과를 마친 이들의 수고를 격려하고 위로하는 것이라면, 시인은 '경비 아저씨'가 강아지와 함께 '인사하는' 표면에 자신의 심층을 새겨 넣었다고 할 수 있다. '짧음'에서 표면과 심층은 하나가 된다.

오철수가 보기에 '짧음'의 또 다른 특징은 '여백'(비움)이다. 생략된 부분이 의미 형성에 역할을 하고, 남은 부분이 그것과 서로 조응하는 것처럼 여백은 핵심을 클로즈업한다. '경비 아저씨'와 '강아지'를 제외한 서초중앙하이츠빌라의 제반 요소들이 여백의 빈 공간으로 처리됨으로써 오히려 작품의 핵심 인물과 그 행동이 주목된다. 부차적인 이미지들이 제거되고 그와 관련된 언어들이 사라짐으로써 저녁나절 지나가는 모든 이들에게 쉼 없이 인사를 하는 세상에서 둘도 없는 '겸손한' 경비 아저씨가 탄생한다. 여백은 비움으로써 채우는 가득 찬 공간이며, 의미를 버림으로써 의미를 강화하는 공간이다.

또한 '짧음'은 생성이다. 강아지와 함께 저녁인사를 하는 경비 아저씨는 시 안에서 '전 생애가 함께' 빛난다. 이시영은 "'하나를 보면 열을 안다'는 그 '하나'를 보여준 것"[225]이다. 하나만으로도 모든 것을 보여줄 수 있는 것이 '짧음'이다. "모든 것을 말하면서 아무 것도 말하지 않는" 것이 비밀의 형식이라면, '짧음의 형식'은 아무 것도 말하지 않아도 모든 것을 말할 수 있는 이시영 시의 특질을 이룬다. 오철수는 이

---

224) 오철수, 앞의 글, 138쪽.
225) 오철수, 앞의 글, 138~139쪽.

를 '관계적 생성'이라 불렀다. 부분과 전체, 의미-무의미, 표면과 심층, 여백(비움)과 채움 등의 대립을 벗어나 서로 생성 관계를 형성하면서 공감과 긍정을 얻는다는 생각이다. 생성은 대립되지 않는다. 생성은 무한히 연결된 상호 포함 관계의 긍정적 운동 속에서 펼쳐진다. 오철수는 이시영의 '짧은 시'의 미적 특성을 이와 같이 비대칭적 관점에서 분석하였다.

제4장. 비대칭성의 시적 양상

기억의 소환

이시영의 작품은 첫 시집부터 열다섯 번째 시집까지 10행 이내의 짧은 시 형식과 이야기 요소가 가미된 상대적으로 긴 형식의 시가 병존해 왔다. 총 1,423편에 달하는 그의 작품 가운데 긴 시는 717편, 짧은 시는 706편으로 거의 대등한 수량을 보여준다. 길고-짧음은 결코 작품 분석의 유의미한 준거가 될 수 없지만, 최원식이나 오철수에서 보듯 '짧음'을 이시영 시의 특징으로 이해하는 경우가 있기 때문에 10행을 임의적 기준으로 삼아 분류해 보면 아래와 같이 나타난다. 여기서 '긴 시'란 서사적 이야기가 포함된 산문시를 말한다.

만월		**바람 속으로**		**길은 멀다 친구여**		**이슬 맺힌 노래**		**무늬**	
짧은 시	긴 시	짧은 시	긴 시	짧은 시	긴 시	짧은 시	긴 시	짧은 시	긴 시
13	71	23	55	48	48	75	9	70	14
사이		**조용한 푸른 하늘**		**은빛 호각**		**바다호수**		**아르갈의 향기**	
짧은 시	긴 시	짧은 시	긴 시	짧은 시	긴 시	짧은 시	긴 시	짧은 시	긴 시
75	14	59	20	42	68	15	104	29	70

우리의 죽은 자들을 위해		경찰은 그들을 사람으로 보지 않았다		호야네 말		하동		나비가 돌아왔다	
짧은 시	긴 시	짧은 시	긴 시	짧은 시	긴 시	짧은 시	긴 시	짧은 시	긴 시
31	81	41	62	93	24	43	45	49	32

그런데 주목되는 점은 10행 이내의 '짧은 시'에도 이야기가 포함된 작품이 있는가 하면, '긴 시' 가운데에도 심상과 이미지를 골조로 한 서정시가 있다는 사실이다. 따라서 길고-짧음이 아니라 서정-서사라는 개념을 적용해 분석하는 것이 이시영의 시를 이해하는 데 더 적절해 보인다. 서정-서사와 길고-짧음은 서로 상이한 개념 쌍이지만, 그의 작품 전반에서 서정-서사의 수량 또한 비슷하게 나타나기 때문이다. 특별히 세 번째 시집 『길은 멀다 친구여』와 열네 번째 시집 『하동』에 보이는 서정적 서정시와 서사적 서정시[226]의 비중은 각각 50% 수준으로 시집을 거의 반분하고 있다.

이 가운데 비교적 최근 시집인 『하동』을 중심으로 서정과 서사가 이시영의 시에서 구별되면서도 대립되지 않는다는 점을 살펴보기로 한다. 먼저 서정과 서사에 대한 개념적 정의를 살피고, 다음으로 두 형식의 차이에도 불구하고 내용과 표현의 측면에서 공히 한 시인의 고유한 개성을 담아내고 있다는 점을 확인하고자 한다. 서정적 서정시와 서사적 서정시는 그 형식에서 구별되지만, 그렇다고 시인이 의도하는 시적 내용과 표현까지 대립적이지는 않다.[227] 개별 작품의 형식이

226) 이승훈은 슈타이거의 양식론을 따라 서정시를 서정적 서정시, 서사적 서정시, 극적 서정시로 나누었다. 본서에서는 이를 따라 이시영의 짧은 서정시를 '서정적 서정시'로, 산문시를 '서사적 서정시'로 부르고자 한다. 이승훈, 『시론』, 태학사, 2009(초판 2쇄) 76~78쪽.

227) 들뢰즈와 가타리는 "내용의 형식과 표현의 형식은 서로 대응하지도 부합하지도 않는다."면서 둘은 서로 "본성도 다르고 상호 독립적이고 이질적"이라고 함으로써 내용-표현의 대립

나 분량과 무관하게 내용과 표현은 한 사람의 시인이 가진 시적 역량의 범위를 벗어날 수 없으며, 오히려 둘은 유기적으로 작용해 해당 시인의 고유한 미적 특질을 형성하기 때문이다. 그것은 이시영이 서정과 서사를 넘나드는 표현의 활달함 혹은 탈형식적 자유를 자신의 시적 가치로 추구하고 있음을 시사한다.

서정적 서정시 가운데는 "밤새 고라니가 파놓은 흙 위에 흰 눈이 소복이 쌓이셨다"(「산길」)와 같이 '흰 눈'이라는 하나의 이미지로 수렴되는 작품도 있지만, "청개구리야 아직도 네가 이 지구에 살고 있구나"(「청개구리」)처럼 아포리즘적 깨달음을 표현한 단 1행의 작품도 있다. 이밖에도 "강변에 나무 두 그루가 서 있다/ 한 그루는 스러질 듯 옆 나무를 부둥켜안았고/ 다른 한 그루는 허공을 향해 굳센 가지를 뻗었다"(「나무」)와 같이 인간적 삶의 유비로 읽히는 작품 등 다양한 내용과 표현이 등장한다.

서사적 서정시의 경우, 많은 작품에서 시인 자신이 경험한 사건(event)을 드러내고 있다. 세속을 떠나 오직 자신과 대면한 채 "너는 어디서 와서 어디로 가는가."를 성찰한 「귀래사를 그리며」 등의 작품이 없는 것은 아니지만, 대부분 기억 속에서 소환된 사건들을 가감 없이 건조한 필치로 묘사한 작품들이다. 만일 서사를 "사건의 재현 혹은 사건의 연속"[228]이라고 정의할 수 있다면 확실히 '서사적 서정시'로 부를 만한 형식이다.

서정과 서사의 구분에 있어 분량은 개념적 고려의 대상이 될 수

을 와해시켰다. 질 들뢰즈 · 펠릭스 가타리, 『천개의 고원』, 168쪽.

228) H. 포터 애벗, 『서사학 강의』(우찬제 옮김), 문학과지성사, 2010, 35쪽.

없다. 서정시의 양식적 특징을 규명하기 위해 노력한 연구자들은 시적 자아와 세계의 동일성이나 서정적 자아의 동화와 투사, 시간적 현재성[229]과 순간성, 경험의 주관성, 제시 형식의 음악성 등을 근거로 삼아 왔다. 이와 같은 맥락에서 김준오의 시론에 입각해 서정시의 특징을 요약하면 다음과 같은 여섯 가지로 나타난다.[230]

가. 서정시의 장르적 특징 : 자아와 세계의 동일성, 거리의 서정적 결핍(lyric lack of distance).

나. 시적 자아 : 주관과 객관, 감정과 이성이 구분되지 않으며 세계와 접촉하지 않아도 존재하는 자아인 동일성의 구현체로서의 서정적 자아.

다. 동일화의 원리 : 자아와 세계의 동일성을 추구하는 두 가지 방법은 동화(assimilation)와 투사(projection).

라. 시간 : 순간과 압축성으로서의 시간, 영원한 현재. 연속적이고 역사적인 또는 서사적인 시간에 항상 관심이 적은 것이 서정시의 본질.

마. 서정의 스타일 : 대상의 '재현'이 아니라 자기표현(self-expression)이며, 주관적 경험과 내적 세계의 표현.

바. 제시 형식 : 일정한 율격을 기반으로 한 음악성[231]

또 다른 탐색으로 이승훈은 슈타이거(Emil Staiger)의 논의를 이어 서정적 '양식' 개념을 도입해 부정적 차이로서의 장르 규정이 아닌 양

229) "시는 사물의 순간적 파악, 시인 자신의 순간적 사상 · 감정을 표현한 것, 인생의 단편적 에피소드, 영원한 현재 등으로 정의된다." 김준오, 『시론』, 삼지원, 2019(제4판 39쇄), 41쪽.

230) 김준오, 앞의 책, 32~55쪽.

231) "일정한 율격을 갖추었으며 연의 형태가 일정한 서정시는 노래 부르기에 보다 적합할 것이며 비교적 짧은 서정시는 낭독하기에 보다 적합할 것이고 산문시와 요설체의 서정시는 읽기에 보다 적합할 것이다." 김준오, 앞의 책, 54쪽.

식으로서 서정성의 범주 확장을 시도하기도 했다. 그는 슈타이거의 양식론은 "서정적 양식, 서사적 양식, 극적 양식으로 드러나고 각 양식에는 서정시, 서사시, 극시가 포함된다."면서 언어의 수준, 철학의 수준, 거리의 수준에 따라 각 양식이 취하는 태도를 분석했다. 여기서 거리의 수준은 주체론적 맥락에서 주관과 객관의 거리를 말한다. 언어 수준에서 서정적 양식은 음절에 해당한다. 음절은 단어를 구성하는 요소로 그 자체는 의미가 없으며, 따라서 의미로서의 사물을 재현하지 못한다. 하지만 사물들의 집합인 세계를 밖으로 투사하는 맥락에서의 표현은 가능하다. 즉 서정적 양식은 의미가 아니라 음절 수준의 느낌에까지 내려가 '느낌의 세계'를 표현한다는 것이다. 인식론 수준에서 서정적 양식은 감각이다. '감각적 표현 양상의 언어'이다. 주체론적 거리의 수준에서 서정적 양식에는 거리 자체가 존재하지 않는다. 거리 없음은 동일성의 다른 표현이다. 말 그대로 "무상한 것 속에서 함께 어울려 유영"[232]하는 것이다.

이승훈은 나아가 서정적-서사적-극적 양식이라는 개념적 정의를 토대로 서정시 안에도 각각 서정적 서정시(김소월의 「가는 길」), 서사적 서정시(김광규의 「묘비명」), 극적 서정시(이성복의 「어떤 싸움의 기록」) 등이 나타나고 있음을 주장하며 구체적 작품을 제시하기도 했다. 서정시를 장르 개념으로 좁게 파악하든 양식 개념을 도입해 그 경계를 유연하게 만들든 본질적 층위에서 서정시를 정의하는 것은 필요해 보인다. 실제로 김준오의 경우 서정시의 제시 형식과 관련한 논의에서 '산문시

232) 이승훈, 앞의 책, 73~78쪽.

와 요설체 서정시'를 "읽기에 보다 적합"하다고는 했지만, 근본적으로 서정시와 대립적 위치에 놓지 않았다. 서정시와 산문시는 그 형식에서는 구별되지만, 본질적 차원에서 대리되는 것은 아니다. 이승훈 또한 '서정적 서정시' '서사적 서정시' '극적 서정시'를 각각 인정함으로써 서정시의 외연을 폭넓게 규정했다. 즉 서사적 요소와 극적 요소가 포함되어 있더라도 그것이 서정시의 개념과 모순되거나 서정성 자체를 무화시키는 것은 아니라고 보았다.

이밖에도 유성호는 "서정과 서사는 인식론적으로 대립적 배타성을 띤 범주가 아니라고 생각한다."면서 "어느 서사시가 있어 서정이 몰각된 감동어린 서사가 있겠으며 서정을 상실한 객관적 서사가 가능하겠는가."라고 주장한 바 있다.[233] 이성혁 역시 "서정적 주체가 대상과 동일화한다는 식의 설명으로는 서정시의 잠재력을 설명하지 못한"다면서 "시인이 그 표면 뒤에 존재하는 실재에로 다가가서 그 실재와 마주치고 감응하면서 이를 언어로 빚어내는 것"을 서정시라고 함으로써 작품의 분량이나 형식은 개념 규정이 될 수 없음을 주장했다.[234]

H. 포터 애벗은 "서사란 사건의 재현 혹은 사건의 연속"이라고 했다. 『하동』에 수록된 45편의 긴 시는 대체로 그 규정에 부합한다. 그렇다면 이시영의 긴 산문시 속에 포함된 서사가 자신의 경계를 뛰어넘는 시화(詩化)의 국면이 있을 터이다. 이를 파악하기 위해 우선 서사의 개념에 대한 좀 더 명확한 정의가 필요해 보인다. 그럴 때 장르의 경계를 넘어 '서사적 서정시'의 의미를 파악해 볼 수 있을 터이다. 포터 애

233) 유성호, 『한국 현대시의 형상과 논리』, 국학자료원, 1997, 288쪽.
234) 이성혁, 『서정시와 실재』, 푸른사상, 2011, 7쪽.

벗은 "사건이나 행위가 없다면 결코 서사를 만들 수 없다는 것은 분명하다."면서 "'묘사'나 '설명' 또는 '논증'이나 '서정' 혹은 이것들의 조합이나 또는 완전히 다른 것이 될 수 있을지도 모르지만 결코 서사는 될 수 없다."고 주장했다.[235] '사건'과 '행위'를 서사의 필수 요소로 본 것이다. 그는 "우리 집 개한테는 벼룩이 있다"라는 진술은 그 안에서 '어떤 일도 일어나지 않았기 때문'에 묘사라고 본다. 반면 "우리 집 개가 벼룩에 물렸다"라는 문장은 아주 작지만 '어떤 사건'을 드러내기 때문에 서사(미시서사)라고 본다.

포터 애벗은 또 "'서사적 연속성이나 일관성(narrative continuity or coherence)'이 결여"된 작품은 '완전한 서사'가 될 수 없다고 했다. 그는 "서사라는 용어는 두 가지 중요한 의미로 사용된다."면서, (1)그 하나는 서사적 단위를 뜻하며 더욱 긴 서사 구조의 일부를 이루는 구성요소인 '간명한, 한정된 정의를 내릴 수 있는' 서사이고, (2)다른 하나는 내부에 비서사적인 요소를 포함하고 있음에도 일반적으로 서사라고 부르는 '긴 구조'인 '느슨한, 일반적으로 서사로 인정되는 것'이라고 했다.[236] 이 둘이 연속성과 일관성을 갖출 때 더 뛰어난 서사가 될 수 있다는 주장이다. 포터 애벗은 스토리와 서사담화(narrative discourse)도 구분한다. 그에 따르면 '사건 혹은 사건들의 연속'이 스토리이고, 그것이 '어떻게 전달되는가'는 서사담화이다. 결국 사건(스토리)과 사건의 재현(서사담화)은 다르다는 견해이다.

여기서 그는 시모어 채트먼(Seymour Chatman)의 '이중의 시간' 개

235) H. 포터 애벗, 앞의 책, 35쪽.
236) H. 포터 애벗, 앞의 책, 37~38쪽.

념을 빌어 '두 종류의 시간'과 '두 종류의 순서' 개념을 제기한다.

> 서사를 읽을 때, 우리는 한편으로는 독서가 진행되는 시간과 어떤 것들이 읽혀지고 있는 순서에 대해 분명하게 인식하면서도, 동시에 다른 한편으로는 스토리 속의 사건이 일어나고 있다고 추측되는 시간과 그것들이 발생한 순서에 대해서도 함께 인식한다.[237]

그러나 "'비서사적 유형의 텍스트'를 읽을 때 관련되는 유일한 시간은 독서하는 데 이용되는 시간 뿐"이라며 '순서' 역시 구조(플롯)에 관한 순서 하나뿐이라고 했다. 비서사적 텍스트들은 내적 시간의 연속을 가지지 않으며, 오히려 정지되어 있거나 혹은 무시간적이까지 하다. 스토리라면 그것이 시작하고 끝나는 동안 일정한 시간의 흐름과 사건들의 순서가 내포된다는 주장이다. 이와 같이 사건(스토리)들이 연속성과 일관성을 견지하며 전개되는 서사는 그 깊이가 더해질수록 서사성이 강화된다. 이처럼 서사 개념에 따르면, 이시영의 산문시는 여러 사건들이 연속성과 일관성 아래 결집된 '완전한 서사'에 부합하지 않을 수는 있어도 분명히 서사에 해당됨을 알 수 있다. 그렇다면 그의 서사가 단지 산문을 넘어 서사적 서정시로 승화되는 순간이 있겠다.

이시영의 서사적 서정시에서 서사는 허구(fiction)를 전제로 하지 않는다. "임종이 임박했다는 새벽 전화를 받고 고려병원에 달려갔을 때의 일이다. 황달이 퍼져 샛노란 눈빛의 김남주가 주변을 돌아보며 외쳤다."(「베르톨트 브레히트를 생각함」)와 같이 자신의 기억 속에 내장된

237) H. 포터 애벗, 앞의 책, 42쪽.

사실(non-fiction)을 소환해내는 방식을 취한다. 기억의 편집과 재편집 가능성을 받아들이는 문제와 별개로 시인은 자신의 기억을 사실로 전제한다. 우선 이점에서 시 속의 서사는 소설 속의 그것과 다르다. 김준오는 시와 산문을 대립[238]시키면서도 산문시를 '현대 자유시를 지향하는 일반적인 운동의 한 부분'으로 인정했다. 그는 "자유시든 산문시든 정형성에서 이탈되어 있다는 점에서 비정통적이지만 엄격한 언어 선택, 비유적 · 상징적 언어 사용 그리고 극적 수단과 표현의 밀도 등을 갖춘 점에서 시의 정통성에 닿아 있는 것"[239]이라고 했다. 또한 산문시 개념을 넘어 '서사적 서정시'가 되기 위해서는 앞서 정리한 여섯 가지 특징과도 유기적으로 연결되어야 한다.

이시영의 산문시에서 자아와 세계는 동일성을 견지하고 있는가, 서정적 자아는 동일성의 구현체로 등장하는가, 자아와 세계는 동화와 투사의 관계를 형성하는가, 시간은 순간성과 압축성을 띠는가, 대상의 재현이 아니라 자기표현을 하고 있는가, 자수율이든 음보율이든 끊어 읽기의 일정한 음악적 속성을 갖추고 있는가.

> 이호철 선생 댁 세배를 다녀오던 길이었을 것이다. 마포 김민숙 집에 들러 차례상에 나온 대구찜을 발라 먹다가 젊은 송기원이 덕담이랍시고 불쑥 말했다. "세상에서 제일 이해할 수 없는 놈은 똥을 누고 난 뒤 돌아서서 제 똥에다 침을 뱉는 사람이더라." 김민숙도 나도 송도 한참이나 배꼽을 쥐고 웃었지만, 아침이면 서울의 달동네 공중변소마다 아랫배를 움켜

238) "시와 대립되는 산문은 역사 · 철학 · 웅변과 같이 이미 있었던 사실을 기록하고 분석 · 비판하는 토의문학(discussion literature)이 된다." 김준오, 앞의 책, 15쪽.
239) 김준오, 앞의 책, 163~164쪽.

쥔 사람들이 줄느런히 서서 차례를 기다리던 시절의 일이다.

—「덕담」 전문(『하동』)

이 작품에서 서정적 자아는 시인 자신이다. 이호철, 송기원, 김민숙 등의 고유명사가 이 사건이 사실이며, 시인 자신의 경험임을 확인해 주는 역할을 하고 있다. 따라서 서정적 자아와 이 작품 속 세계는 경험 공간으로서 동일성을 견지하고 있다. 또한 자아는 배꼽을 쥐고 웃게 만든 '똥 이야기'를 통해 이 작품의 시간 속에 동화되어 있으며, 이 사건을 '서울 달동네'의 시대적 풍경으로 일반화시키는 투사를 진행한다. 사건의 시간도 순간적이며 압축적이다. 송기원이 '불쑥' 말했던 매우 짧은 순간에 모두들 웃었고, 그것은 한 시대의 시간과 공간을 압축하는 것이었다. 이는 어디까지나 자기표현이지 다른 무엇이 아니다. 다만 제시 형식으로서의 음악성에 대해서는 언어적 감각에 따라 견해차가 있을 수 있겠다.

이시영의 기억에 내장된 수많은 사건 가운데 이 작품에 등장한 에피소드가 시적 발상으로 선택된 서정적 순간이 있을 터이다. 세배를 간다는 것은 설날 즈음이라는 말이고, 그 무렵이면 대개 새해맞이 복을 빌거나 한 해의 건강과 화목을 기원하는 시간이라고 할 수 있다. 무엇보다 문단의 원로 댁으로 찾아간 것이었으니 어른 앞에서 정초부터 "차례상에 나온 대구찜을 발라 먹다가" '똥 얘기'를 한다는 것은 보통의 상황은 아니었을 터이다. 차례상과 똥 얘기가 만난 바로 그 순간이 작품의 출발점이다. 그리고 '서울의 달동네 공중변소'마다 '차례'를 서서 기다리던 시절이라는 자각이 종착점이다. 그것도 '줄느런히 서서'

기다리는 일이 다반사였던 시대, 이촌향도(離村向都)로 도시 인구가 급증하던 산업화 시대의 서울 풍경이다. 작품 제목을 '덕담'으로 삼은 것도 역설적 의미를 고려한 의도적 선택으로 보인다.

> 내 고향 구례군 산동면은 산수유가 아름다운 곳, 1949년 3월, 전주농림 출신 나의 매형 이상직 서기(21세)는 젊은 아내의 배웅을 받으며 고구마가 담긴 밤참 도시락을 들고 산동금융조합 숙직을 서러 갔다. 남원 쪽 뱀사골에 은거 중인 빨치산이 금융조합을 습격한 것은 정확히 밤 11시 48분. 금고 열쇠를 빼앗긴 이상직 서기는 이튿날 오전 조합 마당에서 빨치산 토벌대에 의해 즉결처분되었다. 소식을 듣고 달려간 아내가 가마니에 둘둘 말린 시신을 확인한 것은 다음다음 날 저녁 어스름, 그때도 산수유는 노랗게 망울을 터뜨리며 산천을 환하게 물들였다.
>
> —「산동 애가」 전문(『하동』)

이 작품에서도 서정적 자아는 시인 자신이다. 그런데 이시영의 출생년도가 1949년이라는 점에서 작품 시 속의 사건은 자신이 현장에서 직접 경험한 것은 아니다. 언뜻 보기에 자아와 세계의 동일성을 찾아 볼 수 없을 듯하다. 그러나 여기서 1인칭 화자인 서정적 자아는 비운의 죽음을 당한 '이상직 서기(21세)'의 갓 난 처남이었지만, 그럼에도 매형의 죽음에 완전히 동화되어 있으며 그것으로써 마치 현장에 함께 있었던 것처럼 진술할 수 있었다. 그것은 포터 애벗의 '두 종류의 시간'과 '두 종류의 순서'라는 서사의 시간 개념과 다른 서정시 특유의 시간적 압축이자 영원한 현재라고 할 수 있다. 따라서 이 시의 서정적 자아는 작품 속 시공간과 동일한 차원을 경험하고 있으며, 세계와의 동일성을 구현한 주체이기도 하다. 그렇기 때문에 '이상직 서기(21세)'의 죽음은 타자의 우발적 고통이 아니라 오롯이 자신의 고통으로 전화된 자기표현으로 느껴진다(동화와 투사). 여기서도 음악성에 대해서는 견해차가 있을 수 있겠지만, "내 고향 구례군 산동면은 산수유가 아름다운 곳"에서 보이듯 글자 수를 고려해 의도적으로 조사를 생략한 점과 4음보에서 3음보로 전개되는 끊어 읽기의 흐름이 있다.[240] "내 고장 칠월은/ 청포도가 익어가는 시절"(이육사, 「청포도」)의 율격과도 닮았다.

그렇다면 자신이 태어나던 해 죽은 매형을 소재로 삼은 이유는 무엇일까. 바로 산수유 때문이다. 시인은 첫 문장과 마지막 문장에서 말하고 있다. 초봄의 산수유 꽃은 무고한 한 사람의 비극적인 죽음에는 아랑곳없이 노랗고 환하게 산천을 물들였다. 몰인정한 자연의 질서에 대비되는 더욱 몰인정한 인간의 질서는 이 작품의 핵심 모티프로 보인다. 또한 매형이 21살이었다는 점과 신혼이었다는 점, 빨치산이나 빨치산 토벌대와는 무연한 인물이었다는 점 등은 모두 작품의 비극성을 강화시켜 주는 서정적 순간이다.

> "성님 계신가요?" 우멍한 목소리가 마당에 들어서면 벌써 당숙이었다. "종제인가?" 하고 재떨이에 담뱃재 탕탕 털고 반갑게 사랑문 여는 소리가 들리면 아버지였다. 둘은 이렇게 아침부터 저녁까지 문안 인사를 함께 나누는 형제보다 더 친한 사촌이었다. 아버지 돌아가시고 난 후 어느 여름밤

240) 이시영은 자신의 첫 산문집에서 신경림의 「목계장터」에 드러나는 음악적 특성을 음보율에서 찾은 바 있으며(「목계장터」의 음악적 구조」, 『곧 수풀은 베어지리라』, 161~165쪽.), 두 번째 산문집에서도 "시는 삶의 노래이되 아주 특별한 삶의 노래이며, 그만의 자각된 노래"(『시 읽기의 즐거움』, 109쪽.)라면서 음악성에 대한 분명한 자각을 보여 주었다.

평상에 앉아 내 손을 잡고 "느그 아버지, 아니 내 형님으로 말할 것 같으면, 내가 여순 때 산사람 살 때 나 살리려고 탄원서 내다 순천형무소까지 가셨다" 하면서 더 이상 말을 잇지 못하고 흐느끼던 당숙도 얼마 뒤 저세상으로 훌쩍 건너가 아버지와 골짜기 하나를 사이로 묻혔다. 그런데 마을 사람들 말에 의하면 요즘도 어둑새벽이면 뒷산에서 두런거리는 소리가 안골까지 들려올 때가 있다고 한다. "어 종제인가?" "성님 그간 별고 없으시고요?" 그리고 긴대나무 달린 물괭이를 하나씩 나눠 들고 나란히 앞들을 둘러본 뒤 돌아가신다고 한다.

—「형제를 위하여」 전문(『하동』)

이 작품의 서정적 자아도 시적 화자로서 이야기를 이끌어가는 주체(나)이다. 사건의 표면에 등장하지 않고 괄호 안에 들어 있는 화자 '나'의 눈에 비친 아버지와 당숙의 관계가 서사의 기본 구조이다. 두 인물의 친분을 목도한 화자는 그에 감응하면서 혈육의 정이라는 인간 보편의 정서를 환기한다. 이것은 '여순 때 산사람' 살던 자신을 위해 '순천형무소'까지 갔던 사실을 떠올리며 '흐느끼는 당숙'에 대한 동화와 투사를 통해 드러난다. 다른 시편과 달리 여기서 주목되는 점은 아버지와 당숙의 관계를 '저세상'으로 떠난 뒤까지 보여주는 점이다. 그들은 "당숙도 얼마 뒤 저세상으로 훌쩍 건너가 아버지와 골짜기 하나를 사이로" 묻혀 "어 종제인가?" "성님 그간 별고 없으시고요?" 하며 두런거리고, "물괭이를 하나씩 나눠 들고 나란히 앞들을 둘러본 뒤 돌아가신다". 물리적 시간을 고도로 압축한 서정적 현재성이라고 할 수 있다.

비록 간격은 매우 넓지만, 여기서도 두 가지 시간과 순서가 있다. 사건 속 등장인물인 아버지와 당숙의 시간과 순서가 있고, 그 기억을 소환하는 서정적 자아(나)의 시간과 순서가 있다. 서사 내적 시간은 서정적 자아(나)의 외적 시간과 함께 이중성을 갖는다. 그런데 여기서 제3의 시간을 상정할 수 있다. 포터 애벗의 시간 논리(chrono-logic)는 작품 내적 시간과 순서, 그것을 읽는 독자의 작품 외적 시간과 순서에 관한 이중적 규정이었으나, '서사적 서정시'의 경우에는 (1)사건의 시간(내적 시간)과 (2)그 사건을 기억하는 시간(화자=매개자의 시간), (3)그것을 읽는 독자의 시간(외적 시간)이 각각 있을 수 있다. 3중의 시간은 각 층위의 고유한 시적 경험을 표상한다. 사건의 시간, 즉 등장인물의 관점에서 사건을 향수하는 독자가 있을 수 있다. 또 사건을 기억하는 시간, 즉 화자=매개자의 관점에서 사건을 파악하는 독자가 있다. 그리고 사건을 읽는 독자의 시간, 즉 자신의 관점에서 사건을 이해하는 독자가 있다. '서사적 서정시'는 이러한 맥락에서 서정성의 층위가 심화되고 다양해지는 효과를 낳는다고 할 수 있다.

「형제를 위하여」가 드러내는 서정적 순간은 무엇보다 "골짜기 하나를 사이로 묻"힌 사건이다. 생전에 그토록 가까이 지내던 형제가 세상을 떠나서도 마주 보며 누웠다는 것, 바로 그것을 떠올렸다는 것은 서정적 자아(나)에게 모종의 고독과 외로움이 있음을 시사한다. 그리고 그것은 또한 이 시대를 살아가는 모든 사람들의 보편적 고독과 외로움에 가 닿는다. 이밖에도『하동』에 수록된 서사적 서정시는 시인 자신의 경험이라는 특성을 가지고 있다. 「귀래사를 그리며」처럼 바람이나 소망을 표현한 작품도 없지 않지만, 그런 경우에도 자아와 세계의 동일성은 유지되고 있다. 하지만 대부분의 작품에서는 비록 간접경험일지라도 서정적 자아는 완전히 시인과 일치된다. 이시영의 산문시는 서사이면서 서정이다. 서사 규정을 충족하는 만큼 서정시의 특징들도 두루 갖추고 있다. 이승훈이 말한 '서사적 서정시'의 전형적인 양상이라 할 수 있다.

이시영의 짧은 서정시는 무엇보다 양적인 측면을 말한다. 대부분 10행 이내의 작품들이며, 개중에는 단 1행의 시편도 있다. 그러나 '짧은' 서정시라는 임의적 구분은 이시영의 작품이 분량 상 확연히 대별되는 산문시와 서정시로 나타나고 있음을 강조하기 위한 것일 뿐 개념적 정의가 될 수는 없다. 이승훈의 논의를 따라 이시영의 짧은 서정시는 '서정적 서정시'로 부를 수 있겠다. 서사적 서정시와 서정적 서정시라는 형식은 무엇보다 서사가 있느냐 없느냐에 따라 구별되어야 한다. 앞서 살핀 대로 산문시 역시 서정시의 제반 특징을 두루 갖춘 명백한 서사적 서정시였기 때문이다.

> 꿩은 사라지고
> 그가 남긴 발자국만이 눈밭에 파르르하다
>
> —「어느 상형문자」 전문(『하동』)

> 뜨거운 눈 속을 뚫고 솟구쳐 오른 파 대가리
> 저것이 있어 올겨울은 매섭게 푸르다
>
> —「동장군」 전문(『하동』)

> 몽돌밭에 낮은 파도 몰려와 쓸리는 소리
> 세상에서 가장 작고 낮은 그 소리
>
> —「보길도」 전문(『하동』)

이상의 세 편에는 사건이 없다. 포터 애벗이 제시한 묘사의 사례("우리 집 개한테는 벼룩이 있다")에 해당한다. 사건과 행위라는 서사의 기본 요건이 없는 시편들이다.

손톱만 한 나비 한마리가 밀고 나가는 서녘 하늘길
집채 같은 비행운이 일었다간 곧 스러진다

—「저문 날」 전문(『하동』)

꽃들도 입을 오므리고 잔다
외꽃이 그것을 내게 일러주었다.

—「외꽃」 전문(『하동』)

개구리 한마리가 번쩍 눈을 뜨니
무논의 벼꽃들이 활짝 피어난다

—「벼꽃」 전문(『하동』)

위 세 편에는 '미시서사'에 해당하는 작은 사건이 하나씩 있다. '나비 한마리가 밀고 나가는' 사건과 꽃들이 '입을 오므리고 자'는 사건, 개구리가 '번쩍 눈을 뜨는' 사건이다. 그러나 연속성과 일관성이 결여된 사건이기 때문에 '완전한 서사'라고 할 수는 없다. 이처럼 이시영의 짧은 서정시들에는 서사가 없거나 미시서사만 있어 앞서 살핀 서사적 서정시와는 확연히 구별됨을 알 수 있다. 그렇다면 이토록 짧은 시편들은 서정시의 일반적 특징들은 갖추고 있는지 확인할 필요가 있다. 불가의 게송(偈頌)이나 일본의 하이쿠[241]와 달리 이 작품들을 서정적 서정시로 부를 수 있으려면 그에 합당한 요건을 갖추고 있어야 하기 때문이다. 편의를 위해 앞서 살핀 서정시의 특징에 따라 위 여섯 편을 분석하면 다음과 같다.

구분	어느 상형문자	동장군	보길도	저문 날	외꽃	벼꽃
자아와 세계는 동일성을 견지하고 있는가	○	○	○	○	○	○
서정적 자아는 동일성의 구현체로 등장하는가	○	○	○	○	○	○
자아와 세계는 동화와 투사의 관계를 형성하는가	○	○	○	○	○	○
시간은 순간성과 압축성을 띠는가	○	○	○	○	○	○
재현이 아니라 자기표현을 하고 있는가	○	○	○	○	○	○
음악적 속성을 갖추고 있는가	△	△	△	△	△	△

이들 작품에서 서정적 자아는 표면에 등장하지 않는다. 그저 바깥에서 대상 세계를 포착(prehension)하는 주체이다. 서정적 자아는 '꿩 발자국'과 '파 대가리'와 '몽돌밭을 쓰는 파도'를 포착한 자아이며, '비행운'과 '외꽃'과 '벼꽃'에 주목한 자아이다. 여기서 서정적 자아는 각 대상들 외부에 존재하지만, 그것들의 특정한 포즈를 선택(투사)함으로써

241) 참고로 일본 요양원협회 주최 하이쿠 공모전 입상작 모음에 따르면, ①전철 개찰구/ 안 열려 봤더니/ 이거 진찰권, ②LED 전구/ 내 남은 수명으로는/ 다 쓰지도 못해, ③도쿄 올림픽/ 어디서 보려나/ 하늘인가 땅인가, ④이생의 미련/ 없다곤 하지만/ 지진엔 도망가, ⑤세 시간 기다려/ 진찰받은 병명/ 노환 등과 같이 역설과 반어의 생동감은 있으나, 서정시의 제반 특징을 갖추고 있지 않음을 알 수 있다.

자기화(동화)하고 있다. 그러므로 이것은 대상의 재현이 아니라 자기화된 대상 세계의 표현이다. 그리하여 '눈밭에 파르르한' 꿩 발자국, '매섭게 푸른 올겨울' '가장 작고 낮은' 소리, '집채 같은' 비행운, '입을 오므린' 외꽃, 개구리의 '번쩍'과 벼꽃의 '활짝'으로 가득한 동일성의 세계를 구현하고 있는 것이다. 이처럼 서정시에서 내부와 외부는 대립적이지 않다. 서정적 자아와 대상은 구별될 수 있지만, 이들은 포착적 주체와 객관적 대상의 관계로 연결접속되어 있다.[242]

또한 이들 작품에서 시간은 순간성과 압축성을 띠고 있다. 각 포즈들은 순간적이지만 동시에 일정한 물리적 시간을 압축한 순간들이다. 가령 '꿩'이 사라지는 시간은 순간적이지만, 그것과 '꿩 발자국'이 눈밭에서 파르르해지는 순간 사이의 일정한 시간은 압축되어 있다(「어느 상형문자」). 또 모든 작품에서 시간은 현재이지만, 변수로서 흘러가는 현재가 아니다. '파르르하다' '푸르다' '쓸리다' '스러진다' '알려주었다' '피어난다' 등의 시재는 단순한 현재가 아니라 '영원한 현재'이다. 영원은 시작도 끝도 없는 무시간성을 함축한다. 다만 음악적 속성에 대해서는 각 독자의 언어 감각에 따라 차이가 있을 수 있다는 점에서 '△'로 표기하였다. 이처럼 위에서 본 여섯 작품을 비롯해 『하동』의 짧은 서정시 43편을 '서정적 서정시'라 부르는 데에는 아무런 문제가 없을 것으로 보인다.

그런데 이처럼 극도로 짧은 시편들을 정격의 서정시로 만들어주는

242) "파악(prehension, 포착)은 그 자체가 현실적 존재의 일방적 성격을 재현한다. 즉 그것은 외계와 관계하고 있으며, 그런 의미에서 '벡터적 성격'(vector character)을 가진다고 말할 수 있을 것이다. 거기에는 정서, 목적, 가치 판단, 인과관계가 포함되어 있다." 앨프레드 화이트헤드, 앞의 책, 79쪽.

핵심적 순간이 있을 터이다. 이는 앞서 본 대로 '서사적 서정시'를 서정시로 만들어 주는 '시적 발상' 혹은 '서정적 순간'이 있었던 것과 같다. 이시영은 이를 '비약'과 '도약'으로 표현한 바 있다.[243] 이렇게 '혼란에 빠뜨리는' 비약이라면, 또 아예 '작품 바깥으로' 도약하는 것이라면 그것은 시(문학)라고 하는 '이상한 제도'에 어울리는 일이기도 하다. 비약과 도약의 순간은 시인에 의해 만들어지지 않으며, 어떤 우발적인 요인에 의해 주어진다는 점에서 좋은 시는 예측되지 않는다. 여기에 창작자로서 시인들의 고통의 뿌리가 있다. 비약과 도약에 의해 탄생한 좋은 시는 그 자체로 일회적인 것이 된다. 좋은 시는 반복되지만 또한 반복되지 않는다. 반복 가능함 속에 반복 불가능성을 내포하고 있다. 이것을 '이방인 되기'[244]의 순간 혹은 '잘못 말하기'[245]의 순간이라고 할 수도 있다.

먼저 「어느 상형문자」의 비약과 도약은 무엇일까. 생명체가 아닌 '발자국'이 '파르르하다'고 느껴진 순간이다. 꿩은 이미 떠났지만, 그 발자국은 겨울 눈밭에 남아서 '파르르' 떨고 있는 것이다.[246] 「동장군」에서는 겨울 눈 속을 뚫고 나온 파 대가리가 뜨겁게 느껴진 순간이다. 「보길도」에서는 모래가 아닌 몽돌이어서 파도에 쓸리는 소리가 더 크고

---

243) 이시영, 『시 읽기의 즐거움』, 42쪽.

244) "소수파 작가는 자기 자신의 언어 속에 있는 이방인이다." 질 들뢰즈 · 펠릭스 가타리, 『천개의 고원』, 203쪽.

245) "시적인 말하기 또는 예술적인 말하기는 바로 '잘못 말하기'의 통제된 조절이며, 이는 말하기의 규정의 자율성을 그 정점으로 끌어올린다." 알랭 바디우, 『비미학』(장태순 옮김), 이학사, 2016(1판 3쇄), 86쪽.

246) '파르르하다'는 국어사전에 ①적은 양의 액체가 가볍게 끓어오르다. 또는 그런 소리가 나다, ②대수롭지 않은 일에 발칵 성을 내다, ③마른 나뭇잎이나 얇은 종이 따위에 불이 붙어 가볍게 타오르다 등의 뜻으로 나타나는데, 이 가운데 어느 것을 택하더라도 「어느 상형문자」는 의미의 패러독스에 봉착하고 만다.

다채로운데 그것이 외려 '가장 작고 낮게' 느껴진 순간이다. 「저문 날」의 '손톱만한' 나비와 '거대한' 비행운, 「외꽃」의 '외'꽃과 오므린 '입'의 유비를 착상한 순간, 「벼꽃」에서 초여름 개구리 떼의 와글대는 울음소리를 들은 어느 순간 등이 비약과 도약이다.

이처럼 『하동』에 수록된 짧은 시와 산문시는 그 외적 형식에서 크게 다르지만 모두 서정시의 일정한 특징을 두루 갖추고 있으며, 각기 '시적 발상' 혹은 '서정적 순간'을 포함하고 있다. 서정적 서정시에도, 서사적 서정시에도 내용의 형식과 내용의 실체가 있는 것처럼 표현의 형식과 표현의 실체가 있었다. 내용과 표현은 대립적이지 않고 오히려 상호 전제하며 서로 유기적 · 역동적 운동 속에서 한 편의 서정시를 태어나게 했다. 또한 스토리와 그것의 재현 형식인 서사담화도 대립적이지 않음을 보았다. 대립은 사건과 사건 아닌 것(묘사, 설명, 논증, 서정, 이것들의 조합이나 완전히 다른 어떤 것) 사이에 있었다. 이시영의 시론에는 분량도 핵심이 아니며 형식도 중심이 아니었다. 그에게 상수는 시적 '비약과 도약'이다.

도약의 순간

아리스토텔레스가 '천재의 표징'이라며 시에서 다른 요소들보다 "훨씬 더 중요한 것은 은유에 능한 것"이라고 말할 때, 그가 염두에 두었던 것은 "서로 다른 사물들의 유사성을 재빨리 간파할 수 있는"[247] 능

247) 아리스토텔레스, 『시학』(천병희 역), 문예출판사, 1988(신제 4쇄), 122쪽.

력이었다. 그에게 은유란 '다른 것' 사이에 있는 '비슷한 것'을 '재빨리' 파악해 드러내는 일이다. 따라서 은유를 잘 구사하기 위해서는 몇 가지 논리적 계기가 성립된다. 먼저 각 존재자들의 개별적 특성을 인지해야 하고, 다음으로 그 존재자들 사이의 차이를 인식할 수 있어야 한다. 마지막으로 그것을 통해 존재자들의 닮은 점을 찾아 드러내는 연속적인 계기이다. 이처럼 은유에는 '다름-비슷함'이 공존한다. 그런데 아리스토텔레스는 '유사성'을 지나치게 강조함으로써 은유의 가능성을 축소하고 말았다. 그것은 수사학을 '설득의 기술'[248]로 정의하고, 은유를 "세련되고 호평 받는 연설을 할 수 있는"[249] 능력이라는 실용적 맥락으로 이해한 때문으로 보인다. 은유에는 '비슷한 것'만큼 '다른 것'도 중요하다.

I. A. 리처즈가 "은유에 관한 우리의 기술을 명시적인 학문으로 변화"[250]시켜야 한다며, 그것을 용이하게 하기 위해 도입한 '내용(tenor)'과 '전달 수단(vehicle)'이라는 개념 사이에는 일치만큼 불일치가 강조된다. 그는 "내용과 전달 수단 간의 유사성에 의해서 작용하는 것이 아니라, 불일치를 포함하는 그 둘 사이의 다른 관계에 의존하는 상호 작용"[251]을 면밀하게 검토하는 것만으로도 은유와 관련해 만연해 있는 단순한 가정들은 실상을 드러내게 된다고 말했다. 특히 리처즈는 내용과 전달 수단 사이의 상호 작용은 "함께 놓인 둘 사이의 거리가 멀어질수

248) "'말하는 기술' … 이 기술의 핵심은 설득하는 것이고, 그 밖의 다른 모든 것은 보조적인 부분" 아리스토텔레스, 『수사학』(박문재 옮김), 현대지성, 2021(1판 4쇄), 11쪽.
249) 아리스토텔레스, 『수사학』, 259쪽.
250) I. A. 리처즈, 『수사학의 철학』(박우수 옮김), 고려대학교 출판부, 2001(초판), 89쪽.
251) I. A. 리처즈, 앞의 책, 100쪽.

록"[252] 긴장이 더욱 커지며, 뛰어난 은유란 '견강부회에 가까운 거리감이 미덕'이 되는 차원이라고 강조했다. 사실 리처즈가 은유론을 비판하면서 제기한 아리스토텔레스의 세 가지 '해로운 가정'[253] 가운데 가장 중시한 것은 유사성에 대한 문제였다. 그는 '비슷한 것'을 발견하는 능력을 '천재의 표징'으로 본 아리스토텔레스에 반대하여 "은유란 언어사용에 있어서 특별하고 예외적인 것, 즉 언어의 자유로운 작용에 깃든 편재하는 원리"[254]임을 강조하면서 "은유가 없이는 자유로운 일상 대화에서 세 문장도 말할 수가 없"[255]다고 주장했다. 이는 유종호의 주장에서도 확인된다. 그는 "아리스토텔레스 은유론의 허점은 은유가 언어의 장식이나 첨가물이 아니라 사실은 그 구성요소임을 간과"하고 있다면서 일상적 언어 행위에서 "말은 은유이며 또 우리가 은유임을 별나게 의식하는 법이 없는 '죽은 은유' 혹은 '파묻힌 은유'"[256]라고 했다.

따라서 리처즈가 생각하는 은유는 다음과 같이 정리된다. 첫째, 은유에는 유사성과 차이가 상호 작용 속에서 관계한다. 둘째, 은유는 학습될 수 있고 널리 학습되고 있다. 셋째, 은유는 천재의 전유물이 아니라 일상 언어 속에 편재하는 원리이다. 마지막으로 은유는 단순한 설

---

252) I. A. 리처즈, 앞의 책, 117쪽.
253) 리처즈가 제시한 아리스토텔레스의 세 가지 '해로운 가정'은 (1)'유사성을 발견하는 안목'이 어떤 사람은 가지고 있으나 다른 사람은 가지지 못한 천부적인 재능이란 가정, (2)"이것만은 다른 사람에게 전수될 수 없는 것"이라는 가정, (3)은유란 언어사용에 있어서 특별하고 예외적인 것, 즉 언어의 자유로운 작용에 깃든 편재하는 원리가 이니라 통상적인 작용 방식으로부터의 일탈이라는 가정 등이다. I. A. 리처즈, 앞의 책, 83~84쪽.
254) I. A. 리처즈, 앞의 책, 84쪽.
255) I. A. 리처즈, 앞의 책, 86쪽.
256) 유종호, 『시란 무엇인가』, 민음사, 2002(1판 16쇄), 171~173쪽.

득의 기술이 아니라 학문적 보편성 속에서 연구되어야 한다. 리처즈의 은유론 가운데 특별히 주목되는 점은 그가 은유를 "'사고들' 사이의 교환과 교제, 상황(컨텍스트) 간의 상호 작용"[257]으로 본 데 있다. 은유적 발화가 일상 언어 속에 편재하는 원리인 것처럼 은유를 통한 사고와 상호 작용을 보편적 차원에서 이해한 것이다. 그에게 '사고'란 은유적인 것이며 비교에 의해서 발전한다. 언어적 비유 자체가 사고 작용의 일환이다. 리처즈는 한 단어의 의미의 안정성이란 "상수적인 문맥의 종류가 다양한 것과 마찬가지로 안정성의 종류도 다양하다"면서 이러한 접근 방식은 "화이트헤드가 사물을 다루는 방식과 유사하다"[258]고 강조했다. 그는 아리스토텔레스와 달리 수사학을 철학의 차원에서 정립하려 했다.

나아가 리처즈는 내용과 전달 수단의 직접적인 유사성과 차이의 상호 작용에 의한 은유와 우리가 취할 수 있는 '어떤 공통된 태도'를 통해 작용하는 은유를 구분했다. 은유되는 것과 은유하는 것은 그것이 비슷한 것이든 다른 것이든 어떤 공통된 기반 위에 선 것들이다. 때문에 "축자적인 의미와 은유적인 의미 사이의 경계는 고정되거나 일관된 것이 아"니며 "한 가지 의미에 다양한 의미들을 집중시킬 수 있는 것처럼 축자적이며 동시에 은유적일 수 있"다. 축자적 의미와 은유적 의미는 구별되지만 대립되지 않는다. 리처즈는 "적어도 두 개의 협동하는 의미를 구분할 수 있을 때는 비유적으로 받아들이면"[259] 된다고 말

257) I. A. 리처즈, 앞의 책, 88쪽.
258) I. A. 리처즈, 앞의 책, 11쪽.
259) I. A. 리처즈, 앞의 책, 110~111쪽.

한다. 은유로 표현된 것들은 일상어에서도 시나 문학에서도 철학에서도 나타난다. 그에게서 은유의 외연은 한없이 넓어진다. 인간은 생존을 위해 자신이 살아가는 세상을 은유적으로 사고하고 발화하고 해석한다.[260)]

그런데 로만 야콥슨은 실어증의 두 양상을 언어의 두 측면과 비교하면서 은유를 유사성에, 환유를 인접성에 결부시켰다. 그는 문맥을 만드는 결합 능력에 장애가 생겨 대체어군만을 사용하는 실어증 환자의 예를 들며 그가 사용하는 "유사어 대체는 은유적 성격의 것"[261)]이라고 말했다. 반대로 언어적 실체를 선택하고 대체하는 능력에 장애가 생긴 환자의 경우에는 '환유적 치환'을 구사한다. 야콥슨에 따르면 환유는 선택적 기능에 장애가 있는 실어증 환자들에 의해서 광범위하게 활용되고 있다. 이를테면 "그들은 칼(knife)을 포크(Fork)로, 램프를 식탁(table)으로, 파이프를 담배 피다(smoke)로, 빵 굽는 기계(toaster)를 먹다(eat)로 환치할 수 있는 것이다." 문맥 결합 능력에 장애가 발생하면 극단적인 경우 일문 발화(one-sentence utterances)나 일어문(one-word sentence)을 사용하는 경향까지 생긴다. 그러나 이들은 단어를 선택하고 대체하는 능력은 유지되어 "현미경(microscope) 대신 망원경(spyglass), 가스등(gaslight) 대신 불(fire)로 바꿔"[262)] 말할 수 있다.

인접성이라는 외재적 관계에 의해 '결합'하는 문맥 구성 능력을 상실한 채 단어들을 선택하고 대체하는 능력만 남게 되면 결국 그의 발화

260) "'은유의 구사', 즉 은유에 대한 해석의 구사는 우리 스스로가 살아가기 위해서 만들어 가는 세상을 지배하는 일에 더욱 깊숙하게 개입합니다." I. A. 리처즈, 앞의 책, 126쪽.

261) 로만 야콥슨, 앞의 책, 107쪽.

262) 로만 야콥슨, 앞의 책, 105~107쪽.

는 유사성에 의한 은유적 성격을 보인다. 반대로 유사성이라는 내재적 관계로 이루어진 대체어군에서 단어들을 '선택하고 대체'하는 능력을 상실한 채 문맥을 구성하는 능력만 유지되면 "유사성이 아니라 공간적 혹은 시간적 인접성이 의미론적 언어군의 형성 원리"가 되어 환유적 성격을 나타낸다. 결국 은유는 인접성 장애로 인한 선택과 대체의 유사성에 관계하고, 환유는 유사성 장애로 인한 결합의 인접성에 관계한다. 그러나 야콥슨이 "섬세한 의미의 전이를 볼 수 없다는 점에서 그것을 수사적 은유 또는 시적 은유와는 구별된다 할 것"이라고 말한 바와 같이 실어증의 양상과 은유-환유라는 수사학적 차원을 등가적 맥락에서 이해하는 것은 타당하지 않아 보인다.

하지만 은유와 환유의 언어학적 특성을 좀 더 깊이 이해하기 위해 야콥슨이 정리한 유사성 장애와 인접성 장애의 증세를 자세히 살펴볼 필요가 있다. 선택과 대체 능력을 상실한 유사성 장애자는 먼저 독백(monologue)과 같은 폐쇄적인 담화는 해내기도 어렵고 이해하기조차 힘들다. 둘째, 전후 관계가 생략된 발화나 상대방이 없거나 실제 상황에 대한 반응이 아닌 문장을 말하는 데 곤란을 느낀다. 셋째, 구문상 문법적 지배를 받는 단어들은 보존되는 데 반하여 문장의 가장 중요한 통제 주체인 주어는 생략되는 경향을 보인다. 넷째, 무엇보다 발화의 첫 단계나 문장의 첫머리에서 선택을 못하고 실패하는 경우가 많다. 다섯째, 핵심 단어들이 생략되거나 추상적인 대용어로 대체되는 경우도 있다. 여섯째, 연결사나 조동사처럼 단지 문장 구성을 위해서만 기능하는 단어들은 특히 보존되는 경향을 보인다. 일곱째, 이런 유형의 가장 극단적인 상태에 이르면 문장의 골격, 즉 의사소통의 연결 고리만 보존된다. 유사성 장애로 인해 발화자의 발화나 문장은 위치론적 인접성에 의해 환유적 성격을 띠게 된다. 그리고 이러한 성격이 산문의 특성과 연결된다. "산문의 경우는 환유가 가장 저항을 덜 받는 언어 운용"[263]인 것이다.

결합 능력을 상실한 인접성 장애자는 무엇보다 문장의 길이와 다양성의 정도가 감소한다. 고차적 언어 단위로 만들어가는 구문 규칙을 상실함으로써 무문법성(agrammatism)에 빠지고 말아 결국 문장을 '낱말 더미'로 퇴화시키고 만다. 또 접속사나 전치사, 대명사, 관사가 사라져 '전보문'과 같은 문장이 남게 된다. 다음 핵심어가 가장 오래 보존되어 일문 발화나 일어문(一語文)을 사용하기도 하고, 비교적 긴 문장의 경우 관용화된 상투적인 몇몇 문장만을 가까스로 말할 수 있다. 동사의 형태 변화 자리를 부정사가 대신하고, 주격이 모든 격을 대신한다. he-his-him과 같은 격변화가 무시되고, 동사의 시제 변화가 지켜지지 않는다. 이밖에도 인접성 장애의 다양한 증세가 제시됐는데, 이런 유형의 장애자는 결국 유사성에 따른 대체어군만을 활용하게 되며 이를 야콥슨은 은유적 성격으로 보았다. 이러한 성격이 시의 특성과 연결된다. "시의 경우는 은유가 가장 저항을 덜 받는 언어 운용"인 것이다.

그런데 박성창은 이러한 "이항 대립 구조는 언어나 문학의 경계를 뛰어넘어 다른 기호의 체계들이나 인간 행위 체계 전반으로 확장될 수 있다."면서 야콥슨의 주장을 다소 경직되게 해석한다. 그는 "은유와 환유의 대립은 시와 산문의 대립을 설명해 줄 수 있다."[264]면서 두 개

263) 로만 야콥슨, 앞의 책, 116쪽.
264) 박성창, 『수사학』, 문학과지성사, 2017(초판 7쇄), 196~197쪽.

념 쌍들 고정시킨다. 야콥슨이 은유적 극과 환유적 극을 상정하면서 "실어증의 유형은 많고 다양하다. 그러나 그 모든 유형은 지금 말한 양극단 사이에 위치한다."고 유연성을 부여한 데 비해 지나치게 대립적 관점을 고수한 것으로 보인다. 아리스토텔레스가 은유에서 '다름-비슷함'의 공존을 보고, I. A. 리처즈가 축자적 의미와 은유적 의미가 고정되고 일관된 것이 아니라고 보았듯이 로만 야콥슨 또한 은유-환유와 시-산문을 구별하였다고는 하겠지만 대립시켰다고 보기는 어렵다. 야콥슨은 "두 종류의 연관(유사성과 인접성)을 그 두 양상(위치적 및 의미적) 속에서 조작하면서—선택하고 결합하고 또는 열거하면서—개개인은 자신의 개성적인 문제, 언어적 신호와 취향을 드러낸다."[265]라고 했다. 비록 야콥슨의 논의를 따른 것이지만, 아래 도식을 절대시해서는 곤란하다. 도식에서 취해야 할 것은 개념적 대립이 아니라 두 극 사이를 가로지르는 수많은 양태들이라고 할 수 있다.

용어들 간의 관계 / 층위	계열체적 관계	통합체적 관계
랑그	유사성	인접성
언어 행위	선택	결합
전의	은유	환유
장르	시	산문
유파	낭만주의, 상징주의	사실주의

[로만 야콥슨의 「언어의 두 양상과 실어증의 두 유형」에 따른 박성창의 도식][266]

265) 로만 야콥슨, 앞의 책, 110~111쪽.
266) 박성창, 앞의 책, 197쪽.

박성창의 논의는 수사학의 역사를 정리하는 데서 주목된다. 그는 '설득의 기술'로서의 수사학은 도시 국가 아테네가 아니라 시칠리아의 섬에서 태동한 것이라는 롤랑 바르트의 지문을 인용하며, 기원전 485년경 그곳에서는 '토지 소유권 분쟁'이 생존의 절박한 문제였던 만큼 고대의 수사학은 실용적 필요에 따라 발전했다고 보았다. 이는 그보다 100여년 후 태어난 아리스텔레스가 '말하는 기술'의 핵심을 '설득하는 것'으로 본 바와 일치한다. 고대 수사학이 매우 실용적인 욕구 충족의 수단이었던 만큼 아리스토텔레스는 행복, 즐거움, 범죄와 처벌, 감정과 성격, 평정심, 우의와 적의, 수치심, 호의, 의분, 시기 등 대단히 세밀한 수준에까지『수사학』의 항목으로 포함했다. 그리스와 로마의 수사학에 뒤이어 "중세와 르네상스를 거쳐 17세기 이후로부터 수사학이 공식 교육에서 사라진 해인 1885년을 기점으로"[267] 등장한 고전 수사학은 표현술(중세와 르네상스), 전의(뒤마르세), 문채(퐁타니에)를 테제로 했다. 그런데 여기서 언어학적 메커니즘에 의거하여 은유와 환유를 핵심으로 하는 로만 야콥슨의 신수사학이 등장했다는 것이다. 박성창은 새로운 수사학의 특징을 "언어학적 방법론의 발달에 힘입어 보다 과학적이고 엄밀한 분석을 시도"[268]하는 데 있다고 보았다.

박성창의 평가와 같이 야콥슨의 시학은 언어학적 바탕 위에 성립된다. 야콥슨은 "시학이 다루는 으뜸가는 문제는 무엇이 언어학 메시지를 예술 작품으로 만드는가라는 물음"이라고 말했다. 언어학이 언어적 구조 전반을 다루는 것처럼 시학도 언어적 구조를 다룬다. 그가

267) 박성창, 앞의 책, 149쪽.
268) 박성창, 앞의 책, 198쪽.

보기에 많은 시적 특질은 언어 과학에 속할 뿐 아니라 기호에 관한 전반적인 이론인 일반기호학(general semiotics)에도 속한다. 언어의 시적 기능은 언어학이 말하는 메시지의 기능 가운데 하나이다. 야콥슨은 '메시지의 언어 구조'를 여섯 가지로 정리한다. 첫째 발화에 초점을 두는 감정 표시적 또는 표현적 기능(1인칭), 둘째 수신자를 지향하는 능동적 기능을 갖는 호격과 명령법(2인칭), 셋째 언급되어지는 사람이나 사물을 지칭하는 지시적 기능(3인칭), 넷째 접촉 지향의 친교적 기능, 다섯째 약호 체계 자체를 지향하는 메타언어적 기능, 여섯째 메시지 그 자체를 지향하는 시적 기능이다. 여기에 "다래끼여 없어져라."와 같이 무생물인 3인칭을 능동적 메시지의 수신자로 상정하는 주술적 · 주문적 보조 기능이 추가될 수 있다.[269)]

이처럼 "시적 기능은 언어 예술의 유일한 기능이 아니라 주도적인 혹은 결정적인 기능일 뿐이다." 은유와 환유가 시의 영역을 넘어 일상어의 차원에 편재하는 것처럼 시적 기능은 시의 범위를 넘어선다. 서사시와 서정시 등 다양한 시 장르가 존재할 수 있는 것은 언어 예술에 있어 시적 기능과 "다른 언어 기능들이 서로 상이한 위계에서 참여하고 있음을 시사한다." 서사시는 3인칭을 중심으로 하여 언어의 지시 기능을 주로 활용한다. 서정시는 1인칭을 지향하며 감정 표시적-표현적 기능과 긴밀히 연관된다. 2인칭의 시는 능동적 기능이 작용되어 1인칭이 2인칭에 대해 종속적이면 애원조로, 그렇지 않으면 간구조가 된다. 은유의 극과 환유의 극 사이에 발화의 수사적 가능성이 열려 있

269) 로만 야콥슨, 앞의 책, 50~59쪽.

듯이 메시지의 기능들 사이에 시적 다양성의 관문이 열려 있다고 할 수 있다. 야콥슨은 "시적 기능은 등가의 원리를 선택의 축에서 결합의 축으로 투사한다."[270]고 말했다. 시적 기능 또한 언어 기능인 만큼 어떤 언어적 실체를 시적 메시지로 상승시키는 도약의 순간에 선택과 결합의 원리가 작용한다. 등가성, 유사성 · 상이성, 동의어 · 반의어가 선택의 근간에 자리하고, 인접성이 결합(배열)의 근간에 위치한다. 시적 도약의 순간에는 은유와 환유의 대립이 아니라 그것들 사이의 무한한 진동이 있다.

야콥슨은 또 "율격(meter, 운문의 구도)은 추상적이고 이론적인 도식이 아니라 어떤 시행이건 한 시행(운문 구현)의 심층적인 구조"[271]라고 했다. 시적 의미가 단어나 구문의 사전적 의미로 환원될 수 없다는 것은 시행이 포함하고 있는 의미의 층위가 비언어적인 차원에까지 이르기 때문이다. 율격은 시간의 분절과 배열을 통해 형성되는 것으로 다른 예술 분야, 다른 기호 체계에서도 나타난다. 음(音)의 시간적 배열로서 율격은 시 안에서 의미를 심화시키고 심상에 깊이를 더한다. 이시영이 "좋은 시는 그 자체가 음악적 질서에 의해 팽팽하게 긴장되어 있는 시"[272]라고 한 것처럼 '음에 있어서의 등가성'은 '의미적 등가성'을 갖는다. 음성적으로 유사한 낱말은 의미에서도 인접성을 띤다. 선택과 결합의 원리는 낱말의 층위를 넘어 율격에도 적용된다. 시적 의미가 모호성을 띠는 원인 가운데 하나는 시에 비언어적 요소가 내재하

270) 로만 야콥슨, 앞의 책, 60~61쪽.
271) 로만 야콥슨, 앞의 책, 70쪽.
272) 이시영, 『시 읽기의 즐거움』, 23쪽.

기 때문이다. 모호성과 관련해 "유사성이 인접성 위에 중첩될 때, 시는 철두철미하게 상징적, 복합적, 다의적 본질을 표출"[273]한다고 말할 수도 있다. 그렇다면 '좋은 시'는 의미의 명확성을 지향하는 게 아니라 소리-의미의 적실성을 추구한다고 할 수 있다. 역으로 소리-의미가 유사성과 인접성을 충족할 때 '좋은 시'가 된다고 말할 수도 있다.[274]

그런데 "시적 비유의 연구는 주로 은유에 대해 이루어졌고 환유의 원리에 긴밀하게 결부되어 있는 이른바 사실주의 문학은 아직 제대로 해석되지 못하고 있다"[275]는 야콥슨의 지적 때문에 그가 시-은유와 산문-환유의 대립적 구도를 설정한 것으로 이해할 수는 없다. 앞서 보아온 대로 그는 은유-환유를 대립적 개념 쌍이 아니라 오히려 두 극 사이에 무한한 양태가 포함될 수 있다는 일종의 수사적 가능성의 장(field)으로 보았기 때문이다. 특별히 김애령은 은유와 환유가 상호 작용하는 표현("입술을 닫다")과 은유 안의 환유("말울 분사하다")로 분류될 수 있는 표현들을 보여주면서[276] 은유-환유의 비대립성의 실례를 제시했다. "입술을 닫다"의 경우 우선 '입술 닫음-침묵 유발'이라는 환유적 해석이 가능하고, 또 평소 수다스럽던 사람이 정작 그에게서 듣고 싶은 말을 하지 않는 것을 '입술 닫음'으로 표현했다고 할 수 있다는 점에서 은유적 해석이 가능하다. "입술을 닫다"는 문장은 환유적 해석이 우세한 가운데 은유적 해석도 가능한 상호 작용의 사례이다('환유로

273) 로만 야콥슨, 앞의 책, 76~78쪽.

274) "소리-의미 관계의 적절성은 유사성이 인접성에 중첩된 결과로 온다." 로만 야콥슨, 앞의 책, 81쪽.

275) 로만 야콥슨, 앞의 책, 84쪽.

276) 김애령, 『은유의 도서관』, 그린비출판사, 2014(초판 2쇄), 138~139쪽.

부터 나온 은유'). "말을 분사하다"는 '입은 총'이라는 은유를 내포하면서 동시에 '입과 말' 사이의 환유적 관계에 의한 대체가 함께 일어난다(은유 안의 환유).

시 작품 분석은 시가 포함하고 있는 미세한 요소들을 분석하는 나누기이기도 하지만, 동시에 이를 종합하여 한 편의 작품이 발산하는 내재성을 더하기 방식으로 총체화하는 과정이기도 하다. 시적 도약의 순간을 파악한다는 것은 은유와 환유를 분석하는 노력만큼 그것을 종합하는 수고가 병행되어야 한다는 의미이다. "시적 특질이란 일반적인 담화에다 수사적 장식이 부수되는 것이 아니라 그 담화의 구성 성분 전체의 총체적인 재평가인 것"[277]이다. 이시영의 시를 비대칭성의 한 양상이라는 맥락에서 분석하는 과정 또한 나누기와 더하기가 되어야 할 것이다.

아리스토텔레스가 '설득의 기술'로서 은유를 중시한 것은 실용적 목적을 위해서도 세련성이 요구된다는 것을 간파한 때문이다. 그가 비록 은유의 가능성을 좁힌 것은 사실이지만, 은유에서 다름-비슷함을 찾고 거기서 실용적 가치와 미적(시적) 가치를 발견한 것도 사실이다. I. A. 리처즈가 축자적 의미와 은유적 의미를 대립시키지 않고 둘의 공존 가능성을 열어 두었듯이 이시영의 시에서 은유-환유의 비대칭적 양상을 찾아내는 일은 그다지 어렵지 않은 일이다.

여기서 야콥슨의 논의를 따라 은유-서정시와 환유-산문시라는 구별을 원용하되, 그가 말한 대로 두 개념 쌍이 단순히 대립되지 않고 다

277) 로만 야콥슨, 앞의 책, 90쪽.

양한 변주 속에서 공존한다는 사실을 파악해 보자. 그것은 유사성 장애로 인해 나타나는 인접성에 의한 환유가 다양한 만큼 인접성 장애로 인해 드러나는 유사성에 의한 은유가 다양하다는 사실을 확인하는 과정이 될 것이며, 동시에 시에 있어 은유-환유의 표현 양상도 다양할 수밖에 없음을 확인하는 과정이 될 터이다. 또한 "유사성은 발견될 뿐 아니라 만들어진다."[278]는 김애령의 언급과 같이 이시영이 은유-환유의 변주 속에서 창출해낸 시적 진실을 찾아가는 과정이기도 하겠다.

본서는 특히 그의 첫 시집 『만월』과 최근 시집 『나비가 돌아왔다』에 수록된 작품을 통해 은유-환유의 비대칭적 양상을 살펴보기로 한다. "모든 존재는 저마다 세계 전체에 널리 스며들고 있"[279]는 것처럼 은유-환유 또한 상호 작용 속에서 함께하고 있을 터이다.

첫 시집 『만월』에는 10행 이내의 짧은 시가 13편, 상대적으로 긴 시가 71편 수록돼 있다. 짧은 시의 비중이 약 13%로 상대적으로 적다. 반대로 2021년 간행된 『나비가 돌아왔다』에는 각각 49편과 32편으로 짧은 시의 비중이 60%에 달한다. 이는 그의 전체 작품에서 짧은 시(706편)와 긴 시(717편)의 비중이 거의 대등한 수준으로 나타나는 것과 다른 수치이지만, 이를 초기 시와 후기 시의 경향이 다르다는 근거로 삼을 수는 없다. 이미 1988년 간행된 세 번째 시집 『길은 멀다 친구여』에서 짧은 시와 긴 시는 각각 48편으로 대등했으며, 2017년 발간된 『하동』에서도 각각 43편 대 45편으로 비슷한 수치를 나타냈기 때문이다. 그럼에도 본서에서 두 시집을 분석 대상으로 선택한 것은 이시

278) 김애령, 앞의 책, 173쪽.
279) 앨프레드 화이트헤드, 앞의 책, p.96.

영이 그의 작품 활동 초기부터 최근까지 짧은 시와 긴 시를 두루 발표하였음을 확인하기 위함이며, 동시에 '짧은 시–서정시–은유'라는 연결과 '긴 시–산문시–환유'라는 연결이 필연적인 것은 아니며 대립적인 것은 더더욱 아니라는 점을 살펴보기 위해서이다.

바람아 너희 나라엔 누가 있는가
날 저물면 산에서 내려와 문고리 두드리는
커다란 그림자가 있는가
뒷문 열고 기침하는 늙으신 어머니가 있는가
밤새도록 대밭에서 끄덕이다
땅 끝으로 사라지는 반딧불이 있는가
아버지가 있는가
바람아 너희 나라엔 얼굴도 없는가
떨리는 가슴 닿을 다음 땅은 없는가
바람아 너희 나라엔 아무도 아무도 없는가

—「바람아」 전문(『만월』)

바람은 기온차로 인한 공기의 이동이거나 인위적인 자극으로 인한 이동이거나 간에 고정되지 않고 항상 움직이는 속성을 함축한다. 바람은 움직임이라는 실체 외에 어떤 고정된 실체도 갖지 못한다. 바람이 떠돌이나 불륜 남녀를 은유할 수 있는 것은 바로 움직임이라는 속성 때문이다. 이 작품에서 '바람의 나라'는 실체가 없는 텅 빈 허상과 같은 나라이다. '없는 나라'이거나 '빈 나라'이기에 호명만 할 수 있을 뿐이다. 바람은 우선 없음에 대한 은유이다. 실체가 없는 대상에게 반복적으로 '있는가' '없는가'라며 실체의 존재 여부를 묻는 점층적 구조 속에서 「바람아」는 실체를 바라는 간절한 정서를 내포하고 있다. 산에서 내려온 '커다란 그림자'는 직접적으로 빨치산을 은유한다. 그들은 '산사람'으로 호칭되었으며, 야밤에 마을로 내려와 길고 큰 그림자를 드리우고는 했다. '늙으신 어머니'는 산사람만 아니라 누구에게나 위로자이자 안식처이다. '반딧불이'는 미약한 빛으로 떨며 여름밤의 정서를 아늑한 것(긍정, 옹호)으로 만들어 준다. '아버지'는 울타리이거나 버팀목이거나 지주가 되는 일종의 믿음의 바탕을 은유한다. '얼굴'은 인간적인 무엇이거나 윤리적 정당성과 같은 추상적 가치를, 땅은 그러한 것들이 존재해야 할 나라의 영토 같은 것을 떠올리게 한다. 그러므로 「바람아」는 확실히 은유적 수사가 전면화된 작품이다.

하지만 바람[風]이 바람[願]으로 읽히는 중의성과 더불어 특히 마지막 행의 '아무도 아무도'의 반복은 없음(부재)에 대한 탄식과 있음(존재)에 대한 갈망을 동시에 표상한다. 또한 산사람–어머니–반딧불–아버지로 이어지는 은유적 연쇄는 그 자체 환유적 연쇄로 읽을 수 있다. 빨치산이 활동하던 1960년대 지리산 자락 농촌 풍경에서 이것들은 매우 인접한 낱말들이다. 산사람(이별, 부재)–어머니(안식)–반딧불(긍정, 옹호)–아버지(바탕)로 읽을 수 있다는 것은 이 작품의 의미 형성에 환유적 연쇄 또한 기여하고 있음을 뜻한다. 한 가지 부기해야 될 사항은 「바람아」가 보여주는 탄식과 갈망의 정서는 '–는가'라는 어미의 반복에 의해 강화되고 있다는 점이다. 이는 야콥슨이 말하는 율격의 심층적 효과에 해당한다.

아무도 눕지 않은 깊은 밤, 주검 곁에서 일어난
가난한 마음이 켜고 있는 불을 보아라
한 마음이 다른 마음을 위하여
숨 죽이며 켜고 있는 불을 보아라
이 밤이 지샐 때까지, 고요 뒤에 노리고 선
첩첩의 눈이 뚫릴 때까지
돌에 눌린 가슴을 찾아
이웃에서 이웃으로 몰래몰래 깜빡이는
한 사람의 새벽 불을 보아라

—「引火」 전문(『만월』)

'인화'는 불이 붙는 것 혹은 불을 붙이는 것을 뜻한다. 작품 전반의 분위기는 죽음과 슬픔과 분노로 가득하다. 깊은 밤이지만 아무도 눕지 않았다. 주검만 누워 있고, 산 자는 일어나 '가난한 마음'으로 그것을 비추고 있다. 가난하기에 숨을 죽이지만, 그래도 불을 끄지 않는다, 밤이 샐 때까지 혹은 고요 속에 장막을 친 거대한 눈 더미가 뚫릴 때까지. 한 사람의 불은 '이웃에서 이웃으로' '돌'에 눌린 '가슴'을 찾아 새벽까지 꺼지지 않는다. 슬픔과 애도의 대상이자 '인화'의 원인인 주검은 누군가에 의해 부당하게 죽임을 당한 시신임을 뜻한다. 사람의 주검인지 민주주의의 주검인지 분명하지 않지만, 어떤 경우에도 분노는 정당하다. 마찬가지로 '가난'은 직접적인 허기를 뜻하기도 하지만 '없음' '빈한함' 등으로도 읽힌다. '눈'은 어떤 위력적인 권력이거나 죽임의 원인을 은유한다. '돌'은 누르는 것으로서 압제를, '가슴'은 눌린 것으로서 고통 받는 자를 은유한다. 이 작품도 은유가 전면에 드러나 있다.

그런데 「引火」에는 하나의 사건이 등장한다. 주검 앞에서 새벽까지 '마음의 불'을 밝힌 채 무언가를 응시하고 찾는 사건이다. 하지만 드러난 사건 자체는 매우 작고 단편적이기 때문에 포터 애벗이 말하는 '미시 서사'라고 할 수 있다. 은유가 전면화된 전체 9행의 전형적인 서정시라고 할 수 있지만, 작은 서사를 포함하고 있는 작품이다. 이를 '짧은 시-서사 · 서정-은유'라는 변형된 연쇄로 읽을 수 있다. 여기서도 모두 세 개 행의 끝에 '보아라'가 반복되어 있고, 7행에도 '찾아'라는 단어가 들어 있어 결국 '-ㅏ' 음이 2, 4, 7, 9행에 모두 들어감으로써 율격의 심층적 효과가 구사되어 있다. 「引火」에서 느낄 수 있는 명령-영탄조의 처연한 분노의 정서는 이를 통해 강화되고 있다. '불붙는다, 불탄다, 불길이 번진다, 불길이 꺼지지 않는다'는 의미의 확산을 따라 분노의 정서도 심화되고 강렬해진다.

보리밭 속에 일렁이는 피
누나는 깜둥이에게 깔려 있었다
쪼콜렛과 소총이
다붙은 입술을 열고
오디처럼 오래 오래 마을에 터졌다
가을 밭갈이 때
쟁깃날에 머리가 으깨어진
깜둥이 한 쌍을
구호물자와 함께 늙바리 황소는
삼켰다 긴긴 해 황토밭엔 깜부기만 익고
땅을 벌리고 황소가 낳은

네발의 흑송아지

누나는 건초 밑에서 목을 매었다.

―「흉년」 전문(『만월』)

이 작품에서 은유의 양상은 보리밭-피, 누나-깜둥이, 쪼콜렛-소총, 입술(다붙음-옮), 오디(오래-터짐), 깜둥이 한 쌍, 늙바리 황소, 땅-황소(벌림-낳음), 흑송아지, 누나(목을 맴) 등 전체 시행에 걸쳐 드러난다. 두 가지 사태가 있다. 하나는 '누나'가 '깜둥이'에게 깔린 사건(능욕 당함)이고, 다른 하나는 제목에서 보이는 대로 농사를 망친 흉년이라는 상황이다. 둘 다 상처와 고통을 유발하는 참혹한 비극적 사건이다. 은유의 쌍들을 낱개로 해석하는 것조차 힘겹다. 그런데 쌍을 나누면 두 개의 의미 계열이 형성된다. 첫째 보리밭-누나-입술(다묾)-땅이고, 둘째 깜둥이-소총-입술(옮)-흑송아지이다. 이 둘은 깔린 누나의 계열과 덮친 깜둥이의 계열이다. 이로써 덮친(가해한) 깜둥이 계열이 '늙지 않고 누렇지 않은'(늙바리 황소) 어떤 외세의 폭력을 은유하게 된다. '깜둥이'를 흑인으로 해석하고, 그를 다인종 국가인 미국의 주한미군 병사로 생각할 수 있다면 '흉년'의 원인이 자연재해나 기상이변에 있는 것이 아니라 모종의 폭력에 의해 벌어진 사태라는 것을 알 수 있다. 앳된 소녀의 이미지를 포함한 '우리의' 누나와 무기를 소지한 거친 이미지를 함축한 '너희의' 깜둥이가 대립되면서 피해-가해의 의미로서 「흉년」이 완성된다. 그런데 '누나의 계열'과 '깜둥이 계열'의 낱말들은 각각 인접 관계를 형성하고 있다. 환유적 계열이라고 할 수 있다. 이 작품의 은유적 표현들은 환유적 계열을 바탕에 깔고 있다.

장사나 잘 되는지 몰라
흑석동 종점 주택은행 담을 낀 좌판에는 싯푸른 사과들
어린애를 업고 넋나간 사람처럼 물끄러미
모자를 쓰고 서 있는 사내
어릴 적 우리 집서 글 배우며 꼴머슴 살던
후꾸도가 아닐는지 몰라
천자문 더듬거린다고
아버지에게 야단 맞은 날은
내 손목을 가만히 쥐고 쇠죽솥 가로 가
천자보다 좋은 숯불에 참새를 구워 주며
멀뚱멀뚱 착한 눈을 들어
소처럼 손등으로 웃던 소년
못줄을 잘 못잡았다고
보리밭에 송아지를 떼어놓고 왔다고
남의 집 제삿밥에 단자를 갔다고
사랑이 시끄럽게 꾸중을 들은 식전아침에도
말없이 낫을 갈고 풀숲을 헤쳐
꼴망태 위에 가득 이슬 젖은 게들을 걷어와
슬그머니 정지문에 들이밀며 웃던 손
만벌매기가 끝나면
동네 일꾼들이 올린 새들이를 타고 앉아
상머슴 위에서 함박 웃던 큰 입
새경을 타면 고무신 사 신고
읍내 장터로 서커스를 한판 보러 가겠다고 하더니

갑자기 서울서 온 형이
사년 동안 모아둔 새경을 다 팔아갔다고 하며
그믐날 확독에서 떡을 치는 어깨엔
힘이 빠져 있었다
그날 밤 어머니가 꾸려준 옷보따리를 들고
주춤주춤 뒤돌아보며 보름을 쇠고
꼭 오겠다고 집을 떠난 후꾸도는
정이월 가고 삼짇날이 가도 오지 않았다
장사나 잘 되는지 몰라
천자문은 다 외웠는지 몰라
칭얼대는 네댓살짜리 계집애를 업고
하염없이 좌판을 내려다보며 서 있는 사내
그리움에 언뜻 다가서려고 하면
나를 아는지 모르는지 모자를 눌러쓰고
이내 좌판에 달라붙어
사과를 뒤적거리는 사내

—「후꾸도」 전문(『만월』)

이 작품은 「정님이」「옥례」「머슴 고타관씨」 등과 함께 이시영 초기시의 전형적인 이야기 시로 인용되는 작품이다. 모두 어릴 적 고향에서 함께 생활하던 이들이 농촌사회의 해체 과정에서 원치 않는 이유로 타향(주로 서울)으로 이주해 살고 있는 상황을 담고 있다. 어릴 적-고향을 안정의 원형으로, 현재-타향을 불안의 원형으로 대비시키면서 이별을 아쉬워하고 상실을 애처로워하는 시편들이다. 「후꾸도」는 액자 형식을 갖고 있다. 1-6행과 33-40행은 현재-타향의 상황이고, 7-32

행까지는 어릴 적–고향의 상황이다. '후꾸도'는 현재 흑석동 버스 종점 은행 담장 아래 길가에서 과일 장사를 하는 사람과 닮았다. 닮았기에 아는 척을 하려 하면 '모자를 눌러쓰고' 회피한다. 이별–만남의 갈마듦에서 안타까운 정조가 발생한다. 그런데 액자 속 어릴 적–고향의 '후꾸도'는 천자문은 잘 못 외지만 착하고–정 많고–성실한 '소년'이다. 이를 표현하는 환유적 장치들은 쇠죽솥–숯불–소–못줄–보리밭–풀숲–꼴망태–정지문–만벌매기–동네 일꾼–상머슴–새경–장터–서커스–확독 등으로 일정한 계열을 형성하면서 '후꾸도'가 원치 않는 이유로 고향을 떠나 멀고먼 서울 흑석동까지 가야만 되는 사건을 전개하는 데 기여한다. 이 작품은 액자 안팎에 모두 환유적 이미지들을 담고 있다.

그렇다면 「후꾸도」는 한 사람의 '후꾸도'를 얘기한 이시영의 일기인가. 설사 이를 어느 일기장에서 보게 된다 하더라도 '후꾸도'의 삶을 한 개인의 안타까운 인생 여정으로 볼 수는 없을 터이다. "나는 방학 때거나 아니거나 수시로 이 전라선을 오르락내리락하며 우리 집을 포함하여 60–70년대 한국 농촌의 분해 과정을 목격했다."[280]고 말한 대로 「후꾸도」는 시대적 보편성을 지향하고 있는 작품이다. '후꾸도'는 고향을 떠나 도시로 가서 과일을 팔거나 막일을 하거나 영등포나 청계천의 작은 공장에서 허드렛일을 하며 살아가는 하층민들을 표상한다. 이 작품의 환유적 장치들은 결국 '후꾸도'가 함축하는 실농민–도시하층민을 은유한다. 이를 김애령의 표현을 빌어 '환유 속의 은유'라고 할 수도 있다. 이 작품에서도 1행, 6행, 33행, 34행 등 액자의 테두리 위치

280) 이시영, 『시 읽기의 즐거움』, 218쪽.

에 '-는지 몰라'를 반복해 이별-만남의 간절한 소망을 실감나게 만드는 율격의 심층적 효과가 발현되고 있다.

아무도 살지 않는 나라에
눈이 내린다.
알지 못할 한 마디 맹세가
시퍼렇게 떨다가 스러지고
그 소리를 듣지 못한 소리가
그 위에 몸 비비며 스러지고
그 소리를 지키지 못한 소리가
소리 뒤에 쌓인다.

누구도 들을 수 없는 나라에
소리가 내린다.
소리 뒤에 주먹처럼 고요히 내린다.

아무것도 볼 수 없는 나라에
누구의 멍든 눈이 눈을 찾는다.
그 눈을 보지 못한 눈이 반짝이고
눈 뒤에서 반짝이던 눈이
자기의 없는 눈을 찾아
캄캄한 곳으로 사라진다.

아무도 찾을 수 없는 나라에
누구의 손이 묶여 간다.

그 손을 잡는 손이 떨다가
자시 손을 잃어버린ㅋ다.
잃어버린 자들의 가슴에 뭉클한
손이 내린다.

—「눈이 내린다」 전문(『만월』)

이 작품의 4개 연 각 첫 행은 일종의 반복-변주이다. '살지' 않는 나라, '들을' 수 없는 나라, '볼' 수 없는 나라, '찾을' 수 없는 나라는 그 자체로 환유적 연결로 볼 수 있다. 동시에 아무도 -않고, 누구도 -없는 나라는 심각한 불모성을 상징하는 어떤 '부당한 나라'를 은유한다. 또한 1-2연에서 눈을 소리로 은유하고, 그 소리를 들 수 없다고 반복함으로써 소리 없이 눈이 내리는 풍경 위에 무기력한 자아의 내면적 울분 같은 것을 새겨 넣는다. 물론 그것은 '주먹'의 원관념이다. 3연에서는 '볼 수 없음'을 눈[目]과 눈[雪]을 환유적으로 연결하고("누구의 멍든 눈이 눈을 찾는다."), 4연에서는 '찾을 수 없음'을 '묶인 손'과 '잡는 손'의 환유로 연결한다. 결국 '아무도 살지 않는 나라'는 현재 '부당한 나라'이지만, 미래에는 '누구나 살고 싶고 살 수 있는 나라'이다. 실재하는 현재의 나라가 부재한 미래의 나라를 포함하는 불일치의 일치를 보여주고 있다.

여기서도 이시영은 율격을 의식하고 있다. 전반적으로 시어의 반복이 음가의 반복을 이끌고 있다. 1연의 3행(맹세가), 5행(소리가), 7행(소리가)에 '-가'로 끝나는 시어를 사용해 소리 없이 눈이 내리는 장면을 '소리'에 집중하게 만들고 있다. 또 3연에서는 중의적 의미의 '눈'을 모두 일곱 번 사용해 '볼 수 없음' '캄캄함'을 강화시켜 준다. 눈을 중의적으로 읽을 때, 눈[雪]의 장음과 눈[目]의 단음이 엇갈리면서 보다 활달한 율격이 창출된다. 그러나 눈을 눈[目]으로만 읽는다 해도 'ㅜ'의 장음이 반복을 통해 일정한 가락을 형성하는 것은 피할 수 없다. 또한 작품 전체의 구조를 반복-변주로 구축했기 때문에 매우 음악적인 느낌을 준다. 이는 "분명한 것은 확립된 운율법의 부재에도 불구하고 혹종의 내재율에 의거한 음률성을 훌륭한 시들이 갖추고 있다."[281]고 한 유종호의 언급을 넘어 그가 스스로 '시는 음악'이라고 말한 바를 실천하기 위해 의식적으로 노력하고 있음을 시사한다.

누룩 같은 만월이 토담벽을 파고들면
붉은 얼굴의 할아버지는 칡뿌리를 한 발대
가득 지고 왔다
송기를 벗기는 손톱은 즐겁고
즐거워라 이마에 닿는 할아버지 허리에선
송진이 흐르고
바람처럼 푸르게 내 살 속을 흐른다
저녁 풀무에서 달아오른 별들,
노란 벌이 윙윙거리면
마을 밖 사죽골엔 삿갓을 쓰고
숨어사는 어매가
몰매 맞아 죽은 귀신보다 더 무서웠다
삼베치마로 얼굴을 싼 누나가

281) 유종호, 앞의 책, 235쪽.

송기밥을 이고
봉당으로 내려서면
사립문 밖 새끼줄 밖에서는
끝내 잠들지 못한
맨대가리 장정들이 컹컹 짖었다
부엉이 울음소리가 쭈그리고 앉은
산길에는 썩은 덕석에 내다버린 아이들과 선지피가 자욱했다
어둠 속에 숨 죽인 갈대덤불을 헤치고
늙은 달이 하나 떠올랐다

—「만월」 전문(『만월』)

첫 시집의 표제작이기도 하지만, 미당의 「자화상」을 떠올리게 하는 이미지들(토담벽, 할아버지, 어매, 달)[282]이 산재한 가운데 70년대 농촌 풍경이 궁핍과 피폐의 현장으로 그려져 있다. 도입부 7행까지는 어린 화자에게 즐거움을 주는 상황이 묘사되는데, 자세히 들여다보면 그렇게 단순하지만은 않다. 왜 아버지가 아니라 할아버지이며, 왜 할아버지의 얼굴은 붉은 것이며, 왜 낮도 아니고 저녁도 아닌 달이 가득 차오른 한밤에 귀가하신 것이며, 왜 쌀이나 고기가 아니라 칡뿌리를 그것도 한 발대나 지고 온 것인지. 늦도록 잠을 쫓으며 기다리던 어린 화자에게는 할아버지의 늦은 귀가가 즐거울 수 있지만, 그렇기 때문에 그것을 바라보는 독자의 마음에는 애잔함과 안타까움이 인다. 임진왜란 직후 손주를 데리고 아들의 무덤에 제사를 지내다 울분에 취해 저녁에야 귀가하는 장면을 묘사한 이달의 「무덤에 제사 지내는 노래」(祭塚

282) 서정주, 『화사집』, 문학동네, 2001(초판), 10~11쪽.

謠)[283]를 연상케 하는 장면이다.

어린 화자의 가정은 '할아버지–아버지–나'로 이어지는 자연스런 흐름에 균열이 생긴 집이다. 또한 칡을 먹어야 하고 소나무 가지 속껍질(송기)을 먹으며 기뻐해야 하는, 말 그대로 초근목피(草根木皮)로 연명하는 가정이다. 어매는 삿갓을 쓴 채 마을 밖에서 숨어살고, 누나는 삼베치마를 입어야 하고, 장정들은 한밤에도 짐승처럼 컹컹 울부짖는다. 또한 산길에는 죽은 아이들을 싼 덕석과 피가 자욱하다. 하필이면 '늙은 달'은 떠서 이토록 황폐한 장면을 낱낱이 비추고 있다. "단순하고 평범한 농촌풍경도, 그 내부의 모순이나 밑바닥을 응시함으로써 하나의 역사적 풍경이 된다."[284]고 한 이성부의 언급대로 「만월」이 보여주는 농촌 풍경은 살풍경 그 자체이다. 이 작품도 환유의 계열과 은유의 계열이 병존하면서 비극적 상황을 묘사하고 있다. 토담벽–할아버지–칡뿌리–송기–송진과 어매–누나–장정–아이가 환유의 계열이라면, 이들 각각은 헐벗고–굶주리고–황폐하고–울부짖는 고통의 현장을 은유하고 있다.

> 강변에 나비가 돌아왔다
> 아무것도 아닌 것 같지만
> 저것은 세계가 변하는 일이다
>
> —「나비가 돌아왔다」 전문(『나비가 돌아왔다』)

283) "흰둥개가 앞서 가고 누렁이가 따라가는/ 들밭 풀가에는 무덤들이 늘어섰네./ 제사 마친 할아버지는 밭두둑 길에서/ 저물녘에 손주의 부축을 받고 취해서 돌아온다."(白犬前行黃犬隨/ 野田草際塚 壘壘/ 老翁祭罷田間道/ 日暮醉歸扶小兒) 정민, 『한시 이야기』, 보림, 2003(2판 1쇄), 183쪽.

284) 이성부, 「발문」, 이시영, 『만월』(제1시집), 창작과비평사, 1976, 150쪽.

'나비'가 강변으로 돌아온 사건 하나만을 제시한 「나비가 돌아왔다」는 그것을 '세계가 변하는' 사건이라고 해석하는 순간 의미상의 도약이 일어난다. 나비라는 작은 생명체가 거대한 세계를 변하게 만드는 주체라는 인식론적 도약 때문에 나비는 그냥 나비가 아니라 생명 회복이나 생태계 복원과 같은 거대담론의 주인공이 된다. 은유는 도약의 순간에 발생했다. 동시에 강변-나비-세계라고 하는 환유적 계열도 형성된다.

> 가을비가 세차게 내리꽂히는 아침, 제비들이 처마 끝에 두 발을 얌전히 오그리고 앉아 하늘을 올려다본다
>
> —「처서(處暑) 전」 전문(『나비가 돌아왔다』)

처서는 입추와 백로 사이에 들며 양력으로는 8월 하순이다. 가을이라고는 하지만 사실상 한여름에 가까운 무더운 때이다. 봄-제비에서 가을-제비로 변주되었지만, 제비가 어떤 소망이나 바람을 은유하는 것에는 변함이 없어 보인다. 이 작품에서 제비들은 두 발을 얌전히 오그리고 앉아 있다. 다만 그들을 에워싸고 있는 배경은 비가 세차게 내리꽂히는 역동적 상황이다. 움직이지 않는 제비와 움직이는 가을비 사이에 이미지의 강렬한 대비가 있다. 계절의 운행 속에서 거기에 맞춰 생활 리듬을 조율해 온 농경 사회의 습속을 따라 봄맞이가 있는가 하면 여름맞이, 가을맞이가 있기 마련이며 겨울을 두고서는 김장을 담는다거나 땔나무를 장만해야 하는 것이 상례다. 때문에 이 작품 속 제

비가 '두 발'(제비는 손이 없다)을 얌전히 오그리고 앉아 비가 세차게 내리는 '하늘'을 올려다보는 보는 것은 기도를 필요로 하는 인간의 은유가 되며, 가을비–제비–처마–두 발–하늘의 환유적 계열은 '올려다보는' 존재일 수밖에 없는 인간의 조건을 시각화한 것으로 볼 수 있다.

> 높고 드넓은 파미르고원에 올해의 첫눈이 내려
> 오래전 죽은 양들의 목뼈를 가만히 덮는다
>
> —「서설」 전문(『나비가 돌아왔다』)

서설은 첫눈이라서 상서로운 눈이다. 그것을 시인은 파미르고원의 첫눈으로 보았다. 상서로움을 극대화하기 위한 장치인지 실제로 파미르고원에서 겪은 것인지는 그다지 중요하지 않다. 평균 높이 6,100미터 이상의 고원지대인 파미르는 티베트고원과 히말라야, 카라코람, 쿤룬(崑崙), 톈산(天山) 산맥들이 모여 이룬 것으로, 말 그대로 '세계의 지붕'이다. 하늘에서 내리는 첫눈을 땅에서 제일 높은 곳인 파미르고원이 처음으로 맞는 것은 어쩌면 '상서로움의 상서로움'이 된다. 의미의 강화가 일어난다. 그런데 그 눈이 오래전에 죽은 양들의 목뼈를 가만히 덮는다. 그게 목뼈인 이유는 먹을거리가 많지 않아 포식자가 탐하지 않은 때문이다. 자연 다큐멘터리에서 보이는 피식자들의 유골은 대개 허옇게 육탈된 머리뼈나 목뼈들이다. 그토록 상서로운 눈이 짐승들조차 거들떠보지 않는 뼈를 '가만히' 혹은 '포근하게' 덮는다. 여기서 시인의 의도는 관철된다. '서설'은 아무도 돌보지 않는 저 마지막 육탈된 뼈까지 덮으면서 세상의 가장 낮은 곳까지 내려야 한다. 첫눈–목뼈의 은유는 구함-구원됨으로 연결된다. 이 작품에도 내림-덮음의 환유적 연쇄가 있지만, 그것은 '은유 속의 환유'로 미미한 역할을 할 뿐이다.

> 성심여고 후문에서 산천동 깔그막 용산성당 올라가는 길, 누가 뒤에서 "이 군!" 하고 불렀다.
>
> 돌아보니 키 큰 목월 선생이 거기 서 계셨다. "이 군, 시는 그렇게 쓰면 안 된데이." 반가움에 왈칵 달려갔더니 선생은 안 계시고 웬 낯선 청노루 힐빌라.
>
> 전차 종점 가까운 원효로4가, 낡은 제과점 봉투를 든 선생께서 길을 건너고 계셨다. "선생님!" 하고 불렀더니 돌아서시며 "이 군인가? 들어가제이". 거기서 가까운 낡은 2층 목조 적산가옥. 삐걱이는 계단을 올라 다다미방에 앉으며 말씀하셨지. "이 군, 시는 그렇게 쓰면 안 된데이." 지난주 드린 시에 일일이 붉은 밑줄 친 노트를 돌려주며 하시던 말씀.
>
> 오늘도 산천동 그 고갯길 오르며 문득 돌아본다. "이 군!" 하며 부르는 소리 있을 것 같아.
>
> —「목월(木月) 선생」 전문(『나비가 돌아왔다』)

박목월 시인과의 일화가 본격적으로 등장하는 전형적인 서사적 서정시이다. 두 가지 사건이 있다. 하나는 "머언 산 靑雲寺/ 낡은 기와집"으로 시작해 "靑노루/ 맑은 눈에 // 도는/ 구름"[285]으로 끝나는 박목월의 「靑노루」라는 시와 '청노루힐빌라'의 인접성에서 오는 환시 혹은 환상의 사건이고, 다른 하나는 60년대 후반 자신의 학생 시절 박목

285) 민영 · 최원식 · 최두석 편, 『한국현대대표시선』(Ⅲ), 창작과비평사, 1990, 229쪽.

월로부터 가르침을 받았던 실제의 사건이다. 두 사건을 기록한 문장은 은유도 환유도 어느 것도 밀도 있는 수준으로 구사되지 않은 거의 일상적 구문으로 이루어져 있다. 그럼에도 청노루-청노루힐빌라가 박목월을 연상케 하고, 그것으로 인해 50여 년 전 '원효로4가'로 돌아가 그와의 구체적인 교감을 떠올린 것은 시인에게 어떤 도약의 순간이 있었음을 보여준다. 그것은 아무래도 '오늘'도 돌아보게 만드는 그에 대한 '따뜻한' 기억일 터이다. 청노루-청노루힐빌라의 환유적 발상은 다섯 번이나 반복해서 등장하는 "이 군!"이라는 말을 통해 사제 간의 그리움이라는 은유적 표상으로 나아간다. 여기서도 "이 군!"이라는 음(音)은 목월과의 기억에 밀도를 더해주는 율격의 심층적 효과를 주고 있다.

> 아침이면 새소리 구르고 언덕은 다시 부풀어 올랐다
> 그러므로 어제의 밤이 결코 괴롭고 긴 것만은 아니었다
>
> —「그러므로」 전문(『나비가 돌아왔다』)

> 방금 누군가 앉았다 간 의자 하나
> 강변을 향해 허리를 반듯이 펴고 있다
>
> —「의자 2」 전문(『나비가 돌아왔다』)

두 작품은 모두 은유-환유의 연쇄를 갖고 있다. 「그러므로」에서 구르는 새소리와 함께 부풀어 오른 '언덕'은 괴로운 어제의 '밤'에 대비되는 어떤 희망으로 은유된다. 「의자 2」에서 '긴 의자'는 허리를 편 어떤

‘반듯한 사람’으로 은유된다. 마찬가지로 소리와 구름(지저귐), 언덕-부풂은 「그러므로」의 환유적 표현으로, 긴 의자-허리 폄은 「의자 2」의 환유적 표현이 된다. 두 시에서 은유-환유는 공존하고 있다.

지금까지 살핀 대로 첫 시집 『만월』부터 최근 시집 『나비가 돌아왔다』에 수록된 많은 작품들에서 ‘짧은 시-서정시-은유’라는 연결과 ‘긴 시-산문시-환유’라는 연결은 필연적이지도 않고 대립적이지도 않았다. 이들 계열 쌍은 기능적으로 상호 작용하면서 오히려 시적 도약의 순간에 기여했다. 이시영의 시에서 은유-환유는 대칭적이지 않다.

제5장. 비대칭의 시론을 위하여

시는 내적 심상의 외적 표현이다. 시인의 내면에 떠오른 시적 착상이 언어적 실체를 만나 일정한 형식을 부여받은 게 시이다. 그러므로 시에 대칭성을 부여한다거나 시를 통해 대립적 가치를 추구하는 것은 합리적이지 않다. 시인의 내적 심상을 대칭적인 것으로 보기 위해서는 인간의 본성이 자신에 대하여 대립성을 띤다는 납득하기 어려운 전제를 인정해야 하기 때문이다. 그것은 내적 분열 혹은 분열된 내면을 보편화시키는 것이 된다. 그것은 시인의 내면을 분열된 병증적 양상으로 간주하는 것이 된다. 시는 특수한 몇몇 분열자의 병상 일기일 수 없다. 시는 시인의 내면에서 비롯되는 비대칭적 양식이다. 시적 대상과 시인의 내면은 분리되어 상호작용하는 이원적 구조가 아니라 이들이 혼융된 내적 일의성을 띤다. 시는 분열자의 대칭적 고백이 아니라 종합적 개성의 비대칭적 발화라고 할 수 있다.

한국 현대시는 자신의 양식적 허용치를 넘어서는 무게를 짊어져 왔다는 말이 있다. 순수시와 참여시의 대립이나 민중시, 노동시의 대립 등과 같이 시적 범주를 넘어 사회학적이거나 정치경제학적 차원에서 시에 압력을 가한 경우였다. 시인은 '어떤 시'를 짓기 위해 의도할 수 있지만, 그러나 그것은 시가 시인에게 허용하는 정도까지만 그럴 수 있을 뿐이다. 한 시인의 내면에 떠오르는 시적 순간은 의도될 수 없다.

논리적 맥락에서 시의 창작 메커니즘에는 크게 세 가지 가능성이 있을 수 있다. 첫째 전적으로 시인의 의도가 관철된 시, 둘째 시인이 의도한 바와 다르게 귀결된 시, 셋째 시인이 전혀 의도하지 않은 시 등이다. 그러나 이러한 가능성은 뒤섞여 나타나는 경우가 많다. '어떤 시'를 의도하였지만 결과가 의도를 배반하는 경우가 있는가 하면, 의도가 없는 경우에도 '시적 순간'이 찾아 와 기술되는 경우도 많다. 시인의 의도와 시적 순간은 서로 갈마들면서 한 편의 '살아 있는 시'로 나아간다. "돌이켜보면 옳은 시가 있는 것이 아니라 다양한 시가 있을 뿐이며, 살아 있는 시와 그렇지 못한 시가 있을 뿐"이라는 이시영의 말과 같이 좋은 시는 어떤 식으로든 시인의 구도에 반기를 든다는 점에서 우발적 속성을 띤다고 할 수 있다. 시 바깥의 논리로 시를 이해하는 것은 얼마든지 가능한 일이지만, 그렇다고 시를 적는 시인의 내적 운동의 우발적 속성을 부정할 수는 없는 일이다. 그런 점에서 현대시를 이해하는 대립적 관점은 결국 시에 과도한 무게를 지워 왔다고 말할 수 있다.

본서는 시력 50년을 넘긴 이시영의 시세계를 비대칭적 관점에서 종합적이고 입체적으로 파악하고자 하였다. 이시영은 1969년 등단한 이래 현재까지 열다섯 권의 시집과 한 권의 시선집, 두 권의 산문집을 발간했으며, 시집 수록작 기준 총 1,423편의 작품을 발표했다. 본서는 이에 대한 분석을 통해 그가 미시적인 변화나 새로운 요소의 도입에도 불구하고 일관되게 견지한 비대칭의 미적 규준을 가지고 있으며, 그것을 자신의 시에 관철시키고자 노력한 결과를 확인할 수 있다면 비대칭성의 시론적 가능성을 확보할 수 있을 것으로 보았다. 그렇다면 기존 연구자들이 의미론이나 형태론 또는 기법론적으로 대립되는 측면에 주목하여 분석해 온 한계를 넘어설 수 있게 된다. 만일 그의 시세계를 비대칭적 관점으로 이해할 수 있다면 대립적 · 대칭적 시론을 넘어 대긍정의 일원론적 시학을 추구해 볼 수 있을 터이다.

본서는 이를 위해 먼저 철학사에 보이는 일원론적 사유와 이원론적 사유를 개관해 보았다. 스토아주의는 물질-의식의 경계를 무너뜨렸고, 사건(event)의 존재론으로서 비대립적 생성의 사유를 보여주었다. 둔스 스코투스는 그리스도교적 초월론을 내재성으로 이끄는 '제일 선행자'를 제시함으로써 선행자-후행자가 상호 전제되는 일의적 사유의 선구적 시도를 보여 주었다. 스피노자는 "정신과 신체는 동일"하다면서 그것은 "때로는 사유의 속성 아래에서, 때로는 연장의 속성 아래에서 파악된다."고 했다. 그의 심신 평행론은 내재성의 사유를 한 단계 전진시킨 성과라고 할 수 있다.

"모나드는 타자가 출입할 수 있는 창문들을 가지고 있지 않다."는 라이프니츠의 사유도 완벽히 내부적인 것이었다. 오직 내부만 있으므로 나가고-들어오는 운동 자체가 없다. 모나드는 주름진 미세지각의 펼쳐지는 내적 운동을 행한다. 베르그송이 무너뜨린 대칭적 · 대립적 체계 가운데 핵심적인 것은 '무란 없다'는 결론이다. 그는 사유의 습관적 타성을 비판하면서, 결국 있음은 절대적 '있음'이며, '왜 있느냐?'

'얼마나 있느냐?' 하는 질문 자체가 성립되지 않는다고 주장했다. 화이트헤드에게 새로운 창조는 우주 전체에서 생기는 것이지, 우주의 단순한 추상적 요소로부터만 생겨나는 것이 아니었다. 그것은 우주를 증대시키는 창조이다. 그의 유기체 이론에 있어 사건(event)이란 "어떤 연장량에 있어 어떤 결정적인 방식으로 서로 관계 맺고 있는 현실적 계기들의 결합체"이다. 어디까지나 현실적이다. 우주 전체가 하나의 창조적 과정이자 거대한 현실적 사건의 연속이다.

들뢰즈의 비대칭적 사유는 내용과 표현의 대립을 해체했다. 내용은 '형식을 부여받은 질료'이기 때문에 실체와 형식의 두 가지 관점에서 고려된다. 내용의 실체가 있고 내용의 형식이 있다. 표현은 '기능=함수적 구조가 갖는 고유한 형식의 조직화'라는 관점과 여러 합성물이 형성되는 실체라는 관점에서 두 가지 차원을 갖는다. 표현의 실체가 있고 표현의 형식이 있다. 지질학의 지층화 운동과 마찬가지로 생물의 진화도 분자적 단위인 내용의 실체와 돌연변이의 축적이라고 하는 통계학적 형식이 있다. "내용의 분절은 내용 안에서 그것의 상관물인 표현을 구성하기 때문에 그 자체로 이중적이며, 표현의 분절은 표현 안에서 그것의 상관물인 내용을 구성하기 때문에 그 자체로 이중적이다." 내용과 표현은 상호 전제하는 상관항들이었다.

이와 같이 스토아주의자들과 둔스 스코투스, 스피노자, 라이프니츠, 베르그송, 화이트헤드, 들뢰즈 사이에 몇 가지 공유지가 있었다. 물질과 비물질의 대립을 해체하는 사건의 사유가 첫 공유지였다. 또 영혼과 육체의 대립을 해체하는 내재성이라는 공유지가 있었다. 하나와 여럿의 일의성, 능동과 수동의 창조적 지속, 주체와 타자의 유기적 연쇄,

순간과 영원의 회귀라는 다른 공유지도 있었다. 본서는 대칭과 대립을 벗어난 일의적이고 지속적인 창조적 운동을 비대칭성으로 수렴하고, 이를 시론적 가능성 위에 정립해 보고자 했다.

아울러 서구 이원론의 역사에서 플라톤의 이데아론은 시원에 있음을 보았다. 그의 제자인 아리스토텔레스도 이원론자였다. 또 이들의 그리스 · 로마적 이원론을 그리스도교적 일원론으로 추구해 간 아우구스티누스와 보에티우스, 그리고 스콜라철학을 집대성한 토마스 아퀴나스의 종합 결과를 일별해 보았다. 스콜라철학은 신을 제일원인으로 보는 일원론이지만, 세계 바깥에 세계의 원인을 두는 초월적 존재론이다. 또한 근대적 이원론을 정립한 데카르트, 선험적 순수이성의 초월적 체계를 수립한 칸트, 변증법적 절대정신의 이원론을 보여준 헤겔, 물질-의식의 대립과 지배-피지배의 부정적 모순 관계를 극복하고자 한 마르크스와 엥겔스의 저작도 살펴보았다.

또한 본서는 이시영 본인의 시론과 김지하, 임우기, 오철수 등 국내 논자들을 통해서도 비대칭성에 관련된 논의를 살펴보았다.

먼저 이시영은 비대칭적 생성과 도약의 시론을 주장했다. 그는 시란 "창작과정에서 (무)의도적인 생략 내지 (얌전한 독자들을) 혼란에 빠뜨리는 어떤 비약, 작품 바깥으로의 과감한 도약을 감행하려는 시인의 창조적이고 저돌적인 무모성이 작용하기 마련"이라고 강조했다. 이시영은 시심의 내부성과 우발성, 연속성을 바탕으로 질서와 무질서, 생물과 무생물, 주체와 대상, 능동과 수동, 의미와 무의미, 연속과 불연속 등의 대립을 해체하면서 부정성이 제거된 대긍정의 시론을 펼쳤다. 그에게 시란 비대칭적 다양체이다. 시는 '옳음-그름'의 배제적 관계가 아니라 모든 시적 가능성이 긍정되는 무대이다.

김지하의 '흰 그늘'의 시론은 확실히 비대칭적이었다. 그는 대립을 넘어 생성에 이르는 사유를 보여주었다. 그는 "인간의 미적인 인식 감상 주체와 미적 대상인 작품 안에 있는 이중성이라는 그늘을 쌍방향으로 자기초월시켜 크게 심화 확장시킴으로써 흰 빛이라는 이름의 성스러운 제3의 내면성을 생성"시키는 비대칭적 천지공심이 있다고 했다. 대립과 투쟁이 대립되는 대상을 전복시켜 부정적 모순 관계를 질적으로 변화시킬 수는 있지만, 그것은 새로운 대립 관계를 낳음으로써 궁극적으로 대립의 무한 반복을 가능케 하는 사유이다. 그것은 인간 존재의 근원적인 모순(그늘)을 제거할 수는 없는 일이다. 김지하의 '흰 그늘'이 밝음과 어두움의 대립을 무화시킨 개념이듯 그가 추구한 시론적 지평은 대립과 부정성이 제거된 예술적-미적 초월성이라고 할 수 있다.

임우기는 "예술 속에서 진실한 삶을 구하고자 하는 자로서 어찌 삶의 그늘을 모시지 않을 수 있겠는가."라고 말했다. 그는 삶을 살아가는 예술가 내면에 드리워진 주름과 그것의 펼침을 그늘의 운동으로 보았다. 임우기에게 주름이란, 예술가가 가진 주름의 모양이 다르듯 예술 작품 또한 다른 모습으로 펼쳐지는 계기이다. 주름이 무한한 만큼 작품 또한 무한하다. 임우기가 보여주는 비대칭적 사유는 부분적으로 정교하지 못한 데가 없지 않지만, 불립문자(不立文字)나 도가도비상도(道可道非常道)와 같은 동양-한국적 사유와 서양의 일원론적 사유를 통섭하고자 한 점에서 돋보이는 성과로 생각된다.

오철수의 비대칭적 사유는 순간과 영원을 탐색했다. 그는 이시영의 작품들에 대해 "'스스로 그러함'을 드러내는 영원한 순간들의 미학"이라고 하면서 자신의 시론을 전개했다. 그가 말하는 이시영 시의 비대칭 양상은 첫째 고양이 세 마리를 통해 한순간에 우주의 법까지 느끼게 하는 '순간과 영원의 비대칭', 둘째 '자연함의 법'이 드러나는 조건을 충족할 때 형성되는 '분량의 길고 짧음의 비대칭', 셋째 말을 탄 인디언들이 갑자기 뒤를 돌아보는 행동을 통해 깨달은 '영혼과 육체의 비대칭', 넷째 역도선수 장미란과 바벨의 작별을 들어올림의 관계 역전으로 사유한 '인간(유위)과 사물(무위)'의 비대칭, 다섯째 펭귄의 탄생을 이끄는 어미와 새끼의 줄탁동기(啐啄同機)를 인과동시(因果同時)로 사유하는 안과 밖의 비대칭 등 다섯 가지로 나타났다.

본서는 또 이시영 시세계의 비대칭성을 분석하는 방법론으로서 H. 포터 애벗의 서사이론과 김준오, 이승훈의 시론을 따라 서정과 서사의 대립을 부정하고, 아리스토텔레스가 『시학』과 『수사학』에서 전개한 논의를 뿌리로 하되 I. A. 리처즈와 박성창, 김애령 등의 이론을 참고하여 은유와 환유의 대비도 비판적으로 검토해 보았다. 그 결과 서정-서사와 은유-환유를 개념 쌍으로 하는 작품론적 분석에 따라 이시영의 시편들에 보이는 비대칭의 양상은 일곱 가지로 대별해 볼 수 있었다. 첫째 물질과 비물질의 비대칭, 둘째 영혼과 육체의 비대칭, 셋째, 내부와 외부의 비대칭, 넷째 질서와 무질서의 비대칭, 다섯째 내용과 표현의 비대칭, 여섯째 의미와 무의미의 비대칭, 일곱째 순간과 영원의 비대칭 등이 그것이다.

그리고 야콥슨의 논의를 따라 은유-서정시와 환유-산문시라는 구별을 원용하면서 그가 말한 두 개념 쌍이 단순히 대립되지 않고 다양한 변주 속에서 공존한다는 사실을 알아 보았다. 그것은 유사성 장애로 인해 나타나는 인접성에 의한 환유가 다양한 만큼 인접성 장애로 인해 드러나는 유사성에 의한 은유가 다양하다는 사실을 확인하는 과정이었다. 또한 "유사성은 발견될 뿐 아니라 만들어진다."는 김애령의 언급과 같이 이시영이 은유-환유의 변주 속에서 창출해낸 시적 진실을 찾아가는 과정이기도 했다. 결과적으로 본서가 검토한바 첫 시집『만월』부터 최근 시집『나비가 돌아왔다』에 수록된 많은 작품들에서 '짧은 시-서정시-은유'라는 연결과 '긴 시-산문시-환유'라는 연결은 필연적이지도 않고 대립적이지도 않았다. 이들 계열 쌍은 기능적으로 상호 작용하면서 오히려 시적 도약의 순간에 기여했다. 이시영의 시에서 은유-환유는 대칭적이지 않았다.

시는 한 시인의 내면에 떠오른 심상의 언어적 표현이다. 내적 심상의 인식론적 원인이 대자적 외부에 있든 즉자적 내부에 있든 그것은 시의 직접적 원인이라고 할 수 없다. 내적 심상은 단일한 직접적 원인에 의해 떠오른 것이 아니라 시인의 경험에 의해 축적된 '어떤 것'이며, 그것이 특정한 시편으로 언어화되는 출발점은 필연적이기보다 우발적이기 때문이다. 비록 시의 언어적 조직화에 양식적 제약과 시적 전통의 압력이 있지만, 시인의 내적 착상에서 시의 언어적 출발점에 이르는 직선에는 수많은 변수들이 계류한다. 그런 점에서 시는 대자적이지 않고 즉자적이다. 시는 '쓰는' 것이라기보다 '받아 적는' 것에 가깝다. 이러한 시의 성격으로 인해 비대칭성의 시론적 가능성이 생긴다.

제Ⅱ부

현대시의 상징성

제1장. 김남주 시의 상징체계와 발화 위치

1. 바둑과 우발성

"바둑은 단 한 알로도 공시적으로 하나의 성좌 전체를 무효로 만들 수 있는 반면 장기의 말은 그렇게 할 수 없다."[286]는 진술은 발화 위치에 대한 반플라톤주의적 발상에 근거하고 있다. 바둑판에 착점되는 바둑돌 자체를 강제하는 규칙은 전혀 없다. 대국자가 서로 한 점씩 번갈아 둔다는 규정밖에는 없다. 어느 위치에 놓이든 돌은 모든 방향으로 의미의 계열을 이어간다. 원칙적으로 무한한 착점 위치와 무한한 의미 계열이 가능하다는 점에서 바둑은 주사위 놀이에 버금가는 게임이다. 바둑돌의 위치는 우발적이며, 위치 이동에 따라 모든 의미는 배치되고 재배치된다.

위치는 그 자체로 의미론의 돌과 같다. 위치에 의해 바둑돌은 의미 계열의 중심 역할을 하게 되며, 사건의 초점으로 기능하게 된다. 시인

286) 질 들뢰즈 · 펠릭스 가타리, 『천 개의 고원』, 674쪽.

의 발화 위치도 작품의 의미 형성에 일정한 영향을 끼친다. 시가 비록 다양한 해석 가능성에 의해 창작자인 시인의 지배력에 대해 일정한 자율성을 갖는다고 할지라도 시인의 발화 위치는 일정한 상징적 의의를 갖게 되고 개별 작품의 의미와 작품 세계 전반의 의미 맥락을 형성하는 데 커다란 영향을 발휘한다. 그런 점에서 한 시인의 시 세계를 분석하는 데 있어 상징체계의 관점에서 발화 위치를 추적해 보는 것은 시인이 추구한 시적 의미를 유기적으로 파악하는 유용한 길이 될 수 있다.

"어어, 나는 시인이라기보다, 무슨 글쟁이라기보다 전사여, 전사!"[287]라는 김남주 시인의 발언은 그의 시적 지향을 파악하는 데 중요한 시사점을 제공한다. 주지하다시피 김남주 시인의 발화 위치 가운데 감옥은 그 기간과 강도의 측면[288]에서 유례를 찾기 어려운 일이며, 그런 만큼 투옥을 불사하는 전사 의식은 그의 시 세계를 파악하는 데 있어 중요하기 때문이다. 시인은 가둘 수 있지만, 시 정신은 가둘 수 없다며 옥중의 김남주를 영웅이자 전사로 절대시하는 근거는 바로 감옥이었다.

그러나 많은 논자들은 김남주의 시 세계를 전사의 그것으로 제한하는 해석 경향을 극복하고자 노력해 왔다. 가령 강재순은 1970년대 김

---

287) 1982년 이른바 오송회 사건에 연루된 이광웅 시인은 광주와 전주교도소에서 복역했으며, 그때 김남주 시인을 만난 바 있다. 이광웅, 「내가 아는 김남주 시인」, 『나의 칼 나의 피』, 도서출판 인동, 1987, 182쪽.

288) 김남주(金南柱, 1946-1994)는 1972년 반유신 운동의 지하신문 『함성』을 전남대, 조선대 등에 배포하였고, 이듬해 『고발』이라는 지하신문을 제작하였으나 발각되어 1974년까지 수감되었다. 또 1979년 남민전(남조선민족해방전선준비위원회) 사건으로 15년 형을 선고받고 1988년까지 감옥에 있었다.

남주와 신대철의 위치를 이념적인 두 극점으로 상정하여 각각 '불'의 이미지(김남주)와 '물'의 이미지(신대철)로 대별한 바 있다. 상승하는 불의 이미지와 흘러가는 물의 이미지를 통해 두 시인은 수직적 세계와 수평적 세계를 구축하였지만, 모두 상처받은 '기억'에 근거했다는 공통점을 갖는다고 주장했다.

> 김남주의 '불'은 프로메테우스로 상징되는 영웅적 상상력과 결부되며 신대철의 '물'은 요나를 상징하는 산을 배경으로 흐르는 양수와 관련을 맺고 있다. 결국, 두 시인의 시 세계를 규정하는 것은 의식의 '기억 전체의 모형'이라 할 수 있다.[289]

강재순은 김남주와 신대철을 대별하면서도 그들이 상처라는 공통의 기반 위에 섰음을 주장함으로써 결과적으로 '전사 김남주'를 '시인 김남주'로 보편화시키려 했다. 또 이들의 공간구조를 '수직적 상승'과 '수평적 확산'으로 분할하면서, 김남주의 공간은 "가장 낮은 공간으로부터 가장 높은 공간으로서의 도약"을 꿈꾸는 것이라 상정했다.[290] 김남주 시의 상징체계는 "하늘을 향해 수직적으로 뻗어 있는 차원"의 보편성을 띤다는 주장이다.

또한 "1980년대 민중 의식을 대변한 시인들로 여겨지는 김남주, 박노해 그리고 백무산을 중심으로 그들의 시편에 내재된 서정성을 탐구하고자" 한 홍순창은 '김남주 현상'의 발생과 확산에 대하여 "그의 시

---

289) 강재순, 『김남주 · 신대철 시의 상상구조 연구 : 이미지 변용양상을 중심으로』, 명지대학교 대학원 박사학위논문, 2014, 19쪽.
290) 강재순, 앞의 글, 37쪽.

편에 본질적으로 민중적인 감수성이 내재되어 있었기 때문"[291]이라고 분석했다. 김남주 시의 표면에 드러난 격렬한 언어와 비타협적인 투쟁성의 바탕에 민중적 감수성이라는 보편적 정서가 깔려 있으며, 그것은 다른 모든 시인과 마찬가지로 서정성의 개별화에 해당한다는 주장이다.

염무웅은, 남민전(남조선민족해방전선) 사건[292]으로 투옥되기 전 등단 무렵의 김남주에 대해 "당자의 인상은 그의 시의 펄펄 뛰는 생동감과 자못 거리가 있었다."면서 "그의 시는 김수영 · 조태일 · 김지하 같은 앞 세대 시인들의 선행 업적을 충분히 숙독한 흔적 즉 날카로운 현대성을 지니고 있었으나, 그의 사람됨은 도무지 때가 벗지 않은 투박함 그것이었다."고 말했다.[293] 또 "단지 선량하고 천진한 촌놈일 뿐만 아니라 비판 정신에 가득 찬 독서가이며 또한 우리말의 가락에 민감한 시인이자 현실의 암흑에 온몸으로 맞서고자 하는 불퇴전의 실천가라는 점"[294]을 언급하면서 김남주의 시를 구호나 투쟁문과 구별되는 시 양식의 일반적 틀 내에 두어야 함을 강조했다.

한편 유성호는 "소설은 자본주의 유통 원리와 친화적으로 부합되어 있었던 데 비해, 시는 그와 반비례하여 멀어져 있는 어떤 특성을 가지고 있었다."면서 시는 "자본주의에 감염되지 않는 어떤 항체를 부여하

---

291) 홍순창, 『1980년대 민중시의 서정성 연구』, 단국대학교 대학원 박사학위논문, 2012, 3쪽.

292) '남민전'은 반유신과 민주화, 민족해방을 목표로 1976년 2월 이재문, 신향식, 김병권 등이 결성한 비밀단체이다. 1979년 10월 4일 공안기관에 의해 적발되어 이재문, 이문희, 차성환, 이수일, 김남주 등이 체포되었고, 그해 11월까지 84명의 조직원이 체포되었다.

293) 염무웅, 「투쟁과 삶의 나날 – 김남주의 시에 관한 세 개의 글」, 『혼돈의 시대에 구상하는 문학의 논리』, 창작과비평사, 1995, 107쪽.

294) 염무웅, 앞의 글, 107~108쪽.

는 언어 양식이었다고 할 수 있다."고 언급했다.[295] 이와 같이 김남주의 시에서 사회역사적 맥락을 소거할 수 없는 것처럼, 오직 그것만을 취택하는 것 또한 형해화시키는 길이 될 터이다. 그런 점에서 "'시'라는 배타적이고 자율적인 장르 규정이 그 유효성을 지속해 간다면, 그 존재를 이루는 근거는 인간에 대한 끝없는 질문이라고 믿는다."[296]는 언급은 가석방 이후 가장(家長)이 된 김남주의 후기 시 세계를 이해하는 데 적극적으로 고려되어야 할 점이다.

> 우리는 주체의 자기표현뿐만 아니라, 대상의 진실성이나 아이러니 미학에 충실한 경향 역시 서정의 확장된 영역 안으로 끌어들일 필요가 있고, 당연히 최근에 씌어진 다양한 시편들까지 설명할 수 있는 원리를 재탐색해야 한다고 믿는다.[297]

유성호는 또 김남주의 시를 '위대한 민족시인의 한 사람'[298]으로 자리매김하는 경우가 대부분이라면서 (1)등단부터 투옥까지의 '초기시' (2)투옥부터 가석방 전까지의 '옥중시' (3)가석방 후 작고할 때까지의 '후기시' 등으로 구분하는 등 '계몽적 열정'을 기반으로 한 '노래로서의 서정시'로 파악한 바 있다. 이에 대해 홍순창은 "김남주의 시 세계를 저항 시인의 면모로만 귀납하던 당시 문단 상황에서 그의 시 세계를 서정성에 주목한 거의 최초의 논의라는 시사적 의의를 지니고 있다."

295) 유성호, 『서정의 건축술』, 창비, 2019(초판 1쇄), 17~18쪽.
296) 유성호, 앞의 책, 28쪽.
297) 유성호, 앞의 책, 32~33쪽.
298) 유성호, 「김남주론 : 노래로서의 서정시 그리고 계몽적 열정」, 『한국 현대시의 형상과 논리』, 국학자료원, 1997, 331쪽.

고 평가했다.[299]

이밖에도 신성원은 "가장 철저하게 직선적이며 남성적 어조로 노래했다."면서 "80년대의 중심에 김남주가 있다."고 주장했다. 그러면서도 '철갑 같은 시'의 내부에 "철저한 생태적 의식과 모성이 깔려 있음"[300]을 파악할 수 있다며 김남주를 보편적인 시적 지평 위에 세우려고 노력하였다.

이와 같이 김남주의 시 세계에 대한 기왕의 논의 가운데 상당수는 '특정한 정치적 맥락'으로 제한하려는 경향을 극복하고자 노력해 왔다. 장기간의 투옥이 그의 시를 생활 세계로부터 격리시켜 독재에 항거하는 투철한 전사적 태도를 강화한 것은 사실이지만, 이것 때문에 '투옥 전-석방 후' 그가 보여준 폭넓은 시 세계를 오직 '전사의 시'로 압축할 수는 없을 터이다. 김남주는 "희생물로 바칠 수는 없지만 죽여도 되는 생명"이 아니다.[301] 그는 분명히 한국 민주화 운동의 제대 위에 봉헌된 희생물이었으며, 결코 죽일 수 없는 서정의 세계를 구축한 시인이다.

김남주의 시 세계는 등단으로부터 남민전 사건으로 투옥되기 전까지 '초기 시'(1974~1979년), 투옥 이후부터 가석방 출소 때까지의 '중기 시'(1979~988년), 출소 후 사망 때까지의 '후기 시'(1988~1994년)로 구분할 수 있다. 이러한 시기 구분은 각각 들녘, 감옥, 도시라는 공간적 위치에 상응한다.

초기 시는 동시대의 시인들과 공유지를 함께 하며 억압적인 사회 분

299) 홍순창, 앞의 글, 11쪽.
300) 신성원, 『김남주 시의 생태적 모성 연구』, 공주대학교 교육대학원 석사학위논문, 2011, 2쪽.
301) 조르조 아감벤, 『호모 사케르 - 주권 권력과 벌거벗은 생명』, 새물결, 2008, 175쪽.

위기와 가난에 저항한 상징으로서 들녘의 시편이라고 할 수 있으며, 그런 점에서 이 시기는 계몽주의적 열망과 사회학적 저항의 표현을 특징으로 한다. 중기 시는 광주민주화운동과 당시 학살된 시민의 편에서 감옥에 간힌 김남주가 학살의 원흉이나 배후에 대해 강렬하게 고발한 상징으로서 정치학적 투쟁의 시편이라고 할 수 있다. 이는 마르크스주의의 과학적 공산주의가 말하는 적대적 모순에 대한 통렬한 언어적 투쟁의 세계로 볼 수 있다. 후기 시는 민주화와 함께 석방된 뒤 가정과 도시에서 마주한 인간 존재에 대한 상징으로서 생물학적 고뇌의 시편이라고 할 수 있다. 이는 보편 → 특수 → 보편의 변증법적 순환이거나 저항 → 투쟁 → 성찰의 사상적 심화로써 그의 시 세계 전반을 윤택하게 만들어 주었다.

본서에서는 김남주의 등단, 투옥, 가석방이라는 세 가지 변곡점을 각각 '들녘' '감옥' '도시'라는 발화 위치로 대응해 보고자 한다. 김남주 시의 발화 위치에 주목하는 것은 그를 종합적 시인으로 정립하고자 하는 의도를 내포한다. 또한 그간의 연구와 연구사가 배치해 놓은 김남주를 발화 위치라는 맥락에서 재배치한다는 것을 의미한다. 그는 전사이기도 했지만, 아들이기도 했고 남편이기도 했으며 아버지이기도 했다. 또한 누군가의 후배이자 동배이자 선배였다. 시인 김남주가 살다 간 다양한 국면을 사회학적 위치, 정치학적 위치, 생물학적 위치라는 관점에서 해석할 수 있다면, 그것은 그의 시를 입체적으로 이해하는 데 일정한 도움을 줄 것으로 생각된다.

2. 들녘의 상징과 사회학적 위치

등단부터 투옥까지 5년여 기간 발표된 작품은 김남주의 초기 시를 이룬다.[302] 이 시기 그의 작품 세계를 '들녘'이라는 위치로 지칭하는 것은 무엇보다 그 자신이 "내 시는 근본적으로 이들 농민들에게 바쳐진다. 농민들의 자식이고 동무인 노동자들에게도 바쳐진다."[303]라고 밝혔기 때문이다. 들녘은, 급속한 산업화로 인해 제반 사회 모순이 심화되던 1970년대 상황을 상징한다. 경제적 불평등의 심화, 임금노동자의 증가와 농촌 공동체의 해체, 전통적 가부장 질서의 몰락과 핵가족화 등이 진행된 당시 사회 경제적 조건에 대한 시적 응전으로써 김남주의 들녘이 있다.

첫 시집 『鎭魂歌』(1984)와 두 번째 시집 『나의 칼 나의 피』(1987)의 많은 시편들이 농촌과 농부, 고향의 이미지를 다루고 있는 것은 김남주의 공간적 지평이 동시대의 많은 시인들과 같은 들녘임을 확인하게 한다.[304] 또 「편지 · 1」(『창작과비평』, 1978년 봄호)에서는 "허기진 들판 숨가쁜 골짜기 어머니/ 시름의 바다 건너 선창가 정거장에는/ 다시는 오지 마세요 어머니"라며 생활 조건이 붕괴된 가난한 농촌이라도 기어이

302) 첫 시집 『鎭魂歌』(1984)와 두 번째 시집 『나의 칼 나의 피』(1987) 등 초기 시의 주요 작품이 작품집으로 발간된 것은 그가 감옥에 갇혀 있을 때이다. 그러나 계간 문예지 『창작과 비평』 편집에 참여하면서 등단 초기 김남주를 만났던 염무웅은 『鎭魂歌』의 전체 작품과 『나의 칼 나의 피』 제4부에 재수록된 12편 등 모두 23편을 초기시로 보았으며, 『나의 칼 나의 피』 제1부, 제2부, 제3부에 수록된 72편은 옥중시로 보았다. 염무웅, 앞의 글, 108쪽.

303) 김남주, 「後記」, 『사랑의 무기』, 창작과비평사, 1989, 222쪽.

304) 농촌과 농부, 고향의 이미지를 다룬 시편들은 『鎭魂歌』에는 「아우를 위하여」 「秋穀」 「우습지 않으냐」 「잿더미」 「노래」 등이, 『나의 칼 나의 피』에는 「농민」 「농부의 일」 「농부의 밤」 「고향 · 1」 「고향 · 2」 「고향 · 3」 등이 실려 있으며, 양과 질의 측면에서 김남주 초기 시 세계에서 매우 커다란 비중을 차지하고 있다.

고향을 떠나지 말아야 한다고 간절히 호소한 것을 보아도 그의 초기 시는 들녘이라는 위치에 기반해 있음을 알 수 있다.

염무웅은 김남주의 초기 시들은 "크게 두 부분으로 구분될 수 있다."면서 "유신 직후 유신체제를 비판하는 유인물을 만든 혐의로 체포되어 혹독한 수사를 받은 끝에 10여 개월 옥고를 치른 경험"과 연관된 작품들이 그 하나이고, 「아우를 위하여」「秋穀」 등 "도시에서의 학업을 팽개치고 농부들과 함께 일도 하고 시도 쓸 작정으로 고향에 내려가 생활한 경험"을 다룬 작품이 또 다른 하나라고 분석한 바 있다.[305] 이와 같은 분석은 김남주의 초기 시를 시간적 맥락에서 유형적으로 분류하는 데에는 일정한 의미가 있겠으나, 들녘이라는 위치 위에서 두 경험은 이질적이라기보다 동질적 성격을 더 많이 가지고 있다. 10월 유신을 독재의 심화로 보고, 그러한 독재가 농민(노동자)의 삶을 파탄으로 내몰고 있다는 인식은 공통적이기 때문이다.

꽃이다 피다
피다 꽃이다
꽃이 보이지 않는다
피가 보이지 않는다
꽃은 어디에 있는가
피는 어디에 있는가
꽃 속에 피가 잠자는가
핏속에 꽃이 잠자는가

305) 염무웅, 앞의 글, 108~109쪽.

꽃이다 영혼이다
피다 육신이다
영혼이 보이지 않는다
육신이 보이지 않는다
꽃의 영혼은 어디에 있는가
피의 육신은 어디에 있는가
꽃속에 영혼이 깃드는가
핏속에 육신이 흐르는가
핏속에 육신이 흐르는가
영혼이 꽃을 키우는가
육신이 피를 흘리는가
꽃이여 영혼이여
피여 육신이여

—「잿더미」 부분

김남주 초기 시의 기법적 특징을 보여주는 이 작품은 박정희 정부의 '10월 유신'에 대한 분노의 표현이자 격렬한 저항 정신을 담고 있다. '밟아줘야 더 팔팔하게 솟아나는 보리'의 이미지는 연이은 행에서 '박토에 근거하는 잡초' '바위를 뚫고 번식하는 찔레꽃' '암실에서 생명을 키우는 곰팡이' '땅속에서 뱀과 함께 죽창을 깎고 있는 죽순' 등으로 이어지면서 낮고 보잘것없는 것들의 강인한 생명력을 통해 유신체제에 저항하는 민중을 상징하고 있다.

그런데 여기서 민중은 "풀이 눕는다/ 비를 몰아오는 동풍에 나부

껴/ 풀은 눕고/ 드디어 울었다"로 시작하는 김수영의 「풀」 이미지보다 더 직접적이고 강한 저항성을 내포하고 있다. '꽃'과 '피'의 이미지를 변주하면서 '풀'보다 구체적이고 명시적으로 '겨울'과 '동토'를 부정하고 있다. 한편 "바람보다 늦게 누워도/ 바람보다 먼저 일어나고/ 바람보다 늦게 울어도/ 바람보다 먼저 웃는다"는 반복과 역설은 「잿더미」에서 보이는 전반적인 시적 경영에 견주어 김남주가 한 세대 앞선 시인 김수영의 영향을 강하게 받은 것으로 보이게 한다.

이 작품에서 화자는 '들녘'에 서 있다. 유신체제의 서슬 퍼런 혹독한 추위 속에서도 '꽃'을 갈구하며 봄을 맞이하기 위한 '피의 노력'을 다하고 있다. 「잿더미」에서 화자가 마주한 시간은 겨울이지만, 공간은 들녘이다. 들녘은 먼저 깨어난 선각자의 땅이다. 그는 민중 혹은 군중 속에 묻혀 그들과 같은 통념적 세계에 기거하는 사람이 아니라 광야에 서서 누구보다 앞서서 폭풍을 맞는 선각자이다. 들녘의 시인은 계몽주의자이면서 사회학적 저항의 표상이다. 그는 "뱀과 함께 하늘을 찌르려고/ 죽창을 깎고 있"는 사람이다. 김남주의 초기 시세계는 그가 허허벌판 들녘에 서서 피폐한 농촌을 안타까워하며 그것의 원인으로 상정되는 유신 독재에 강렬하게 저항한 시인이었다는 것을 보여준다.

「잿더미」는 8연 102행의 긴 흐름 속에서도 (1)'꽃이다 피다/ 피다 꽃이다'와 같은 시어와 시행의 도치와 반복, (2)'~이다' 또는 '~한다'와 같은 단정적 서술부 구성, (3)'~는가'라는 의문형과 '~이여' 식의 영탄법 등을 다채롭게 구사하면서 시적 긴장을 유지하며 박진감 넘치게 전개되고 있다. 1연 1~2행의 "꽃이다 피다/ 피다 꽃이다"에 이어 2연 1~2행은 "꽃이다 영혼이다/ 피다 육신이다"하며 도치와 대구, 반복

등을 통해 긴장감과 박진감을 한껏 끌어올리고 있다(A). 후속 연결 행으로 1연에서는 "꽃이 보이지 않는다/ 피가 보이지 않는다"로, 2연에서는 "영혼이 보이지 않는다/ 육신이 보이지 않는다"로 잇고 있다. 그러니까 각 행은 행대로 다양한 수사를 구사하고 있고, 그것들의 집합체인 각 연에서도 중층적 연쇄법이 적용되고 있음을 확인할 수 있다(B).

A. **꽃이다 피다**
피다 꽃이다

A. **꽃이다 영혼이다**
피다 육신이다

B. **꽃이** 보이지 않는다
피가 보이지 않는다

B. **영혼이** 보이지 않는다
육신이 보이지 않는다

C. 피는 어디에 **있는가**
꽃 속에 피가 **잠자는가**
핏속에 꽃이 **잠자는가**
—「잿더미」 1연

C. 꽃의 영혼은 어디에 **있는가**
피의 육신은 어디에 **있는가**
꽃 속에 영혼이 **깃드는가**
핏속에 육신이 **흐르는가**
핏속에 육신이 **흐르는가**
영혼이 꽃을 **키우는가**
육신이 피를 **흘리는가**
꽃이여 영혼이여
피여 육신이여
—「잿더미」 2연

그다음 이어지는 행들은 '~는가'라는 의문형 서술어를 집중적으로 구사함으로써 상실과 실종의 박탈감을 강화시키고 있다(C). 각 시행에 적용된 화려한 수사도 그렇지만, 간결한 문체로 빈틈없이 짜인 심상 전개가 돋보이는 작품이다. 「잿더미」는 '겨울'과 '동토'로 상징되는 유신체제에 대한 직설적 부정이 아니라 비유와 수사를 통한 상징적 언어로 거부함으로써 선동적 선언을 넘어서는 정서적 반응까지 얻었다고 할 수 있다.

> 1974년 1월을 죽음이라 부르자
> 오후의 거리, 방송을 듣고 사라지던
> 네 눈 속의 빛을 죽음이라 부르자
> 좁고 추운 네 가슴에 얼어붙은 피가 터져
> 따스하게 이제 막 흐르기 시작하던 그 시간
> 다시 쳐 온 눈보라를 죽음이라 부르자
>
> — 김지하, 「1974년 1월」 부분

위에서 보듯 '얼어붙은 피' '다시 쳐 온 눈보라' 등의 이미지로 1974년 긴급조치 1호와 2호가 내려진 엄혹한 시대 상황을 비유한 동시대 시인 김지하의 발상과 「잿더미」의 시적 모티브는 닮아 있다. '죽음이라 부르자'는 서술어를 반복적으로 사용해 의미를 강화하는 기법은 물론 '겨울'이나 '동토'의 상대어로써 '봄'과 '꽃'을 제시한 것은 김남주와 김지하는 일치한다. 그러나 김지하의 「1974년 1월」은 「잿더미」보다 더 직접적인 언어인 '죽음'과 '배신'을 사용한 점에서 더욱 날카롭기는 하되 정서적 공간은 상대적으로 좁은 것으로 여겨진다.

양성우가 「겨울공화국」(1975)에서 "총과 칼로 사납게 윽박지르고/ 논과 밭에 자라나는 우리들의 뜻을/ 군화발로 지근지근 짓밟아 대고/ 밟아 대며 조상들을 비웃어 대는/ 지금은 겨울인가/ 한밤중인가"라며 탄식한 것을 포함해 조태일의 「국토 서시(國土序詩)」(1975), 문병란의 「직녀에게」(1976), 고은의 「화살」(1978) 등에 이르기까지 1970년대 한국 시단의 저항시는 그 주제의식은 물론 반복과 역설이라는 기법 측면에서 유사성과 상동성[306]이 농후하다고 여겨진다. 김남주의 초기 시는 동시대의 다른 시인들과 공유지를 함께 하면서 계몽주의적 열망과 사회학적 저항을 표현해낸 세계로 볼 수 있다.

쓰고 있다
지금 나는 쓰고 있다
세 겹으로 네 겹으로 갇혀 쓰고 있다
내 탓이다라고
서투른 광대의 설익은
장난 탓이다라고
어설픈 나의 양심 탓이다라고
미지근한 나의 싸움 탓이다라고
나는 지금 쓰고 있다
움푹 패인 주먹밥 위에
주먹밥에 떨어진 눈물 위에
눈물 같은 국물 위에

306) "(발생론적 구조주의는) 전체적이고도 일관성 있는 우주를 표현하는 문학 작품의 구조와 집합 의식의 구조 사이의 인지 가능한 관계, 곧 상동성을 찾으려 한다." 뤼시앙 골드만, 「사회학의 인식론」, 『문학 사회학 방법론』(박영신 · 오세철 · 임철규 옮김), 현상과인식, 1984, 101쪽.

환기통 위에 빵키통 위에
시멘트 바닥에 허공에 천정에
벽 위에 식구통 위에
감시통 위에 침 발라
손가락으로 발가락으로 혓바닥으로
마르도록 벗겨지도록
피나도록 쓰고 있다

—「鎭魂歌」 부분

'총구' 앞에서 굴신하는 양심을 '허공에 늘어진 똥개의 혀'로 비유하며 거기에 진혼가를 부르는 김남주의 또 다른 등단 작품이다. '쓰고 있다'와 '탓이다라고'의 반복을 통해 '진혼가'다운 가락과 리듬의 강화를 이끌어가면서 '주먹밥, 주먹밥에 떨어진 눈물, 눈물 같은 국물'과 같이 연쇄법을 이용해 의미의 심화를 확보한 기교적인 시라고 할 수 있다. 또한 환기통, 빵키통, 식구통, 감시통처럼 감옥을 직접적으로 표상하는 구체적인 명사를 반복적으로 구사하여 비장미와 입체감을 부가하고 있다.

김지하의 「타는 목마름으로」와 「鎭魂歌」의 기법적 유사성은 쉽게 발견할 수 있지만, 두 작품이 보여주는 유신체제에 대한 저항 의식은 물론 자유와 민주에 대한 도저한 열망과 강렬함은 시대적 보편성까지 느낄 수 있다. 김남주 초기 시의 발상과 어법은 선배 시인들인 김수영, 신동엽, 고은, 신경림 등은 물론 김지하, 조태일, 양성우, 김준태, 이시영 등 동년배 시인들과의 친연성도 보여주고 있다.

3. 감옥의 상징과 정치학적 위치

김남주의 중기 시[307]는 옥중에서 쓴 작품이다. 남민전 사건으로 투옥된 1979년부터 1988년 가석방으로 출소할 때까지의 기간이다. 이 시기는 그의 작품 활동 가운데 양적으로나 질적으로 가장 넓고 긴 영역을 차지한다. 그의 중기 시는 광주민주화운동과 당시 학살된 시민의 편에서 학살의 원흉이나 배후에 대한 강렬한 상징적 고발과 정치적 투쟁을 결행했다.

광주민주화운동은 확실히 독재에 항거는 저항과 투쟁의 보편성을 보여준 것이며, 김남주는 그것의 시적 표현으로서 견결한 고발과 투쟁의 언어를 보여주었다. 비록 옥중에 있었지만 김남주에게 광주민주화운동은 대단히 큰 영향을 주었다. 그의 시풍은 이전과는 확연히 다른 모습을 드러낸다. 앞선 시대의 비유와 수사가 사라지다시피 하고, 시어 또한 훨씬 더 직설적이고 날카롭게 변화된다. 주제의식의 측면에서도 과학적 공산주의의 적대적 모순론에 입각한 동일성과 대자성의 대립적 세계관이 전면에 부각된다.

그런 점에서 이 시기는 그의 시 세계에 있어 하나의 분수령을 이룬다. 고은과 신경림, 박노해와 백무산 등이 감옥 밖에 있었다면 김남주는 감옥 안에서 누구보다도 강렬하게 독재와 학살에 대항하고 투쟁

307) 장기간의 투옥으로 창작 시기와 발표 시기가 상거한 김남주의 경우 작품의 시기 구분에 많은 애로가 따른다. 앞서 살핀 대로 『나의 칼 나의 피』 제1부, 제2부, 제3부에 수록된 72편과 『조국은 하나다』(1988)에 수록된 202편, 『솔직히 말하자』(1989)에 수록된 일부 작품을 옥중에서 창작된 김남주의 중기 시로 볼 수 있다. "김남주는 모두 510편의 시를 남겼는데 그중 360여 편이 옥중에서 씌어진 것이다." 염무웅 · 임홍배 편, 「책머리에」, 『김남주 문학의 세계』, 창비, 2014, 5쪽.

했다. 이들은 공간적 위치에서는 달랐지만, 싸움에 있어서는 하나의 대오를 형성하고 있었다. 이-푸 투안이 전개한 공간(자유)과 장소(정지) 개념을 원용하자면, 김남주는 감옥이라는 '부자유의 공간'에 '갇힘'으로써 오히려 '자유'롭게 저항의 언어를 구사하는 역설을 보여준 셈이다.[308] 이는 저항의 강도 측면에서 '자유의 공간'에 놓여 있었던 많은 이들이 외려 부자유스러웠음을 보여준다고 할 것이다.

김남주의 과격하고 직설적인 투쟁의 언어는 감옥 안팎의 시 정신을 이끌었다고 할 수도 있다. 그에게 감옥은 중대한 시적 변곡점이었고, 투쟁의 보편성 위에 선 것이었다.

> 학살의 원흉이 지금
> 옥좌에 앉아 있다
> 학살에 치를 떨며 들고 일어선 시민들은 지금
> 죽어 잿더미로 쌓여 있거나
> 감옥에서 피를 흘리고 있다
> 그리고 바다 건너 저편 아메리카에서는
> 학살의 원격조종자들이 회심의 미소를 짓고 있다
>
> – 중략 –
>
> 보아다오 보아다오 보아다오
> 살해된 처녀의 머리카락 그 하나하나는

308) 이-푸 투안은 "공간과 장소는 우리가 살아가는 세계를 구성하는 기본적인 요소"라면서 '공간'을 '자유'(움직이는 곳)에 '장소'를 '안정'(정지하는 곳)에 등치시켰다. 이-푸 투안, 『공간과 장소』(윤영호, 김미선 옮김), 사이, 2021, 13~17쪽.

밧줄이 되어 너희들의 목을 감을 것이며
학살된 아이들의 눈동자
그 하나하나는 총알이 되고
너희들이 저질러 놓은 범죄
그 하나하나에서는 탄환이 튀어나와
언젠가 어느 날엔가는
너희들의 심장에 닿을 것이다

—「학살 · 3」 부분

'학살의 원흉'을 언명하는 직접성과 저돌성은 물론이고 작품의 분량 면에서도 「학살」 연작 4편 가운데 가장 주목되는 작품이다. 1연은 이 시의 전제가 되는 몇 가지 조건을 강한 어조로 언명하고 있다. (1)이것은 학살이다 (2)학살의 원흉이 옥좌에 앉아 있다 (3)학살에 저항한 시민들은 죽거나 감옥에 있다 (4)학살의 원격조종자들이 아메리카에 있다. 1연은 초기 시의 기법적 특성과 같이 단문의 간결한 시행 '~은 ~하고 있다'를 반복하면서 속도감과 힘을 불어넣고 있다.

이 시를 특별하게 만들면서도 중량감을 느끼게 하는 것은 무엇보다 도입부 첫 두 행이다. 이 작품이 수록된 『5월광주항쟁시선집-누가 그대 큰 이름 지우랴』와 두 번째 시집 『나의 칼 나의 피』가 모두 1987년에 간행되었다는 점에서 이는 그가 아직 감옥에 있을 때 창작된 시로 추정할 수 있다. 그렇다면 김남주는 국가권력에 완전히 노출된 감옥 안에서 살아있는 권력자에 대해 '학살의 원흉이 옥좌에 앉아 있다.'고 직격탄을 쏜 셈이다. 확실히 이 시기의 김남주는 계몽주의자의 '들녘'

이 아니라 독재자의 '감옥'에 갇힌 견결한 전사였다.

위에 인용한 첫 단락은 「학살 · 3」의 1연이고, 다음 단락은 마지막 8연이다. 1연보다는 8연에 좀 더 수사적인 잔상이 남아 있다. 그러나 "언젠가 어느 날엔가는/ 너희들의 심장에 닿을 것이다"라며 결연한 의지의 표현으로 마감하는 이 시는 앞선 초기 시의 기교적이기까지 한 어법과 완연히 다른 직설적 시어를 보여주고 있다. 김남주에게 감옥이라는 위치는 육신의 감금에도 불구하고, 고발과 투쟁 정신만큼은 어느 때보다 강렬했음을 보여주는 기반이다.

> 오월 어느 날이었다
> 1980년 오월 어느 날이었다
> 광주 1980년 오월 어느 날 밤이었다
>
> 밤 12시
> 도시는 벌집처럼 쑤셔놓은 심장이었다
> 밤 12시
> 거리는 용암처럼 흐르는 피의 강이었다
> 밤 12시
> 바람은 살해된 처녀의 피 묻은 머리카락을 날리고
> 밤 12시
> 밤은 총알처럼 튀어나온 아이의 눈동자를 파먹고
> 밤 12시
> 학살자들은 끊임없이 어디론가 시체의 산을 옮기고 있었다

아 얼마나 끔직한 밤 12시였던가
아 얼마나 조직적인 학살의 밤 12시였던가

—「학살 · 2」 부분

이 시는 사실상 기교가 사라진 작품이다. 남아 있다면 반복을 통한 점층 효과 외에는 없다. '오월' '1980년 오월' '광주 1980년 오월'이라는 반복과 점층에다 연과 연 사이의 반복까지 중층적으로 더해져 광주시민을 무력으로 진압한 계엄군의 폭력성과 그 폭력의 배후에 대한 강렬한 언어적 상징의 표현에 성공하고 있다.

일상생활에서 그는
조용한 사람이었다
이름 빛나지 않았고 모양 꾸며
얼굴 내밀지도 않았다

– 중략 –

이윽고 공격의 때는 와
진격의 나팔소리 드높아지고
그가 무장하고 일어서면
바위로 험한 산과 같았다
적을 향한 증오의 화살은
독수리의 발톱과 사자의 이빨을 닮았다
그리고 하나의 전투가 끝나면
또 다른 전투의 준비에 착수했으며

그때마다 그는 혁명가로서 자기 신분을 잊은 적이 없었다

—「전사 · 1」 부분

"시인은 서재에서 시를 쓰면서/ 이를테면 이렇게 쓰면서/ 시는 분노가 아니나니 신의 입김이나니"라며 희망을 얘기하는 시인이야말로 한심한 자라는 맹렬한 비판을 쏟아붓고 있는 「희망에 대하여 · 1」과 같이 김남주는 스스로 전사이기를 원했다. 「전사 · 1」의 내용과 전개는 타자로서의 '전사'에게 하는 말이라기보다 자신에게 하는 말이기도 하다. 그것은 '전사'의 다짐에 가깝다. 옥중에 있던 김남주는 확실히 전사이기를 열망했다.

그러나 이 시는 「학살」 연작에서 보이는 언어의 직접성과 의외성이 다소 이완된 모습을 보여준다. 일상생활에서 조용하고 얼굴을 잘 내밀지도 않던 사람이 적을 향해 사자의 이빨을 닮은 증오의 화살을 쏘는 사람으로 전화되는 것은 이른바 억양법을 의도적으로 사용한 사례에 해당된다. 비극성의 강화를 위해 영광스런 존재가 나락으로 추락했다가 혹독한 고통 끝에 (1)멸망하거나 (2)자신의 자리를 되찾는 고전적 서사 패턴을 생각하게 한다. 예상되는 위험이 극단적 공포를 부르지 못하는 것처럼 의외성이 사라진 전개는 시적이기보다 의지적이다.

해방을 위한 투쟁에서
많은 사람이 죽어갔다
많은 사람이 실로 많은 사람이 죽어갔다
수천 명이 죽어갔다

수만 명이 죽어갔다
아니 수백만 명이 죽어갈지도 모른다

지금도 죽어가고 있다

세계 도처에서 나라 곳곳에서
거리에서 공장에서 산악에서
자유를 위한 투쟁에서

—「전사 · 2」 부분

수천의 죽음도 수만의 죽음도 '민족해방 투쟁'의 도정을 막지 못할 것이라는 주장을 담은 「전사 · 2」의 도입부이다. 기교적 측면에서 수천 명 → 수만 명 → 수백만 명의 공통된 서술어는 '죽어갔다' 혹은 '죽어 갈 것이다'로 진행되는 게 자연스러운데 밑줄 친 것처럼 '~할지 모른다'고 하여 반복과 점층에 의한 강화 효과가 반감되고 있다.

그러나 10년 가까이 옥중에 갇혀 있던 김남주의 중기 시 전반은 감옥을 무색케 하는 직접적 언어로 자기 시대의 근본 모순과 싸워나간 전사적 풍모를 보여준다. 그의 육체는 감옥에 갇혀 있었지만, 그렇기 때문에 오히려 더욱 날카로운 예각의 시어로써 독재에 대해 견결한 정치적 투쟁을 전개할 수 있었다. 김남주의 중기 시에서 감옥이라는 발화 위치는 과학적 공산주의가 말하는 적대적 모순론에 입각한 동일성과 대자성의 대립적 상징이 전면에 부각된 것으로 볼 수 있다.

4. 도시의 상징과 생물학적 위치

김남주는 1988년 12월 출소했다. 그 후 시선집 『사랑의 무기』(1989)와 시집 『솔직히 말하자』(1989), 『사상의 거처』(1991), 『이 좋은 세상에』(1992), 옥중시 전집 『저 창살에 햇살이』(전 2권, 1992) 등을 연이어 발간하며 활발한 활동을 전개했다. 그의 출소 자체가 민주화 운동의 한 성과였던 것과 마찬가지로 이 시기 그의 시 세계는 '87년 체제' 성립 이후 새로이 조성된 환경을 반영하는 보편적 고뇌의 시편이라고 할 수 있다.

이제 김남주는 진정한 의미의 생활 '공간'에 등장한 셈이었다. 그것은 "신체적 구속에서 벗어난 자유의 영역"인 동시에 새로운 사건을 맞이해야 하는 '긴장의 지속'[309]이기도 했다. 공간적 자유가 작품의 양적 증가를 유발했다면, 새로운 사건으로 인한 긴장은 시적 화자의 내면과 주제의식에 일정한 고뇌와 번민을 초래했다.

밀폐된 감옥을 벗어나 도시에서 일상을 보내며 결혼과 출산 등 한 집안의 가장[310]이 된 사정이 큰 영향을 주었을 터이다. 독재 정부의 권위주의가 끝나고 새로이 도래한 유화적 상황이 그 고뇌를 심화시켰을 가능성이 크다. 그러나 이 시기는 보편 → 특수 → 보편의 변증법적 순환이거나 저항 → 투쟁 → 성찰의 사유의 심화로써 그의 시세계 전반

309) "우리는 팔다리를 뻗을 때 공간과 시간을 동시에 경험하는데 공간은 신체적 구속에서 벗어난 자유의 영역이고, 사건은 이완 이후에 찾아오는 긴장의 지속입니다." 이-푸 투안, 앞의 책, 299쪽.

310) 김남주는 출소 이듬해인 1989년, 10년 넘게 자신의 옥바라지를 해 준 남민전 동지 박광숙과 정식으로 결혼식을 올렸다. 두 사람 사이에 아들이 있다.

을 윤택하게 만들어 주기도 했다. 그런 점에서 김남주의 후기 시[311]를 특징짓는 발화 위치는 도시라고 할 수 있다.

『사상의 거처』는 김남주 후기 시의 대표적 양상을 담고 있는 시집으로 보인다. 이 시집에서 김남주는 초기 시의 비유적 어법이나 중기 시의 직설적 언어와는 완연히 다른 모습을 보여준다. 이전 작품보다 박진감이나 긴장감이 완연히 떨어져 있고, '~이다'라는 단정보다 '~인가'라는 의문형 서술어가 자주 등장한다. "김남주 특유의 '촌천살인'의 미학, 투쟁의 미학이 상당히 누그러져 있다는 느낌을 갖게 한다."는 평론가 김윤태 지적[312]과 같이 '긴장감을 잃은 채 시의 호흡이 늘어지고 목청이 가라앉는 양상'은 시집 전반에 걸쳐 두루 목격된다.

> 나는 지금 어디에 있는가
> 입만 살아서 중구난방인 참새 떼에게 물어 본다
>
> 나는 지금 어디로 가고 있는가
> 다리만 살아서 갈팡질팡인 책상다리에게 물어 본다
>
> 천 갈래 만 갈래로 갈라져
> 난마처럼 어지러운 이 거리에서
> 나는 무엇이고

---

311) 김남주가 가석방으로 출소한 후 발간된 시집은 모두 7권이다. 그 가운데 시선집인 『사랑의 무기』와 옥중시 전집인 『저 창살에 햇살이』(전 2권)를 제외하면, 『솔직히 말하자』의 일부 작품과 『사상의 거처』 『이 좋은 세상에』, 유고시집 『나와 함께 모든 노래가 사라진다면』(1995) 등 4권에 수록된 작품을 후기 시로 볼 수 있다.

312) 김윤태, 「지혜와 열정의 통일」, 『사상의 거처』, 창작과비평사, 1991, 157쪽.

마침내 이르러야 할 길은 어디인가

갈 길 몰라 네거리에 서 있는 나를 보고
웬 사내가 인사를 한다
그의 옷차림과 말투와 손등에는 계급의 낙인이 찍혀 있었다
틀림없이 그는 노동자일 터이다

—「사상의 거처」 부분

시집의 표제작이기도 한 이 작품은 위와 같이 자신을 향해 질문을 던지면서 시작된다. “나는 어디에 있는가” “나는 어디로 가고 있는가”란 질문에 김남주의 내면이 담겨 있다. 입만 살아서 중구난방인 참새떼에게 자신의 존재를 묻고, 다리만 살아서 갈팔질팡인 책상다리에게 자신의 인격을 물어보는 우화적 상황이 김남주가 스스로 마주한 현실이었다. 그렇게 “갈 길 몰라 네거리에 서 있는” 그를 보고 ‘틀림없이 노동자’인 행인이 나타나 집회에 함께 가자고 하자 그는 “그냥 따라갔다”. 정체성에 혼란을 겪는 사람은 그저 따라가기만 하는 수동적 존재일 수밖에 없다.

사상의 거처는
한두 놈이 얼굴 빛내며 밝히는 상아탑의 서재가 아니라는 것을
한두 놈이 머리 자랑하며 먹물로 그리는 현학의 미로가 아니라는 것을
그곳은 노동의 대지이고 거리와 광장의 인파 속이고
지상의 별처럼 빛나는 반딧불의 풀밭이라는 것을
사상의 닻은 그 뿌리를 인민의 바다에 내려야

파도에 아니 흔들리고 사상의 나무는 그 가지를
노동의 팔에 감아야 힘차게 뻗어나간다는 것을
그리고 잡화상들이 판을 치는 자본의 시장에서
사상은 그 저울이 계급의 눈금을 가져야 적과
동지를 바르게 식별한다는 것을

—「사상의 거처」 부분

그럼에도 불구하고 '사상의 거처'는 '상아탑의 서재'나 '현학의 미로'가 아니라 노동의 대지와 거리의 광장 인파 속에 있다고 말한다. 그리고 '잡화상들이 판을 치는 자본의 시장'에서도 진정한 사상은 '계급의 눈을 가지고 동지를 바르게 식별'한다고 말한다. 그러니까 '인민의 바다'와 '노동의 팔'이라는 확고한 계급의식에 기초할 때 '자본의 시장'에 머물지라도 흔들림 없이 적과 동지를 식별할 수 있고, 그럴 때라야 수동적 존재를 벗어나 당당한 주체로 살아갈 수 있다는 깨달음을 표현한 작품이다. 그러나 작품 전반부 고뇌의 장면이 주는 진실한 어조에 비해 노동, 광장, 인민, 계급, 동지 등 추상적 관념어로 전개되는 결말부는 공전되는 듯한 인상을 지울 수 없다.

김남주는 『사상의 거처』 말미 「후기」에서 "자본은 인간성과는 양립할 수 없다."면서 이런 현실 속에서 시와 시인에게 필요한 것은 '저항의 몸짓'이라고 했다. 또 이런 "몸짓 없이 시를 쓰고자 하는 자에게는 도피 있어라, 허위 있어라, 저주 있어라."라고 하면서 "나와 나의 시에 도피 있어라, 허위 있어라, 저주 있어라."[313] 하며 스스로 경계했다. 자

313) 김남주, 「후기」, 『사상의 거처』, 창작과비평사, 1991, 161쪽.

신에게 자본주의에 '저항하는 몸짓'이 없으면 안 된다는 다짐이다. 이 같은 다짐은 출소 후 그가 느꼈을 고뇌를 고스란히 보여준다. 언제나 다짐은 다짐을 필요로 하는 상황을 의미한다.

뿌리가 다르고 지향하는 바가 다른
가난한 시대의 가엾은 리얼리스트
나는 어쩔 수 없는 놈인가 구차한 삶을 떠나
밤별이 곱다고 노래할 수 없는 놈인가
—「가엾은 리얼리스트」 부분

이렇게 오는 것일까 새 세상은
하늘이 열리고 땅이 열리고
새 세상은 정말
새 세상은 정말
어둠을 쪼는 새의 부리에서 밝아오는 것일까
—「적막강산」 부분

시집 『사상의 거처』에는 고뇌하는 시적 자아의 상징이 빈번하게 등장한다. 밤별의 아름다움을 그것대로 '노래할 수 없는 놈'인가라는 자조 섞인 표현은 '학살의 원흉이 옥좌에 앉아 있다'고 외친 전사 김남주와는 판이한 모습이다. 그는 아름다운 것을 마음껏 아름답다고 말하지 못하는 자신이야말로 '가엾은 리얼리스트'에 불과하다고 한탄한다. 또 「적막강산」에서 김남주는 '새 세상'은 정말 '새의 부리'에서 밝아오는 것일까 하는 탄식조의 물음을 던진다. 물음 자체가 회한의 그늘을 드리우고 있다. 그러나 여기서 김남주는 진실하다. 자기 내면의 물음을 사실대로 표현하여 진실성을 획득했다.

밤에 누가 문을 두드리면
내 가슴은 덜컥 내려앉고
내 머리는 순간적으로
체포
감금
고문
재판
투옥의 단어를 기계적으로 떠올린다

– 중략 –

아내가 울고 있다 이불 속에서
젖먹이 아기를 꼭 껴안고

—「악몽」 부분

공교롭게도 그의 네 번째 시집은 『솔직히 말하자』인데 「악몽」은 그 '솔직'한 토로와 여과 없는 직설적 자기 고백으로 보편적인 감동을 이끌어내고 있다. 오랜 기간 감옥 생활을 한 김남주는 '투옥이란 단어를 기계적으로 떠올리는 사람'이다. '투쟁' 하나만 남기고 모든 것을 내던져 더는 지킬 것이 없던 젊은 날의 김남주는, 감옥에 들어가서야 "아 해방이다 살 것 같다, 이제 죽어도 좋다!"(「감옥에 와서」)고 외쳤던 사람이다.

그러나 이제는 아내가 있다. 이불 속에서 우는 아내는 젖먹이 아기를 꼭 껴안고 있다. 그러므로 한 가정의 가장이 된 김남주는 밤에 누가 문만 두드려도 체포와 감금, 고문, 재판, 투옥이란 단어를 반사적으로 떠올리며 극도의 공포를 느낀다.

이제 그는 '학살자'를 향해 "학살의 원흉이 지금/ 옥좌에 앉아 있다"고 외치며 언제든지 감옥행을 반갑게 받아들일 수 있는 사람이 아니다. 그에게는 아내와 아기가 있다. 일부 평자들은 언제쯤이면 문 두드리는 소리에 놀라지 않고 편히 쉴 수 있을지 걱정하는 모습에서 투쟁성 저하를 느꼈을지 모르지만, 오히려 바로 그 때문에 이 작품은 솔직하고 진실한 마음의 그물로 독자의 마음을 사로잡고 있다.

『솔직히 말하자』와 『사상의 거처』 『이 좋은 세상에』 등 김남주의 후기 작품들은 대체로 이전 시편들의 저항 의식을 배면에 견지하면서도 (1) 인간 보편의 고통과 고뇌를 다룬 점, (2)혁명과 투쟁에 대한 자기 성찰적 메시지를 담은 점에서 '투쟁성 저하'나 '긴장감 상실'이 아니라 오히려 시적 외연의 확장으로 보아야 한다.

김남주는 혁명이나 반미, 통일만을 외친 외다리 시인이 아니라, 인간적 보편성을 염두에 두고 시대적 조건에 결연히 저항한 개성적 시인이었다. 동시대를 사는 인간의 보편적 여망을 추구하는 게 시 양식이라면 그것은 더욱 분명해진다. 가석방 이후 김남주가 맞이한 도시라는 위치와 가장이라는 지위는 그가 이전에 경험하지 못한 것이었다. 그러나 자신의 내면을 가감 없이 솔직한 시어로 표현함으로써 시적 보편성을 획득할 수 있었다.

제2장. 김종철 초기 시의 가톨릭 세계관

1. 가톨리시즘과 구원의 상징

서양 중세 철학사를 이끌어간 스콜라철학은 신의 육화(肉化)와 죽음과 부활이라는 가톨릭 세계관[314]을 이성적 사유와 결합하고자 한 노력이었다. 그것은 "누가 있어 당신을 모르면서 부르오리까?"[315]라는 아우구스티누스의 근원적 물음에 답하고자 한 실천이자, 인간의 구원을 향한 간절한 추구였다.

서기 529년, 가톨릭 신자였던 유스티니아누스 황제는 아테네에 있던 플라톤의 '아카데메이아'를 폐쇄했다. 그 해에 "로마와 나폴리 사이, 하나의 민족이동 군용도로 위쪽에 높다랗게 첫 번째 베네딕토 수

314) 보편교회로서의 가톨릭교회는 "하느님은 예수님의 수난을 통해 인류를 향한 당신의 사랑을 제시하시고, 예수님의 부활을 통해 이 계시를 확인하고 증명하셨다."는 육화-죽음-부활의 가톨릭 세계관을 모든 신자에게 일관되게 가르치고 있다. 또 그것은 창조론, 심판론, 구원론, 삼위일체론, 지체론 등의 근본 체계를 포함하고 있다. 천주교 서울대교구 교육국, 『견진교리서』, 가톨릭출판사, 2012(개정 초판 18쇄), 54쪽.

315) A. 아우구스티누스, 앞의 책, 30쪽.

도원이 설립되었다."[316] 그리스 · 로마 전통과의 단절과 그리스도교 수도원의 설립이 공교롭게도 같은 해에 이루어진 것은 '신들의 나라'에서 '믿음의 나라'로 전환되는 상징적 사건이라고 할 수 있다.

김종철의 「죽음의 둔주곡」은 "그대의 사도들은/ 착한 들판을 모두 잃어버렸다"고 했지만, 그 잃어버린 땅을 구원으로 예비한 이는 바로 예수 그리스도였다. "너희는 가서 모든 민족들을 제자로 삼아, 아버지와 아들과 성령의 이름으로 세례를 주고, 내가 너희에게 명령한 모든 것을 가르쳐 지키게 하여라."(마태오복음 28장19-20절) 또 사도 바오로는 "하느님은 유다인들만의 하느님이십니까? 다른 민족들의 하느님은 아니십니까? 아닙니다. 다른 민족들의 하느님이시기도 합니다."(로마서 3장29절)라고 함으로써 가톨릭의 지평을 세계로 확장할 가능성을 열었다.

스토아주의 황제 마르쿠스 아우렐리우스 통치 기간(161~180년)에 활동한 변증가 아테나고라스는 그리스철학의 가르침과 '계시의 가르침' 사이에 사실상 의견 일치가 있음을 지적하며, 플라톤 · 아리스토텔레스 · 스토아철학자들이 모두 '단일신론자(monarchianist)'들임을 입증하려 했다. 그리스철학의 단일신과 마찬가지로 가톨릭의 유일 신앙이 왜 범죄가 될 수 없는지 변증하고자 했다.

아우구스티누스도 '계시의 믿음'을 '이성적 사유와 결합'하고자 노력했다. 그의 '고백'이 후대 스콜라철학자들에게 신학적으로만 계승된 게 아니었던 것은, 친구의 죽음으로 충격을 받아 "보이는 것마다 죽음"으로 보일 때에도 마침내 "저 슬픔이 내 맘에 사무치기는 죽을 사람을 안

316) 요셉 피퍼, 앞의 책, 20쪽.

죽을 것처럼 사랑함으로써 내 영혼을 모래 위에다 쏟아놓은 때문이 아니고 무엇이었더이까."[317]라며 생사가 모두 하느님에게서 비롯된다는 깨달음으로 짐작해 볼 수 있다. 아우구스티누스는 이성적 사유와 신앙의 신비를 함께 물려주었다.

보에티우스는 "인간에게 죽음이란 달콤한 시절에 닥쳐오지 않으며/슬퍼하는 자들이 불러올 때에 행복한 것"이라면서 슬픔의 종결은 오히려 죽음을 통해 맞이할 수 있다는 역설을 제기했다.[318] 아버지가 콘술(consul, 집정관)을 역임했으며, 본인도 콘술이었고 두 아들 또한 콘술을 지낸 귀족 가문이었지만, 모종의 사건에 연루되어 동고트족의 왕에 의해 재산을 몰수당하고 사형 판결을 받은 보에티우스에게 죽음은 일종의 위안이었다. 생의 유한성을 통해 사(死)의 영원성을 통찰한 그는 "영원한 것은 자신의 주인으로서 항상 자신에 대해 현존하며, 무한히 움직이는 시간을 현재로 가지고 있는"[319] 하느님이라는 인식에 도달했다.

이처럼 '감옥으로부터의 성찰'을 시도하던 보에티우스의 결론은 후대의 스콜라철학을 거쳐 현대의 가톨릭교회로 이어져 있다. 그는 "모든 것을 예지하는 신은 위에서 내려다보는 관찰자로 머무르며, 항상 현재하는 그 시선의 영원성은 선한 이들에게는 상을, 악한 이들에게는 벌을 주면서 우리 행위의 미래의 성질과 함께 가게 된다."면서 "신에게 드리는 희망과 간청은 헛된 것이 아니며 그것들이 올바르다면 효력

---

317) A. 아우구스티누스, 앞의 책, 146~147쪽.
318) 아니키우스 보에티우스, 앞의 책, 26쪽.
319) 아니키우스 보에티우스, 앞의 책, 219쪽.

이 없을 수 없다."[320]고 했다.

김종철이 시를 통해 죽음과 구원에 대한 성찰을 시도한 것은 어린 시절 교리 교육을 통해 세례를 받은 가톨릭 교인[321]으로서 자연스런 반응으로 생각된다. 그는 1968년 『한국일보』 신춘문예에 「재봉」이, 1970년 『서울신문』 신춘문예에 「바다 변주곡」이 각각 당선되어 시단에 등장했으며, 2014년 지병으로 작고하기까지 46년 동안 시작 활동을 했다. 그는 생전에 간행한 모두 7권의 시집과 유고시집 『절두산 부활의 집』 등 8권의 단독 시집, 형인 김종해 시인과 함께 간행한 형제시인 시집 『어머니, 우리 어머니』, 시선집 『못과 삶과 꿈』 『못 박는 사람』 등을 상재한 바 있다.

그의 시세계는 작품 활동의 기간과 시집 발간 시기, 작품의 경향에 따라 초기, 중기, 후기로 구분해 볼 수 있다. 초기 시는 등단으로부터 첫 시집 『서울의 유서』(한림출판사, 1975)와 두 번째 시집 『오이도』(문학세계사, 1984)에 수록된 작품들,[322] 중기 시는 세 번째 시집 『오늘이 그날이다』(청하, 1990)와 네 번째 시집 『못에 관한 명상』(시와시학사, 1992), 다섯 번째 시집 『등신불 시편』(문학수첩, 2001)에 포함된 작품들, 후기 시는 형제시인 시집 『어머니, 우리 어머니』(문학수첩, 2005)와 여섯 번째 시집 『못의 귀향』(시학, 2009), 제7시집 『못의 사회학』(문학수첩,

---

320) 아니키우스 보에티우스, 앞의 책, 226쪽.

321) 김종철은 1960년 대신중학교 2학년 때 천주교 부산교구 주교좌 중앙성당에서 아우구스티노라는 세례명으로 영세를 받았고, 2011년 한국가톨릭문인회 이사장으로 추대되는 등 어릴 때부터 자연스럽게 가톨릭 세계관에 친숙한 삶을 살았다. 2009년 한국가톨릭문학상을 수상하기도 했다. 「김종철 연보」, 『김종철 시 전집』, 문학수첩, 2016, 979쪽, 982쪽 참조.

322) 평론가 유성호는 『오이도』에 대해 "김종철 초기 시편을 완결하면서, 새로운 시세계로 전환하게 되는 결절의 역할을 했다고 볼 수 있다"고 밝혔다. 유성호, 「경험적 구체성과 형이상학적 영성의 통합–김종철론」, 『서정의 건축술』, 창비, 2019(초판 1쇄), 174쪽.

2013)에 게재된 작품들이 해당된다. 여기에 유고시집『절두산 부활의 집』(문학세계사, 2014)의 작품들을 포함할 수 있다.[323)]

그런데 김종철의 시세계에 대한 연구는 아직 미흡한 실정이다. 허혜정은 "시선집 등을 제외하고도 8권에 이른 창작시집들로 '제6회 윤동주문학상'(1990), '제13회 정지용문학상'(2001)을 수상하기도 했던 그의 문학적 발자취에 비하면 너무도 안타까운 연구의 공백을 시사"[324)]한다고 했다. 그런 가운데 패러디 기법과 관련해 김종철의 시를 다룬 박호영의 평론[325)]과 감태준, 이승원 등이 참여한「정지용문학상 수상 시인 집중연구」에 포함된 4편의 평론,[326)] 경험적 구체성과 형이상학적 영성을 중심으로 김종철의 시세계를 "'못'과 함께, 우리 시사에 뚜렷이 남았다."고 평가한 유성호의 평론「경험적 구체성과 형이상학적 영성의 통합－김종철론」 등과 같은 성과가 있었다. 또한 허혜정은 김종철의 작품 세계를 '순례자의 언어'로 명명한 평론「순례자의 선물」[327)]과 제5시집『등신불 시편』에 수록된 등신불 연작 14편에 주목함으로써 "삶과 죽음의 문제를 사유하는 보편적인 '종교 시편'으로 바라볼 수 있는 시

323) 평론가 김재홍은 "(김종철의 시 세계를) 초기, 중기, 후기, 그리고 앞으로 있을 만년 시로 구분해 볼 때, 초기 시들은 대체로 풍부한 상상력을 바탕으로 다양하고 섬세한 감각적 표현을 구사함으로써 시적 형상력이 돋보이는 경향"을 지녔다면서 "중기 시는 대략『오이도』와『오늘이 그날이다』 등의 시세계"라고 한 바 있다. 김재홍,「냉정과 열정 사이, 삶의 꽃이 피고 진다」,『못의 사제, 김종철 시인』, 문학수첩(초판 1쇄), 2020, 21~22쪽.

324) 허혜정,「김종철의 시세계와 '등신불'의 상징」,『불교문예연구』(통권 제12호), 동방문화대학원대학교 불교문예연구소, 2019, 18쪽.

325) 박호영,「패로디를 통한 '성' 문제의 탐구」,『시와시학』(통권 제22호), 시와시학사, 1996, 161~167쪽.

326) 감태준,「김종철에 관한 한 노트」; 박호영,「삶의 고뇌에 대한 질문에서 구도자적 명상까지」; 이승원,「우화적 상상력과 시의 진실」; 한명희,「시인과의 아홉 시간, 그리고 아홉 가지 매력」,『시와시학』(통권 제42호), 시와시학사, 2001, 94~163쪽.

327) 허혜정,「순례자의 선물」,『시인수첩』(통권 제45호), 문학수첩, 2015, 188~191쪽.

각을 제시"하고자 한 논문 「김종철의 시세계와 '등신불'의 상징」 등을 통해 연구 성과들을 쌓아가고 있다.

이밖에도 평론가 김재홍은 "그의 시는 서정성과 인생론, 그리고 종교성을 함께 어울러 내면서 전개돼 가는 특징을 보여 준다."면서 "대체로 생의 탐구라는 인생론적 내용을 대주제로 지속하면서 신성사로서 좀 더 확대 · 심화"[328]된다고 보았다. 또 평론가 장경렬은 "김종철 시인은 우리네 평범한 사람들이 삶을 살아가는 동안 마주해야 하는 아픔과 슬픔을, 기쁨과 즐거움을, 부끄러움과 깨달음을 특유의 따뜻하고 살아있는 시어로 노래함으로써 시의 본질을 구현한 시인"[329]이라고 평가했다.

김종철의 「죽음의 둔주곡」과 「떠도는 섬」은 각각 첫 시집 『서울의 유서』와 두 번째 시집 『오이도』에 수록된 작품이다. 등단 이후 8년 동안 쓴 작품을 모은 그의 첫 시집은 작품을 일종의 '질문의 형식'[330]으로 인식한 의욕이 주목된다. 두 번째 시집은 37세 때 간행된 작품집으로 자신의 출생 내력을 소개[331]하는 등 중년으로 접어드는 정신의 변곡점을 보여주었다. 「죽음의 둔주곡」과 「떠도는 섬」은 분량과 다루고 있는 소재와 주제의식 등의 측면에서 각 시집을 대표하는 작품으로 볼 수 있

328) 김재홍, 앞의 글, 25쪽.

329) 장경렬, 「김종철 시인의 작품세계 제1권 발간에 즈음하여」, 『못의 사제, 김종철 시인』, 문학수첩, 2020, 5쪽.

330) "나는 이제부터 질문을 할 수 있게 되었다. 세상에 바람을 쐬러 나와서 이제 비로소 당신들에게 한 인간으로서 질문을 할 수 있게 되었다." 김종철, 「자서」, 『김종철 시 전집』, 문학수첩, 2016, 42쪽.

331) "내가 이 시집의 서문에 이 축복받지 못한 탄생을 기록하는 것은, 이제 내 나이가 불혹이 가까워지고 또한 '덤'으로 살아갈 시간들이 아직까지는 조금 더 남아 있기에 이 글에서 밝히는 것이다." 김종철, 「독자를 위하여－덤으로 살아 본 삶」, 『김종철 시 전집』, 문학수첩, 2016, 122~123쪽.

으며, 무엇보다 성경 구절의 원용과 교리를 활용함으로써 그의 가톨릭 세계관을 살필 수 있는 작품들이기도 하다.

베트남전쟁[332]에 참전했던 김종철은 "나는 베트남에 가서 인간의 신음 소리를 더 똑똑히 들었다"는 부제목을 단 모두 9곡 205행으로 된 「죽음의 둔주곡」을 『시문학』(1973년 3월호)에 발표했다. 이 작품은 대위법 형식의 악곡인 둔주곡(遁走曲)[333]에 맞춰 각 곡과 곡에 죽음과 죽음의 이미지를 연쇄적으로 제시하고, 그 이미지들을 서로 겹치고 중첩시키면서 비극성을 강화하고 비장미를 심화시키는 방향으로 전개된다. 또 두 번째 시집 『오이도』의 「떠도는 섬」도 11개로 구분된 단편 서정시들이 모두 181행에 이르는 작품이다. 이 시는 전반적인 내용과 그 분량 면에서 두 번째 시집을 대표할 뿐만 아니라, 특별히 '오이도' 연작 7편을 개관하는 작품이기도 하다.

「죽음의 둔주곡」과 「떠도는 섬」을 통해 그의 초기 작품이 가톨릭 세계관의 바탕 위에 성립되었다는 점을 볼 수 있다면, 김종철의 시세계 전반이 그와 같은 신앙적 일관성의 실천이며, 궁극적으로 믿음의 윤리화이면서, 윤리의 신앙화였다는 사실을 확인할 수 있을 것으로 기대

---

332) 베트남 통일 과정에서 1960년부터 1975년까지 남베트남정부군 · 미군과 북베트남정부군 · 남베트남민족해방전선(NLF) 사이에 벌어진 전쟁으로 한국군은 1964년 9월 의료진을 중심으로 한 비전투요원을 파견한 이래 1973년까지 참전했다. 김종철은 1971년 참전해 "백마부대의 일원으로 깜라인 만과 나짱"에 배치되었고, 병과는 '위생병'으로 치료와 약제계를 맡았다. 후반에는 사령부 지시로 백마사단장 김영선 장군의 전속 수행원으로 발탁, 특수 임무를 수행했다. 「김종철 연보」, 『김종철 시 전집』, 문학수첩, 2016, 980쪽 참조.

333) 둔주곡은 한 성부가 주제를 나타내면 다른 성부가 그것을 모방하면서 진행하는 대위법 형식의 악곡인 푸가(fuga)를 말한다. 화성학을 바탕으로 한 악곡 형식의 완성이 소나타라면 대위법을 바탕으로 해서 완성된 악곡의 형식이 푸가인 셈이다. 13세기의 모방대위법으로 시작된 악곡의 형식이 16세기에 이르러 푸가로 발전하였고, J. S. 바흐를 통해서 완성되었다. 바흐는 15곡의 푸가로 구성된 『푸가의 기법』(1751년)으로 집대성했다.

된다. 주지하다시피 그는 예수의 죽음을 상징하는 '못'의 이미지를 『못에 관한 명상』(1992), 『못의 귀향』(2009), 『못의 사회학』(2013) 등 중후기 시집들에서 일관되게 표현하였으며, 또한 한 시인의 시적 실천은 자신의 믿음(신념)을 표현하는 일종의 윤리학이자 이를 통해 다시 자신의 믿음(신앙)을 확인하는 데 이르기 때문이다.

2. 절대자를 향한 주체의 절규 —「죽음의 둔주곡」

「죽음의 둔주곡」이 모두 9곡, 205행의 대작으로 구성된 것은 베트남 전쟁에서 김종철이 겪은 경험의 강도에 비례한 결과로 보인다. 서사적 욕망과 서정적 감성의 결합으로써 「죽음의 둔주곡」은 그 반복성과 비극성을 통해 "존재의 근원으로부터 깜빡이는 불빛에 비친 세계의 풍경을 보는 것"과 닮았다. 전장의 참혹한 "풍경은 반쯤 지워진 흔적, 즉 일회성의 죽음이며 그 흔적을 통해서 우리는 영원성을 확인"[334]하는 것이다. 「죽음의 둔주곡」은 모든 죽음은 일회성임을 통각한 한 시인의 구원을 향한 절규라고 할 수 있다.

김종철이 죽음의 표현 형식으로 레퀴엠이 아니라 둔주곡(푸가)을 선택한 것을 주목할 필요가 있다. 고전주의의 레퀴엠이 외부적 · 타자적 관점에서 죽음에 대한 위안을 의도한다면, 바로크 시대의 푸가는 내면적 성찰과 구원의 열망을 내포하기 때문이다. 이러한 성찰과 구원

334) 김춘식, 「창조적 개인의 자의식」, 『불온한 정신』, 문학과지성사, 2003(초판 제1쇄), 268쪽.

은 인간에 의해 구축되는 철학적 사유가 아니라 오히려 그에 앞선 어떤 '내재적 구도'[335]에 따라 성립되는 비개념적인 무엇이다. 구원은 개념적이지 않고 신앙적이다. 전쟁이란, 인간은 결코 인간을 구원할 수 없다는 강력한 증거이다. 그러므로 전쟁에 반응하는 시적 주체는 바깥(레퀴엠)이 아니라 안(푸가)으로 들어갈 수밖에 없었다. 「죽음의 둔주곡」이 함축하는 구원은 내면적이다.

「죽음의 둔주곡」을 포함해 첫 시집 『서울의 유서』의 시세계에 대해 유성호는 '두 언어'가 교차하고 있다면서, 긍정의 언어와 비판적 언어의 '양가적 역동성'이 "그의 초기 시편이 구축한 확연한 시적 대위법일 것"이라고 했다. 또 「죽음의 둔주곡」 '제1곡' 전문을 인용하면서, 사도 바오로(바울)와 예언자 에제키엘(에스겔), 예수에게 세례를 준 세례자 요한 등 신구약의 주요 인물들을 환기하는 대상물이 구사된 것은 "전쟁이 얼마나 폭력적이고 비(非)존재적인 것인가를 경험케 한다."[336]고 분석했다.

「죽음의 둔주곡」은 죽음의 보편성 혹은 영원성을 탐구한다. 그것은 베르그송이 얘기한 가톨릭의 예언자적 태도가 김종철에게 내재했음을 시사한다. 베르그송은 "그리스도 자신은 이스라엘 예언자들의 후계자"로 간주될 수 있다면서, "그들은 정의에 대한 열정을 가지고 있고, 그들은 그 정의를 이스라엘의 하느님의 이름으로 요구한다."고 말했다.

---

335) "철학이 개념의 창조와 더불어 시작된 것이라면, 내재성의 구도는 선철학적인 것(préhistorique)으로 간주되어야 할 것이다. 그것은 한 개념이 다른 개념들을 참조하는 방식으로서가 아니라, 개념들 자체가 비개념적인 이해를 참조하는 방식으로 전제된다." 질 들뢰즈 · 펠릭스 가타리, 『철학이란 무엇인가』(이정임 · 윤정임 옮김), 현대미학사, 1995, 63쪽.

336) 유성호, 『서정의 건축술』, 173~174쪽.

이처럼 도덕이 종교로 전화되는 “사유와 행위 사이의 간격을 뛰어넘기 위해서는 비약이 필요한데” 그 약동으로써 가톨릭의 신비주의는 민족 종교의 울타리를 넘어 세계로 뻗어 나갈 수 있었다는 주장이다.[337] 그렇다면 종교의 도덕적 전환이라고 할 수 있는 「죽음의 둔주곡」에도 비약으로서의 약동과 정의에 대한 신념이 내포되어야 할 터이다.

이는 「죽음의 둔주곡」을 배후에서 감싸고 있는 커다란 울타리이다. 가톨릭 세계관 안에서 사도는 결코 죽음을 두려워하지 않는다. 오히려 그들은 죽음으로써 ‘하느님 나라’를 실천하는 자들이다. 사도는 죽음 앞에서 기쁨을 얻고, 죽음으로써 구원을 누리는 자들이다. 인간이 죽음을 두려워한다면, 그것은 ‘죽음 이후’를 믿을 수 없는 어떤 절대적 분리, 절대적 암흑으로 인식하기 때문이다. 가톨릭의 약동과 신념은 「죽음의 둔주곡」을 기저에서 받치고 있는 축이다.

> 벌거벗은 땅이여
> 그대는 선한 싸움을 다 싸우고
> 달려갈 길을 다 달렸으며
> 죽음의 처녀성과
> 꿈을 찍어내는 자들의
> 믿음 몇 개를 지켰을 뿐이다
>
> – 「죽음의 둔주곡」 ‘1곡’ 부분

‘벌거벗은 땅’은 그 무엇으로도 포장되지 않은 어떤 원형이나 처음이 아니라, 오히려 모든 것이 거쳐 간 마지막에 가깝다. ‘선한 싸움’을 다

---

337) 앙리 베르그송, 『도덕과 종교의 두 원천』(송영진 옮김), 서광사(제1판제1쇄), 1998, 259쪽.

싸우고, '달려갈 길'을 다 달려 버린 땅이다. 이 땅에서 벌어진 수많은 사건들은 다 지나갔지만, 그 속에서 지켜낸 것이라고는 죽음은 언제나 단 한 번의 '처녀성'이며 실현 가능성을 장담할 수 없는 꿈같은 몇 개의 '믿음'뿐이다. 이 땅에 황폐한 바람이 분다. '마른 뼈'의 골짜기들이 떼 지어 내려오고, '그대'의 비탄 속에 '들개'가 절망적인 싸움을 한다. '벌거벗은 땅'은 생명의 땅이 아니라 죽음의 땅이며, 성스러운 땅이 아니라 처참한 유형의 땅이다.

이처럼 '1곡'은 전장의 참상에 대한 여실한 표현이 전면에 부각된다. 여기에 구사된 비유와 표현들은 성경의 이미지들을 직접적으로 활용하고 있다. '선한 싸움'(바오로),[338] '마른 뼈의/ 골짜기들'(에제키엘),[339] '마른 메뚜기와 들꿀'(세례자 요한)[340] 등은 베르그송이 말한 가톨릭의 약동과 신념을 뒤집은 처참한 역설적 상황을 표상한다. 김종철은 베트남전쟁을 통해 그 어떤 생성의 가능성도 차단당한 완벽한 폐허이자 완전히 벌거벗겨진 땅을 경험했던 것으로 보인다.

"이별 하나가 우리를 가두어 버렸다/ 떨리는 풀잎 한 장의 비애/ 중부 베트남의/ 붉은 사막의 발자국"으로 시작되는 '2곡'의 도입부에는 구체적인 시적 공간이 제시된다. 그곳은 일종의 감옥이자 비애의 땅이다. 참전 병사에게는 어떤 곳이라도 '이별의 공간'이며 '비애의 공간'

338) "**믿음을 위하여 훌륭히 싸워** 영원한 생명을 차지하십시오. 그대는 많은 증인 앞에서 훌륭하게 신앙을 고백하였을 때에 영원한 생명으로 부르심을 받은 것입니다."(티모테오1서 6장12절) "나는 훌륭히 싸웠고 **달릴 길을 다 달렸으며** 믿음을 지켰습니다."(티모테오2서 4장7절)

339) "주님의 손이 나에게 내리셨다. 그분께서 주님의 영으로 나를 데리고 나가시어, 넓은 **계곡** 한가운데에 내려놓으셨다. 그곳은 **뼈**로 가득 차 있었다."(에제키엘서 37장1절)

340) "요한은 낙타 털로 된 옷을 입고 허리에 가죽 띠를 둘렀다. 그의 음식은 **메뚜기와 들꿀**이었다."(마태복음 3장4절) "요한은 낙타 털 옷을 입고 허리에 가죽 띠를 둘렀으며, **메뚜기와 들꿀**을 먹고 살았다."(마르코복음 1장6절)

일 수밖에 없다. '붉은 사막'은 실제로 호치민에서 200km 정도 북동쪽에 위치한 무이네(Mũi Né) 해안에 있으며 '래드 샌듄'(Red Sand Dune)이라 불리었다. 그런 밤이면 밤마다 멀리 한반도(휴전선)에 내리던 '155마일의 비'가 오고, 비와 함께 분단 조국의 엄혹한 현실도 떠올랐을 터이다. 그 때문에 시인은 "나는 여러 번 둘이 되고 셋이 되고/ 다시 하나가 되는" 분열증적 경험 속에서 한반도와 베트남이라는 이중의 전쟁을 인식하게 되었다. 총성이 들리는 전장과 총성이 들리지 않는 휴전의 땅은 본질적으로 다르지 않다.

그런 점에서 '1곡'이 비극적인 전쟁과 죽음의 심상을 '벌거벗은 땅'의 이미지로 개관하였다면, '2곡'은 두 개의 전쟁 공간을 구체적으로 제시함으로써 작품을 관류하는 죽음의 보편성과 비극성을 환기한다. 그러므로 "우리를 넘는 절망의 포복"을 세어 보는 시적 화자의 행위는 그 자체로 처절한 전투의 양상이면서 동시에 「죽음의 둔주곡」이 겨냥하고 있는 반전 평화의 정서와 연결된다.

'3곡'은 "이별 하나가 우리를 가두"기 이전으로 돌아가 부산항에서 업셔호[341]를 타고 베트남으로 출항하던 장면을 묘사한다. 젊은이들은 말 그대로 "조국으로부터 어머니로부터 운명으로부터" 떠나야 했다. 이제부터 그들은 자신의 운명이 아니라 전쟁의 운명을 따를 터였다. 그러니 자식을 찾아 헤매는 어머니도, 그 모습을 4~5층 높이의 갑판에서 바라보는 자식도 모두 울 따름이었다.

341) 한국군 파월 병사들을 실어 나르던 업셔호(UPSHUR)는 14,000톤급 수송선으로 한 번에 3,000여 명을 수송할 수 있었다. 원래 화물선이었던 것이 제2차 세계대전 때 병력 수송선으로 개조된 이래 베트남전에 참전하는 한국군의 수송을 위해 투입되었다.

항구의 이별을 뒤로하고 먼바다에 이른 자식은 그제야 “눈물을 닦아 내었다”고 한다. 그리고 그가 배낭에 넣어서 가져간 ‘한 줌의 흙’은 이미 하나의 상징이 되어 그의 가슴을 짓눌렀을 것이다. 그것은 또한 “죽음으로 직행하는 수수께끼의 구멍에 직면한 ‘우리’”라는 인식으로써 “자기 자신이 죽음에의 통로가 되었음을 깨달으며 죽음에 도착하기까지 얼마 시간이 남지 않았다”[342]는 자각과 같은 것이었다. 이처럼 ‘3곡’에는 흙의 ‘붉디붉은 혼’에 이끌려 ‘너무나 먼 곳’으로 불려 나가는 시적 화자의 비극적 정서가 담겨 있다.

내 몸속에 흐르는 황색의 피
이방인의 피
총구를 통해 보는 낯선 죽음 앞에
오늘은 모든 것을 발가벗겨 놓았다
숨긴 것도 덮어 둔 것도
나의 모든 위대한 가을날과 기도까지
그대 앞에 온통 내놓았다
이것이 그대가 나를 모르는 까닭이다
나는 운명을 겨냥하였다
한번 겨냥한 살육은
그대가 마련한 최후의 잔과 바다와
내 자신마저 빼앗았다

― 「죽음의 둔주곡」 ‘4곡’ 부분

342) 이성혁, 「젊은 시인들이 들춰낸 죽음의 공간들」, 『사랑은 왜 가능한가』, 청색종이(초판 제1쇄), 2019, 63쪽.

'4곡'은 「죽음의 둔주곡」의 중심 시편이다. 실전의 '총구'는 인간적인 "모든 것을 발가벗겨 놓"고, '숨긴 것'도 '덮어 둔 것'도 '가을날과 기도'까지 "온통 내놓고야" 만다는 처절한 인식이 들어있다. 그러므로 "나는 운명을 겨냥하였다"는 표현은 베트남전쟁 전체를 상징할 수 있는 득의의 표현이 된다. 그것은 '최후의 잔과 바다'를 넘어 자기 '자신'마저 빼앗긴 '발가벗겨진 운명'이기 때문이다. '총구' 앞에 선 적도, '총구'를 통해 겨냥하는 '나'도 본질적으로 구별되지 않은 전쟁의 피해자라는 인식에 이를 때 그것은 절대적 평화주의나 가톨릭 세계관이 제시하는 사랑의 차원에 도달한다.

'4곡'의 후반부 8행에는 치유자로서의 '위생병'이 등장한다. 위생병을 필요로 하는 상황이 위생병의 능력을 초과할 때, 다시 말해 근원적으로 무능한 존재일 수밖에 없는 '전장의 위생병'이라는 인식에 이를 때 비로소 '진정한 치유자'의 위상을 획득하는 역설이 나타난다. 그러므로 위생병이 '무너진 자들의 절망'을 '핀셋'으로 아무리 많이 끄집어 내더라도 "그대는 더 많은 파멸과 비탄을 삼"키는 것이다. 가을의 '기도'도, '절망'을 끄집어내는 '핀셋'도 감당할 수 없는 끝없는 상처와 죽음의 행렬 앞에서 시인은 "내일은 어떤 바람개비가/ 이 세상 이방인의 꿈을 인도해 줄 것 같은가"라고 외칠 수밖에 없었다. '진정한 치유자'란 무능한 위생병이 아니라, '하늘'을 향해 구원의 바람을 간절하게 외치는 자이다.

> 캄란베이 꿈속에서
> 나는 배를 기다렸다

밤마다 자주 마른 파도의 상처가 나타나고
순례자의 갈증은 타오르고
한 방울의 물까지 나를 마셔 버렸다
내 팔에 안겨 임종한 사내들을 마셔 버렸고
내가 헤맨 몇 개의 정글을 마셔 버렸고
내가 가지고 온 바다까지 마셔 버렸다

–「죽음의 둔주곡」'6곡' 부분

한국전쟁을 겪은 고국의 지명을 명시적으로 언급하며 전쟁의 보편성을 환기한 '5곡'에 이어 '6곡' 도입부에는 전쟁의 참상이 날카로운 비유로 등장한다. 캄란베이는 베트남전쟁 기간 미군 군수물자의 핵심 기지였으며, 인근 나짱(나트랑)에는 한국군 야전사령부와 백마부대가 전개해 있었고 김종철은 그곳에 배속되어 있었다. 작품에 따르면 밤마다 '순례자의 갈증'은 타올라 '한 방울의 물'을 마셔 버렸고, "내 팔에 안겨 임종한 사내들"까지 마셔 버렸다. 심지어 '정글'도 '바다'도 마셔 버렸다. 생명을 향한 극한의 갈증이 오히려 모든 생명을 '마셔 버리는' 비극적 양상으로 치환되어 나타난다. 그렇게 비참하게 '떠나간 사내들'[343]들의 '죽은 꿈들'이 부둥켜안는 배(업셔호)를 타고 "또 다른 사내들이 그들의/ 생동하는 바다를 두고 올 것"이라는 표현에서 죽음이 죽음을 물고 죽음으로 이어지는 전쟁의 참상이 둔주곡의 대위법 형식을 따라 언어화된다.

343) 1964년부터 1973년까지 베트남전쟁에 투입된 한국군 병력은 연인원 30만 명에 달하며, 그 가운데 사망자 5천여 명을 포함해 도합 1만6천여 명의 사상자를 낸 것으로 집계되었다.

날마다 하나씩 늘어나는 당신의 죽음을

폭염에 달구어진 철모의 비명, 서투른 가늠쇠에 숨이 멈춘 가시덤불, 캄란베이 어두운 병동에 냉동된 몇 구의 주검도 당신의 것입니다

-「죽음의 둔주곡」 '8곡' 부분

다른 시편과 달리 '8곡'은 서술어가 '~습니다' 체로 바뀌었다. 그것은 시적 화자의 발화 내용을 수신하는 주체를 명확히 지시한다. 그것은 앞서 '1곡'부터 '7곡'까지 일관되게 관철되고 있는 가톨릭의 '믿음의 대상'과 다르지 않다. 그것은 「죽음의 둔주곡」을 배후에서 감싸고 있는 종교의 도덕적 전환으로서 '비약으로서의 약동과 정의에 대한 신념'의 대상이기도 하다. 때문에 '당신'이라는 3인칭 극존칭이 사용되었다. 계속 보아 온 대로 앞선 '곡'들에서 시적 화자는 갇히거나(2곡), 이별하거나(3곡), 파멸과 비탄을 삼키거나(4곡), 오열하거나(5곡), 악몽을 꾸거나(6곡), 류머티즘을 앓아(7곡) 왔다. 그런 점에서 '8곡'은, 스스로 처참한 전쟁을 끝내고 평화와 공존을 이룩하기에 인간은 너무나 무능하고 무기력하다는 사실을 확인한 자가, 그 고통의 종결로서의 구원을 위해 '믿음의 대상'에 기도를 바치는 듯 보인다. 그렇게 구원의 갈망이 강하면 강할수록 존칭의 강도는 커질 수밖에 없다.

'8곡'에서 '나의 아들아'라고 불린 시적 화자는 '2곡'의 어머니가 부산항 제3부두에서 그토록 찾아 헤매던 그 '막내'가 되어 돌아왔다. "캄란베이 어두운 병동에 냉동된 몇 구의 주검"만이 아니라 살아 돌아온 '막내'도 구원을 향해 절규한다. 가톨릭교회의 지체론(肢體論)[344]에 따르

344) "그분은 머리이신 그리스도이십니다. 그분 덕분에, 영양을 공급하는 각각의 관절로 온몸이

면, 모든 삶이 '당신의 것'이듯 모든 죽음도 '당신의 것'이다. 그러므로 기도와 간구가 절박할수록 구원은 멀리 있지 않다.

> 아브라함의 땅도 이미 떠났다
> 벌거벗은 땅이여
> 그대의 사도들은
> 착한 들판을 모두 잃어버렸다
>
> –「죽음의 둔주곡」'9곡' 부분

"아브라함의 땅도 이미 떠났다." "착한 들판을 모두 잃어버렸다." 한 사람으로 인해 '죄'가 왔고, 그로부터 모든 '죽음'이 왔듯이,[345] 죽음은 '너희들의 숙명'이라는 깨달음의 언어이다. 그러므로 '너희'는 회개하고, 반성해야 한다. 그렇지 않으면 '땅의 자손들'에게는 아무것도 남아 있지도 않고, 아무도 기다려 주지 않을 것이다. "너희들의 날에는 아무도 기다려 주지 않는다."

「죽음의 둔주곡」은 결국 모든 죽음은 일회성이며, 그것으로 영원히 반복되는 죽음을 인식한 한 시인의 절규로 보인다. 「죽음의 둔주곡」의 현재성은 죽음의 보편성 혹은 영원성에서 온다. 그것이 믿음에서 윤리로 하강한 것이든, 반대로 윤리에서 신앙으로 상승된 것이든 베트남전에서 직접 목도한 수많은 죽음으로 인하여 작품은 반복과 변주의 둔

잘 결합되고 연결됩니다. 또한 각 기관이 알맞게 기능을 하여 온몸이 자라나게 됩니다."(에페소서 4장15절–16절) 가톨릭교회는 '하느님의 아드님'인 예수를 머리로 하여 모든 인간이 그 지체라고 하는 지체론을 믿는다.

345) "한 사람을 통하여 죄가 세상에 들어왔고 죄를 통하여 죽음이 들어왔듯이, 또한 이렇게 모두 죄를 지었으므로 모든 사람에게 죽음이 미치게 되었습니다."(로마서 5장12절)

주곡 형식을 필요로 했던 것이다. 덧붙여 강조해야 할 점은, 모든 것이 떠나버린 '벌거벗은 땅'은 비록 최후의 땅이지만 결코 종말의 땅은 아니라는 점이다. "아무도 남아 있지 않"고 "아무도 기다려 주지 않"지만, 그 땅은 구원을 향해 열려 있는 땅이자 구원이 예비되어 있는 땅이다.

이밖에도 베트남전쟁 참전 경험이 반영된 작품들은 주로 『서울의 유서』 앞부분에 배치되어 있다. 「베트남 7행시」는 말 그대로 전장에서 경험한 에피소드를 다룬 세 편의 7행시를 포함한 서정시이다. 또 「닥터 밀러에게」는 위생병으로 참전했던 자신의 "품에서 실려 나간 사내들의 죽음이/ 돌아오고 다시 돌아"온다면서 "오늘 나는 늦은 종로를 걷다가/ 캄란만에 냉동되어 있는 그 사내를/ 여럿 만났"다는 놀라운 고백을 담고 있다. 또 「여름데상」의 '아브라함'과 '이삭'과 '야곱', 「겨울 변신기」의 '성바오로 병동'과 '누가복음 12장' 등 직접적으로 가톨릭을 환기하는 시어들이 사용된 작품 등 김종철의 첫 시집 『서울의 유서』는 가톨릭 세계관이 다양한 변주를 통해 표현된 것으로 분석된다.

3. 절대자의 응답과 구원의 길 — 「떠도는 섬」

「떠도는 섬」의 첫 번째 시편은 '버림받은 자'와 '타락한 자'의 땅을 '섬'이라고 언명한다. 버림받은 자는 '눈물의 짐'을, 타락한 자는 '절망의 닻'을 내려놓은 섬이다. 섬은 세상의 끝까지 내몰린 자들의 땅이며, 그 자체 세상의 끝으로 표상된다. 그런 섬에 '새벽안개'를 거두며 '한 낯선 배'가 당도하는 것으로 작품은 시작된다. '오이도'는 세상의 끝이며, 그 끝에 당도한 '낯선 배'로 인하여 그 '떠도는 섬'의 정서적 흐름이 시작되는 것이다.

> 죽어 있는 바다와 살아 있는 바다
> 오오, 버림받은 자는 그의 눈물의 짐을
> 타락한 자는 그의 절망의 닻을
> 내려놓는 이 섬에
> 한 낯선 배가 새벽안개를 거두며
> 이 섬이 깨어날 시각에 당도하더라
>
> —「떠도는 섬」'첫 번째 시편' 부분

작품은 연이어 "한 낯선 배는 그대들에게/ 벌거벗은 땅과 그 슬픔을 보여 주러 왔더라"라며 '한 낯선 배'가 왜 섬에 왔는지 섬사람들은 그때 어떻게 행동하는지를 말한다. 낯선 배는 "벌거벗은 땅과 그 슬픔을 보여 주러 왔"고, 이때 사람들은 "잔파도를 가슴속에 하나씩 풀어놓"는다. 낯선 배와 섬사람들은 '땅의 슬픔'과 '잔파도'로 소통한다. 새벽에 당도한 '낯선 배'는 어떤 외래적 존재를 표상하지만, 섬사람들 역시 버림받은 자이거나 타락한 자로서 '눈물의 짐'과 '절망의 닻'을 내려놓았으므로 이들의 소통은 어떤 동질적 필요에 의한 것임을 시사한다.

버림받거나 타락한 섬사람들은 그 '버림'과 '타락'으로써 하느님 앞에서 중죄를 지은 아담과 이브로 연결된다. 그들은 전지전능한 하느님의 명령에 불복종하여 선악과를 따먹은 절도범들이며, 욕망에 굴하여 에덴동산을 파멸로 내몬 흉악범들이다. 그들에게는 '추방'이라는 형벌이 오히려 과분한 은총에 가깝다.[346] 이 작품에서 '떠도는' 것은 무엇보다 뿌리 뽑힌 사람들이지만, 이들이 모여 사는 섬 또한 '떠도는 것'일 수밖에 없다는 점에서 '낯선 배'와의 소통은 현실적으로 불가피한 듯 보인다. 섬사람들과 아담-이브의 이미지는 여덟 번째 시편에서 "너는 어디에 있느냐"라는 성경 구절을 활용한 시행을 통해 다시 연결된다.

「떠도는 섬」의 첫 번째 시편은 이처럼 모든 것을 박탈당한 불모성에서 출발한다. 버림받은 자도 떠돌고, 타락한 자도 떠돌고, 섬도 바다도 모두 떠돌기만 하는 이 곳은 어떤 유형의 공간이며, 절대적 몰락의 정신성을 상징하는 듯하다. 또 이런 극한의 상징은 그 이유 혹은 원인에 대한 매우 강한 궁금증을 유발함으로써 작품 전체의 도입부로서 흡인력을 보여준다.

> 하루씩 쌓여 가는
> 저 모래갓의 과거의 마을에는
> 아직도 우리 중의 하나가 살고 있었습니다
>
> -「떠도는 섬」'두 번째 시편' 부분

두 번째 시편은 천 번째 시편과 어조를 달리한다. '~하더라' 체에서 '~습니다' 체로 바뀐다.[347] 첫 번째 시편의 시적 화자는 상황을 객관적

346) "아담과 이브는 식욕, 소유욕, 권력욕, 성욕에 관한 범죄를 저지르고, 앞으로 이 네 가지 인간의 기본적인 욕망 때문에 끊임없이 기쁨과 괴로움의 연속선상에서 헤매는 삶을 살 것이라는 야훼의 예단 속에 갇히게 된다." 전영태, 『쾌락의 발견 예술의 발견』, 생각의나무(초판 제1쇄), 2006, 226쪽.

347) 「떠도는 섬」의 11개 시편들은 '~하더라' 체와 '~습니다' 체가 번갈아 사용되었다. 첫째부터

으로 조망하면서 어떤 메시지를 전달하거나 예지력을 보여주는 데 반해 두 번째 시편은 섬사람의 처지에서 자신들의 속사정을 드러내는 형식을 취하고 있다. 어조의 변화는 발화 주체의 변화로, 발화 주체의 변화는 정서의 내면적 밀도를 강화시키는 방향으로 전화되고 있다. 그런 점에서 첫 시편이 불모성과 비극성의 개관이라면, 둘째 시편은 앞으로 드러날 구체적 양상을 현장의 음성으로 제시하는 역할을 하고 있다.

우선 '과거의 마을'과 '미래의 도시'가 대비된다. 과거의 마을에 살고 있는 '우리 중의 하나'는 '여럿의 얼굴'을 번갈아 쓰면서 자신들 가운데 누가 '바보'인지를 셈하고, 빈민가 아이처럼 웅크리고 있던 미래의 도시는 "서로 다투며 눈물을 훔치는" 존재이다. 과거의 마을은 누가 바보인지를 셈하고, 미래의 도시는 다투고 눈물을 훔친다. 이로써 첫째 시편에서 '낯선 배'와 '섬사람들'이 어떤 동질적 필요에 의해 소통한 것에 대한 시인의 기치론적 평가가 드러난다. 즉 우리들의 마을(과거)에 도시(미래)를 불러들인 얼굴은 '바보'이며, 그것은 도시가 '빈민가 아이처럼' 웅크리고 있다가 서로 다투고 눈물을 훔치는 것으로 증명된다.

이는 "서울은 폐를 앓고 있다"면서 "새벽까지 기침이 잦아진 서울"은 "우리들 소시민의 가슴에 들어오는 목을 매었다[348]고 한 첫 시집 『서울의 유서』의 목소리가 강하게 이어지고 있음을 확인하게 한다. 즉 마을(과거)과 도시(미래)의 불화와 부조화를 매우 부정적으로 인식한

홀수 번째 6편은 '~하더라' 체, 둘째부터 짝수 번째 5편은 '~습니다' 체로 표현되었다. 대체로 '~하더라' 체의 화자는 전달자, 예지자, 평가자로 나타나며 세속의 현장을 '아래'로 조망하는 존재로 보인다. '~습니다' 체의 화자는 섬사람들, 구체적 인물들, 어떤 염원을 기원하는 자들로서 '위'를 쳐다보는 속세간의 존재들이다.

348) 김종철, 「서울의 유서」, 『김종철 시 전집』, 문학수첩, 2016, 69~70쪽.

것이다. 바로 이것이 불모성과 비극성의 근원이며, '떠도는 섬'이라는 시적 상징을 불가피한 것으로 만든 것으로 보인다.

그래그래 너희들이
무엇을 덜 보았다고 하더라도
너희가 알았던 하나가 나머지 것들보다 뛰어나리라
같은 길이라도
너희가 다시 눈을 감고 달리 봄으로
셋이든 넷이든 알 수 있으리라
다만 너희들 눈에 보이지 않는 것은
너희들이 각자 내어놓는 저주와 작은 무덤에
발부리 채여 넘어지는 것뿐이더라

—「떠도는 섬」'세 번째 시편' 전문

세 번째 시편은 다시 '~하더라' 체로 잠언(箴言)적 분위기다. 여기서도 시적 화자는 '너희가' 알았던 것의 의의('뛰어남')를 평가하고, 알 수 있기 위해서는 어떤 행동('달리 봄')이 필요한지 전달하고, '보이지 않는 것'은 어떤 것(넘어지는 것)이라고 예지한다. 앞선 두 편이 각각 작품 전반에 대한 개관과 구체적 현장음이었다면, 세 번째는 시적 정서를 심화시키고 거기에 계시의 믿음이라는 신앙적 숭고미를 더하고 있다.

연이어 네 번째 시편은 '~습니다' 체로 섬사람들의 육성을 통해 그들의 이야기를 전달한다. 그들은 "늘 떠나고 옮겨 가며" 살아온 사람들이다. 그들은 "해 뜨는 곳에서 해 지는 곳까지" 늘 해를 등진 곳에

집을 마련한 사람들이다. 밝은 곳보다 어두운 곳, 화려한 곳보다 누추한 곳, 기름진 평야가 아니라 메마른 황야에 사는 사람들이다. 그들은 '한 장의 잎'에 옮겨 와 살고, '이슬'에 매달려 떨고 있는 잎새와 같은 사람들이다. 그러므로 그들은 더 이상 어린아이와 같은 꿈을 꿀 수 없는 존재, 꿈을 박탈당한 존재들이다. "스스로의 그림자에 흉터를 가리고 살 줄 아는" 바람 같은 존재들이기 때문에 섬사람들은 떠도는 것이다.

> 뺏고 빼앗겨라
> 그대 안에서 가장 소중하고 사랑한 것이 무엇이더냐
> 그대들은 님과 거짓말을 동시에 가지려 하더라
> 그대들의 절망의 손길까지
> 가거라, 가거라 가서 더 많은 것을 거두어라
>
> —「떠도는 섬」'다섯 번째 시편' 전문

다섯 번째는 내용적으로 섬의 의미를 확장하고 심화시키면서 「떠도는 섬」 전체의 주제를 표현하는 중심 시편으로 보인다. 요컨대 섬과 섬사람이 떠돌 수밖에 없는 이유는 '눈과 귀'를 멀게 하는 어떤 유혹과 현혹(욕망) 때문이며, 그것은 곧 어떤 현실도 굴절시키고 마는 정신의 타락이라는 지적이다. 여기서 '섬'의 외연은 세계로, '섬사람'의 범위는 인간 존재 전체로 확장되면서 현대 문명에 대한 시적 비판으로 심화된다.

다섯 번째 시편은 불모성과 비극성의 근원을 허상에 빠져 버린 '그대'에게 둠으로써 둘째 시편에서 '우리'가 왜 그와 같이 반성적 태도

(“우리 중의 바보를 세어 보았습니다”)를 취했는지 알 수 있게 한다. 욕망이라는 허상에 빠져 눈과 귀가 멀어 버린 ‘그대 = 우리’는 누구나 ‘바보’일 수밖에 없다. 그 때문에 시인은 “뺏고 빼앗겨라” “가거라, 가거라” 하면서 통렬한 비판의 화살을 쏘았다. 더 부서지고 무너져 맨바닥까지 추락해야만, 그런 극한의 절망에 빠져 봐야만 “더 많은 것”을 거두어들일 수 있을지 모른다는 통찰이기도 하다.

여섯 번째 시편에는 ‘용접공’ 형님이 등장한다. 둘째 시편에서 본 대로 ‘과거의 마을’과 ‘미래의 도시’가 물질적 유혹의 표현 양상이라는 점에서 동질적이었던 것처럼 이번 시편에서도 해머로 아무리 벗기고 두들겨도 욕망의 도시는 더욱 견고해지기만 할 뿐이다. 때문에 ‘한 잔의 막소주’를 마시며 도시의 심장을 때우는 형님은 이제 도시 속의 유일한 섬, 유일한 가능성이자 희망이다. 그리고 일곱 번째 시편은 세상의 종말을 암시한다. 죄지은 자들을 모두 추방하고 나면 그때는 생의 신산고초(辛酸苦楚)를 누구에게도 물어볼 수 없게 된다. 그러므로 다시 인간을 향할 수밖에 없다.

> 너는 무엇이냐, 사람입니다
> 너는 어디에 있느냐, 하나는 안에 있고 하나는 밖에 있습니다
>
> –「떠도는 섬」‘여덟 번째 시편’ 부분

성경에 따르면, 창조주는 아담을 찾아 “너 어디에 있느냐?”(창세기 3장9절) 하고 물었다.[349] 그리고 아담은 “동산에서 당신의 소리를 듣고

349) “너 어디에 있느냐?”는 히브리어 문법에 따르면 일종의 ‘강의적 의문문’(설의법)으로 볼 수

제가 알몸이기 때문에 두려워 숨었습니다."라고 답했다. 이것은 창조주가 세상을 만든 뒤 처음으로 피조물에게 던진 질문이다. 신의 첫 질문은 인간을 향했다. 마찬가지로 「떠도는 섬」의 여덟 번째 시편도 질문과 응답의 형식을 통해 인간에 대해 묻는다. 이것은 성경의 발화 패턴을 원용해 시적 메시지를 전달하는 형식이며, 동시에 질문하는 자(창조주)와 답하는 자(인간)의 관계라는 맥락에서 가톨릭 세계관의 표현이라고 할 수 있다.

"너는 어디에 있느냐" "하나는 안에 있고 하나는 밖에 있습니다". 여기서 '나'는 분열되어 있다. '나'의 하나는 '안'에 있고, 다른 하나는 '밖'에 있다. '안'은 무엇이고, '밖'은 무엇인가. 안팎은 공간적 분할이 아니라 정신적 분열이다. 그것은 다섯 번째 시편에서 이미 다룬 대로 '유혹과 현혹(욕망)'에 의해 분절되는 윤리적 층위이다. 그러므로 안도 밖도 모두 "늙고 병든 섬"에 있는 것이다. 지상은 언제나 유혹의 땅이며 죄인의 터전이다. 그래서 인용된 시행 바로 다음에 "내가 나올 땐 바늘구멍도 능히 빠져나올 수 있었는데 세상 머무는 법을 잠시 배우다 보니 되돌아갈 수 없게 되었습니다"라고 고백하는 것이다.

아홉 번째 시편에서 김종철은 「주기도문」을 직접 언급한다. 앞선 시편들에 이어 욕망에 눈과 귀가 멀어 버린 섬사람들(버림받은 자와 타락한 자)의 구원을 위해 '보이지 않는 작은 물살'이 울면서 와 있지만, '너희들'은 아직 '주기도문의 꿈'의 바깥에서 배회하고 있다며 안타까워한다. "하늘에 계신 우리 아버지, 아버지의 이름이 거룩히 빛나시며"

있는데, 답을 듣거나 필요로 하는 질문이 아니라 어떤 신적 권위를 드러내는 의문문이라 할 수 있다. 가령 왕이 신하에게 죄를 물을 때 "네가 어찌 그리하였느냐?"라는 말과 같다.

로 시작되는 「주기도문」은 곧 창조주인 신의 구원사업을 함축하고 있으므로, 그 밖에서 '헛날고' 있다는 것은 아직 '너희들'이 회개하지 않았음을 표상한다. 따라서 구원은 아직 멀리 있을 뿐이다.

예수도 그랬고, 사도들과 교부들도 그랬듯이 교회는 일관되게 사람들에게 '회개하라'고 말해 왔다. 회개란, 자신의 죄를 성찰하고 깨달아 세상이 아니라 하느님을 향해 '돌아서는 것'이다. 밖이 아니라 안으로, 그리스도 안으로 돌아서는 것이 회개이며, 그것을 통해 비로소 구원이 시작된다. 그러므로 예수의 가르침에 의해 시작된 교회[350]는 "여러분은 그리스도의 몸이고 한 사람 한 사람이 그 지체입니다."(코린토1서 12장27절)라면서 '머리'인 예수 그리스도를 따라 자신에게 주어진 '은사'를 충실히 실천하는 삶을 살아가도록 이끈다. 이처럼 안이 아니라, 밖에서 '헛날고' 있는 섬사람들이라면 아직 구원은 요원한 일이다.

> 이제 바람이 불고 또 바람이 부면
> 죽어 있는 바다와 살아 있는 바다가
> 나란히 함께 길을 떠나리라
> 오, 누가 그대들에게 저 낯선 배가
> 그대들 이승의 밤과 낮이라고 말하겠는가
>
> ─「떠도는 섬」'열한 번째 시편' 부분

위와 같이 마지막 시편에서 구원의 양상은 아주 구체적으로 드러

350) 부활한 예수는 제자들에게 나타나 "너희는 높은 데에서 오는 힘을 입을 때까지 예루살렘에 머물러 있어라."(루카복음 24장49절)라고 말하였고, 또 베드로에게는 "내 어린 양들을 돌보아라."(요한복음 21장15절)라고 하였다.

난다. '벌거벗은 땅과 그 슬픔'을 보여주기 위해 '버림받은 자'와 '타락한 자들'이 사는 '떠도는 섬'에 도착한 '낯선 배'는 더 이상 묶여 있지 않고, "이승의 흰 돛을 올리며" 그대들의 '단 하루'를 실어 나른다. 그것을 따라 '용접의 불똥'과 '숨어 우는 흙터'와 '어머니의 땅들'은 물살 따라 떠나가고 마침내 이승의 낮과 밤(모든 것)이 '낯선 배'로 호칭됨으로써 '땅과 그 슬픔'은 구원을 통해 해소된다. 그렇지만 구원은 외부적이지 않고 내부적이다. '낯선 배'는 곧 "그대들 이승의 밤과 낮"이기 때문이다.

'떠도는 섬'은 처음부터 어떤 정신적 · 윤리적 층위의 불모성과 비극성을 함축한 섬이었다. 유혹과 현혹의 욕망에 의해 굴절된 '떠도는 섬'을 '오이도'와 동일시할 수 있는지 여부는 시집 『오이도』에 게재된 다른 시편들과의 관계 속에서 추정해 볼 수 있다. 가령 「박군－오이도 2」이나 「보름과 그믐 사이－오이도 3」「신굿하는 날－오이도 4」만 봐도 '떠도는 섬'의 불모적 · 비극적 정서는 오이도 연작시의 개관이자 종합임을 확인할 수 있다. 그것은 오이도에 대한 김종철의 일관된 인식으로 보인다.

사도 바오로를 따라 가톨릭교회는 '한 사람(아담)의 죄'로 인하여 죽음이 시작되었다고 가르친다. 그런데 김종철은 "죽어 있는 바다와 살아 있는 바다가/ 나란히 함께 길을 떠나리라"고 표현했다. '삶'과 '죽음'을 동일한 차원에 위치시킴으로써 삶의 문제에 새로운 의미를 부가하고 있다. 삶과 죽음은 단절이 아니며, 죽음이 삶을 결정하는 것도 아니다. 이는 "한 사람의 범죄로 모든 사람이 유죄 판결을 받았듯이, 한 사람의 의로운 행위로 모든 사람이 의롭게 되어 생명을 받습니다."(로

마서 5장18절)라는 바오로의 관점에 연원을 두면서 그리스도교적 통공(通功, Communio Sanctorum)[351]의 의미를 표현한 것으로 보인다.

4. 유한성과 영원성

이상과 같이 「죽음의 둔주곡」과 「떠도는 섬」을 중심으로 살펴본 김종철의 초기 시는 가톨릭 세계관에 기반하고 있음을 알 수 있었다. 이는 '못'의 상징을 본격적으로 구사하기 시작한 제4시집 『못에 관한 명상』(1992년) 이전에도 이미 그 기저에 가톨리시즘의 바탕이 깔려 있었다는 사실을 확인한 것이며, 결과적으로 김종철의 작품세계는 처음부터 작고할 때까지 가톨릭 세계관을 일관되게 견지한 결과임을 확인하게 한다. 이는 그가 「가을의 기도」를 대표작으로 한 김현승의 기독교적 정신성이나 한국전쟁의 참화를 15편의 연작시로 표현한 「초토의 시」에서 보여준 구상의 기독교적 사랑의 세계를 잇는 시인임을 짐작케 하는 점이다.

가톨릭 세계관은 무엇보다 예수의 육화(肉化)-죽음-부활이라는 '계시의 믿음' 자체이며, 그것의 작품화인 「죽음의 둔주곡」과 「떠도는 섬」은 '믿음의 실천'이라고 할 수 있다. 김종철에게 가톨릭 세계관은 믿음의 윤리화이면서, 윤리의 신앙화에 가깝다. 삶도 죽음도 '통공'으로

351) 통공은 그리스도교회의 모든 구성원들은 그 기도와 공로에서 서로 통한다는 믿음이다. 가톨릭교회는 지상과 천국, 연옥 등에 있는 모든 살아 있는 신자들과 죽은 신자들 간의 영적 결합(spiritual union)을 믿는다.

써 하나이며, 너도 나도 우리도 '지체'로서 하나이다. 김종철의 초기 시는 계시의 신앙에 대한 믿음과 그 실천으로서의 시작 활동이었으며, 실천의 대상은 삶과 죽음의 미망에 갇혀 고통받는 인간이었다. 그 때문에 그는 수많은 생명이 죽임을 당한 베트남전쟁에 참전했고, 버림받은 자와 타락한 자들이 떠도는 섬인 '오이도'를 찾아갔다.

제5시집 『등신불 시편』의 '등신불' 연작에 대해 허혜정은 "'못'과 '죽음'으로 한계 지워진 존재의 유한성을 벗어난 '등신불' 표상은 특별한 의미망을 형성하고 있는 것처럼 보인다."면서도 "생전의 마지막 시집인 『못의 사회학』을 돌아보면 『등신불 시편』은 '못' 연작의 출발선에 함께 놓인다고 볼 수 있다."[352]고 했다. 죽음이란, "누구도 정확히 알 수 없다는 의미에서 절대적 타자"이며, 인간은 누구나 '죽음을 향한 존재'일 수밖에 없기 때문이다. 그렇다면 '등신불'이 존재의 유한성을 벗어나는 만큼 '못'도 가톨릭 세계의 죽음과 부활의 상징으로서 '죽음을 향한 존재'의 절박한 구원의 표징이라는 생각에 가 닿는다. 그것은 김종철의 초기 시에서 왜 그토록 황폐한 '벌거벗은 땅'의 이미지가 반복해서 등장하는지 짐작하게 한다.

「죽음의 둔주곡」에서 모든 죽음은 일회성이지만, 동시에 영원히 반복될 뿐인 죽음을 인식한 시인은 그 서정적 절규로써 '벌거벗은 땅'을 묘사했다. 「죽음의 둔주곡」은 바로 죽음의 보편성 혹은 영원성을 통해 현재성을 보장받는다. 「떠도는 섬」은 어떤 정신적 · 윤리적 층위의 불모성과 비극성을 함축한 섬이다. 유혹과 현혹의 욕망에 의해 굴절된

352) 허혜정, 앞의 글, 19쪽.

'떠도는 섬'을 통해 "마침내 이승의 낮과 밤(모든 것)이 '낯선 배'로 호칭됨으로써 '땅과 그 슬픔'은 구원을" 얻는다는 사실을 말하고자 한 것이 「떠도는 섬」과 '오이도' 연작 7편이다. 구원은 외부적이지 않고, '낯선 배'는 곧 "그대들 이승의 밤과 낮"이기 때문이다.

김종철에게 인간의 유한성은 이중적 층위의 자각으로 보인다. 하나는 인간은 언제나 죽음과 함께 죽음 속에서 살아가는 존재라는 것이며, 다른 하나는 사유와 이성의 존재라는 인간의 위엄마저도 언제든지 부서질 수 있고 얼마든지 무너져 버릴 수 있다는 자각이다. 「죽음의 둔주곡」의 결구 "너희들의 날에는 아무도 기다려 주지 않는다"와 「떠도는 섬」의 결구 "오, 누가 그대들에게 저 낯선 배가/ 그대들 이승의 밤과 낮이라고 말하겠는가"라는 외침은 이런 이중적 층위의 유한성에 대한 표현이다. 그런 점에서 「죽음의 둔주곡」과 「떠도는 섬」을 중심으로 한 김종철의 초기 시는 가톨릭의 사랑의 세계이며, 그 표현 양상은 윤리적 실천에 닿아 있다.

제3장. 고정희 시에 나타난 기독교적 상상력

1. 모순된 현실과 시적 저항

1975년 『현대시학』을 통해 등단[353]한 고정희는 1991년 불의의 사고로 작고하기 전까지 열 권의 시집을 상재했으며, 시선집과 유고시집을 포함해 모두 12권의 시집 500편[354]의 작품을 남겼다. '실락원' '화육제' '아벨' '히브리전서' 등이 직접적으로 언급된 기독교적 상상력과 '대동' '통일' '광주' '반월시화' 등의 반독재 민중 의식이 전면화된 언어[355]가 병존하는 가운데 『여성해방출사표』(1990)로 대표되는 여성주의 시편들이 가미되면서 학계에서는 대체로 이들 세 가지 요소를 중심으로 연구

353) 고정희는 박남수(朴南秀)의 추천으로 「연가」 「부활 그 이후」 등이 『현대시학』에 발표되면서 시단에 등장했다.

354) 2021년 간행된 『고정희 시전집』 초판 2쇄 수록 작품 기준. 고정희, 『고정희 시전집』(전 2권), 도서출판 또하나의문화, 2021(초판 2쇄).

355) 이러한 경향은 첫 시집 『누가 홀로 술틀을 밟고 있는가』(1979)부터 이어서 간행된 『실락원 기행』(1981), 『초혼제』(1983), 『이 시대의 아벨』(1983), 『눈물꽃』(1986), 『지리산의 봄』(1987), 『저 무덤 위에 푸른 잔디』(1989), 『광주의 눈물비』(1990) 등에 이르기까지 작품 활동 전 기간 동안 지속되었다.

되어 왔다.[356)]

유성호는 고정희의 시세계를 "'자유 의지'를 바탕으로 한 실존적 고통의 승인, '메시아니즘'을 핵심으로 하는 앙가주망의 시학, 내면 성찰과 남은 자의 그리움을 표상하고 있다."라고 평가했다.[357)] 김옥성도 "여성주의, 탈식민주의, 민중 의식, 그리고 장르 실험, 기독교 의식 등 다양한 관점에서 다채롭게 연구되어 왔다"[358)]고 보았다. 이은영은 고정희와 허수경의 시를 검토하면서 둘에게서 "1980년대 시에 일관되게 흐르고 있는 자본주의에 의한 물화(物化) 양상은 주목할 부분"이라면서 "시인은 현상에 대한 치밀한 관찰을 통해 … 이러한 저항의 에너지는 개별 속에서 전체를 향함으로써 삶의 구체적 구성을 이루는 모순의 현실을 정면으로 직시하게"[359)] 된다고 했다.

이 가운데 조연정은 고정희 시를 읽기 위한 시론(試論)으로 '여성운

356) 유성호, 「고정희 시에 나타난 종교의식과 현실인식」, 『한국문예비평연구』 창간호, 한국현대문예비평학회, 1997 ; 정효구, 「고정희의 시에 나타난 여성의식」, 『인문학지』 17-1, 충북대학교 인문과학연구소, 1999 ; 정영주, 「고정희 시의 탈식민주의 페미니즘에 관한 고찰」, 『한국문예창작』 5-1, 한국문예창작학회, 2006 ; 김승구, 「고정희 초기시의 민중신학적 인식」, 『한국문학 이론과비평』 37, 한국문학이론과비평학회, 2007 ; 이경희, 「고정희 시의 여성주의 시각 연구」, 『돈암어문학』 21, 돈암어문학회, 2008 ; 구명숙, 「고정희 시에 나타난 타자성 연구」, 『한민족문화연구』 제28집, 한민족문화학회, 2009 ; 김문주, 「고정희 시의 종교적 영성과 "어머니 하느님"」, 『비교한국학』 19-2, 국제비교한국학회, 2011 ; 조연정, 「1980년대 문학에서 여성운동과 민중운동의 접점 - 고정희 시를 읽기 위한 시론(試論)」, 『우리말글』 제71집, 우리말글학회, 2016 ; 조혜진, 「고정희, 최승자, 김승희 시에 나타난 여성성의 타자성 연구」, 『한국문예비평연구』 제53호, 한국현대문예비평학회, 2017 ; 최가은, 「여성 민중, 선언 —『또 하나의 문화』와 고정희」, 『한국시학연구』 제66호, 2021 ; 임형진, 「고정희 시에 나타난 에코페미니즘 고찰」, 『한국문예창작』 제20권 제1호, 한국문예창작학회, 2021.

357) 유성호, 「고정희 시에 나타난 종교의식과 현실인식」, 『한국문예비평연구』 창간호, 한국현대문예비평학회, 1997, 91쪽.

358) 김옥성, 「고정희 시의 기독교적 인간주의」, 『한국근대문학연구』 19-2, 한국근대문학회, 2018, 183~184쪽.

359) 이은영, 「1980년대 시에 나타난 자본주의적 세계에 대한 재현과 부정성」, 『한국문예비평연구』 제59집, 한국현대문예비평학회, 2018, 205~206쪽.

동'과 '민중운동'의 접점이라는 관점을 제시하면서 "노동자계급으로서의 여성은 예외 없이 가부장제와 자본주의의 이중의 억압 속에 놓이게 된다는 사실"[360]을 강조했다. 이는 마치 팔레스타인 여성의 '이중의 젠더화'[361]를 지적한 오카 마리(岡眞理)의 관점과 같이 '이중의 속박'에 대한 자각이 시적 사유의 진보성을 표상하는 일종의 시금석이 될 수 있다는 시각이라고 할 수 있다. 그런데 조연정은 "고정희가 흔히 '어머니'를 호출하며 여성의 수난을 보편화하고 다양한 계층의 역사적 인물들을 호출하는 것을 볼 때, 고정희의 '여성민중시'는 여성과 민중의 교집합을 염두에 두는 것이 아니라 여성을 그 자체로 민중으로 상정하는 것이라 할 수 있을 듯"하다고 주장했다, 이는 고정희가 여성 속에서 민중과 비민중을 구별하지 못한 것으로 평가한 셈이다.

그러나 최가은은 고정희가 1984년 『또하나의문화』 창간 동인으로 참여한 이래 시와 글과 기획으로 활발하게 활동한 결과에 주목하면서 그가 '여성-민중'을 선언한 것으로 보았다. 또 "고정희는 정치적 · 역사적 주체가 될 권리를 요구하는 '선언'의 형식과 여성주의적 의제를 연결시"켰다면서 "'인간 = 민중' 명제와 '여성 = 정치적 주체'라는 명제를 과감히 선언한 고정희의 텍스트들은 비민중, 비여성이 처한 자리를 지시하는 문제적 장소이자, 동시에 그들 저항의 기점이 되는, 여전히 존속 중인 운동의 장"[362]이라고 주장했다.

---

360) 조연정, 「1980년대 문학에서 여성운동과 민중운동의 접점 – 고정희 시를 읽기 위한 시론(試論)」, 『우리말글』 제71집, 우리말글학회, 2016, 244쪽.

361) "오리엔트 여성들은 자기 사회의 남성들과의 관계에 의해 젠더화되는 동시에 서양 여성들과의 관계에 의해서도 이중으로 젠더화되어 있다고 말할 수 있을 것이다." 오카 마리, 『그녀의 진정한 이름은 무엇인가』(이재봉 · 사이키 가쓰히로 옮김), 현암사, 2016(초판 1쇄), 16쪽.

362) 최가은, 「여성 민중, 선언 —『또 하나의 문화』와 고정희」, 『한국시학연구』 제66호, 2021,

이처럼 고정희의 시세계를 기독교, 민중, 여성 등 세 가지 키워드를 중심으로 연구하는 흐름은 계속 이어지고 있는 것으로 보인다. 특히 유고시집 『모든 사라지는 것들은 뒤에 여백을 남긴다』(1992)에 수록된 「밥과 자본주의」 연작 26편은 세 요소를 모두 포함하고 있는 작품으로 평가받으며, 최근까지 몇몇 연구자들의 주목을 받고 있다. 양경언은 리비스(F. R. Leavis)의 공동체론에 기대 「밥과 자본주의」 연작을 '커먼즈(commons)'[363]적인 속성에 따라 독해했다. 또 이소희는 「밥과 자본주의」가 아시아와 자본주의, 신식민주의의 역사적 관계와 영향을 나타내고 있다면서 이를 분석해 고정희를 '아시아의 페미니스트 시인'으로 재평가하려고 했다.[364] 본서는 「밥과 자본주의」 연작을 다룬 두 연구자의 논의를 중심으로 세 키워드를 비대립적 관점에서 종합할 수 있는지 검토해 보고자 한다.

공적 영역과 사적 영역을 구분하는 데카르트적 이원론을 넘어 '제3의 영역'으로서의 문학의 가능성을 모색했던 리비스의 유기적 공동체(organic community) 개념[365]을 따라 양경언은 「밥과 자본주의」에서 자본주의를 넘어서는 '밥'과 젠더적 차별을 넘어서는 '돌봄'의 질서를 찾는다. 그는 밥 → 돌봄 → 살림 → 커먼즈적 실천이라는 도식을 통해 공(公)과 사(私)의 영역을 넘어 '비개성'의 영역을 매개하는 '밥'을 추론

218쪽.

363) "커먼즈는 자본주의 세계 체제의 문제에 맞서 다양한 주체들의 협동, 공유, 돌봄이라는 가치 추구 행위 및 이를 통해 질적으로 다른 사회로 가는 길을 만드는 움직임을 이른다." 양경언, 「고정희의 『밥과 자본주의』 연작시와 커먼즈 연구」, 『여성문학연구』 제53집, 한국여성문학학회, 2021, 127쪽.

364) 이소희, 「연작시 〈밥과 자본주의〉에 나타난 아시아, 자본주의, 신식민주의」, 『젠더와 문화』 11-1, 계명대학교 여성학연구소, 2018, 41쪽.

365) 양경언, 앞의 글, 135쪽.

했다. 하지만 '밥'이 공사의 변증법적 극복이 될 수 있을지는 모르나, 근원에서 이원론의 해소가 될 수는 없을 것으로 보인다. 커먼즈 자체가 개체나 개인을 상대화하는 개념인 데다 유기성(有機性) 또한 공동체성의 변주로 보이기 때문이다.

이소희의 논의는 서구 자본주의(제국주의)와 아시아 식민주의의 대립 속에서 아시아적 연대의 가능성을 인식하고, 이 연대를 평등과 나눔을 실현할 주체로 '밥 짓는' 아시아 민중 여성을 상정함으로써 고정희를 '아시아의 페미니스트 시인'으로 정위하고자 했다. 이는 억압받는 여성이라는 수동적 · 저항적 페미니즘이 아니라 자본주의적 대립을 해소하는 능동적 · 선구적 주체로 여성을 정립함으로써 고정희의 시세계를 세 요소의 병존이 아니라 통합으로 이해하고자 한 시도로 보인다. 그러나 「밥과 자본주의」를 민중-여성의 통합적 해석으로 읽은 뒤에도 민중과 여성은 상대적 개념일 수밖에 없으며, 그 점에서 이 작품의 가능성은 이원론의 틀 안에 머물 수밖에 없다.

본서는 「밥과 자본주의」를 입체적으로 이해하기 위해 양경언과 이소희의 논의를 검토해 가면서 고정희의 시를 비대칭적 · 비대립적으로 읽을 수 있는지 그 가능성을 탐색해 보고자 한다. 여기서 「악령의 시대, 그리고 사랑」「새 시대 주기도문」「행방불명 되신 하느님께 보내는 출소장」「해방절 도상에 찾아오신 예수」「평화를 위한 묵상기도」「우리 시대의 산상수훈」「신 없이 사는 시대의 일곱 가지 복」「희년을 향한 우리의 고백기도」 등의 시편들이 함축하고 있는 기독교적 상상력에 대한 독해가 시사점을 제공할 수 있을 것으로 기대해 본다.

예수는 자신과 제자들의 관계를 "나는 포도나무요 너희는 가지다."

(요한복음 15,5)라고 했다. 이를 따라 사도 바오로는 예수를 머리로 하여 모든 인간이 그 지체라고 하는 지체론(肢體論)[366]을 정립했다. 신학자 로버트 배런(Robert Barron)도 교회 공동체는 "그리스도의 몸, 즉 상호 의존적인 분자와 세포와 기관으로 구성된 하나의 유기체"[367]라고 했다. 이는 "세계는 각자의 상호 의존과 필연적인 연대로 하나를 이루어야 한다"(제2차 바티칸 공의회, 사목헌장 〈기쁨과 희망〉 제4항)[368]는 가톨릭 사회 교리의 근간이기도 하다.

이것이 「밥과 자본주의」에 보이는 다소 과격한 시어나 표현들이 기독교적 세계관에 대한 근본적 부정이 아니라 모순된 현실에 대한 시적 저항으로 읽히는 이유이다. 고정희는 민중과 비민중, 여성과 비여성을 기독교적 일원론을 통해 비대립적 통합을 시도했는지 모른다. 그것은 부정을 통한 극복이 아니라 "이 세상에서 자신을 공동체로 이해하고" 이를 통해 "다양성을 풍요로움으로"[369] 보기 위한 노력일 수 있다.

2. '밥' – 공동체 혹은 커먼즈

'커먼즈(commons)'는 "근대 이전 시기부터 인민의 생계와 생존을 위

366) "그분은 머리이신 그리스도이십니다. 그분 덕분에, 영양을 공급하는 각각의 관절로 온몸이 잘 결합되고 연결됩니다. 또한 각 기관이 알맞게 기능을 하여 온몸이 자라나게 됩니다. 그리하여 사랑으로 성장하는 것입니다."(에페소서 4,15-16)

367) 로버트 배런, 『가톨리시즘(Catholicism)』, 생활성서, 2019(1판1쇄), 288쪽.

368) YOUCAT재단, 『무엇을 해야 합니까?(DOCAT)』(김선태 옮김, 유경촌 감수), 가톨릭출판사, 2016(초판 1쇄), 214쪽.

369) YOUCAT재단, 앞의 책, 219쪽.

해 지역의 공동체들이 함께 이용하고 관리하던 자연자원들과 그 관리 제도들을 지칭하는 말"로서 한국에서는 "오랫동안 공유지, 공유재, 공유자원으로 번역되어 왔고, 최근에는 공동자원, 공통자원 등의 용어도 함께 사용"[370]되고 있다. 이에 대해 양경언은 커먼즈 개념이 물질적 차원으로 한정될 수 없는 역사적-문화적 성격을 가지고 있으며, 나아가 "공동자원과 연관된 제도와 그것을 가능하게 하는 사회·문화적인 실천 및 이를 구성하는 주체적 역량까지 포괄한다"[371]고 주장하면서 「밥과 자본주의」를 커먼즈의 실천으로 보고자 했다.

양경언에 따르면, "커먼즈적인 움직임은 신자유주의적인 질서, 자본주의 세계체제의 문제에 맞서 국가가 도식적으로 주도하는 '공공'을 넘어서면서도, 아울러 고립된 개개인이 각자도생하는 상황 역시 넘어서는 자리에서 발휘되는 다양한 주체들의 협동, 공유, 돌봄이라는 가치추구 행위 및 이를 통해 공동으로 추구하는 세상으로 가는 길을 수호하는 움직임"[372]이다. 고정희의 「밥과 자본주의」는 한국이 서구적 대중소비사회로 진입한 시기에 쓰인 작품으로 "제국주의적인 자본주의가 뿌리를 내리는 과정이 사람들의 체질을 어떻게 바꾸는지에 대한 예리한 체감이 담겨"[373] 있다.

이에 따라 그는 고정희를 "'아시아 민중 여성'을 구속하는 현실 문제를 고발하는 역할로 자신의 몫을 한정하지 않고, 이들 스스로가 구조

370) 정영신, 「한국의 커먼즈론의 쟁점과 커먼즈의 정치」, 『아시아연구』 제23권 4호, 한국아시아학회, 2020, 242쪽.
371) 양경언, 앞의 글, 127~128쪽(각주 1).
372) 양경언, 앞의 글, 129쪽.
373) 양경언, 앞의 글, 130쪽.

적인 문제를 넘어서서 어떻게 살아 있는 삶을 조직해 나가는지를 살피는 일에 관심을" 둔 것으로 평가한다. 주지하다시피 고정희는 1990년 9월부터 이듬해 2월까지 필리핀 정부 초청으로 마닐라의 '아시아종교음악연구소'에서 아시아의 시인, 작곡가들과 함께 '탈식민지 시와 음악 워크숍'에 참여한바[374] 있으며, 이 경험을 통해 "전 지구적 규모로 작동하고 있는 제국주의적 자본주의와 신식민주의를 아시아 역사의 맥락에서 읽어"[375]낼 수 있었던 것으로 평가받고 있다.

요컨대 양경언이 리비스의 공동체론과 커먼즈 개념을 통해 고정희의 「밥과 자본주의」을 읽고자 하는 의도는 대별되는 두 가지 연구 경향에 대한 반발이라고 할 수 있다. 그는 "1980년대 한국문학의 연장선상에 고정희의 시를 위치시키고자 하는 평가는 시의 재현성을 한정적으로 살핌으로써 시가 탄력적으로 시대와 조응하면서 창출해 나가는 변혁성에 대해서는 덜 말하는 경향"이 있고, 반대로 "'여성 개인'의 욕망이 문학작품을 통해 두드러지게 가시화됐다고 얘기되는 1990년대 문학의 교두보로 고정희의 시를 삼고자 하는 평가는 고정희 시에서 민중운동, 여성해방 운동이 교차하는 지점을 복합적으로 살피는 일에 소극적인 경향을 보인다"[376]고 비판했다.

양경언은 「밥과 자본주의」에서 커먼즈적인 실천의 면모를 찾고자 한다. 그에 따르면 「밥과 자본주의」 연작은 "한 사람이 자신의 얼굴에 숱한 얼굴을 겹쳐냄으로써 종국에는 많은 이들의 목소리가 울려 퍼지

374) 고정희, 『고정희 시전집』(제2권), 576쪽.
375) 이소희, 『여성주의 문학의 선구자 고정희의 삶과 문학』, 국학자료원, 2018, 13~14쪽.
376) 양경언, 앞의 글, 134쪽.

도록 시의 역할을 조율했던 의미를 새길 수 있는 작품"[377]이다. 나아가 "'누군가의 시'라는 사적 소유로 점철된 영역이 아니라 '누구나의 노래'라는 협동적 창조의 범례로 자리하는 가능성을 살필 수 있"는 작품이다. 그럴 때 '우리'를 확장하는 '커머닝(commoning)'의 차원에 도달할 수 있다.

밥은 비개성의 영역이다. '밥'으로 표상되는 '먹거리'는 단순히 생명을 연장하기 위한 수단이 아니라 "'먹는 일'을 해결하기 위해 깃드는 노동행위에서부터 여기에 반영되어 있는 사회문화적 배경에 이르기까지 '밥'을 둘러싼 여러 관계"[378]는 중층적-복합적이다. 밥은 공공재이다. 그러나 자본주의는 무엇보다 '밥'의 공적 성격을 배제하여 사적 영역으로 몰아넣는다. 공동체적 생산을 통해 생성된 밥이 그 공동체의 구성원을 살리고, 다시 그가 공동체의 커먼즈를 실천하는 '밥 → 돌봄 → 살림 → 커먼즈적 실천'의 선순환을 사적 영역으로 개성화하는 데 자본주의의 모순이 있다.

그러나 「밥과 자본주의」는 "공(公/共)과 사(私)의 영역을 넘어서서 '누구나' 서로가 서로를 돌보는 '비개성'의 영역을 매개하는 '밥'"을 보여준다.

> 밥은 모든 밥상에 놓인 게 아니란다
> 네가 햄버거를 선택하고
> 왕새우 요리를 즐기기까지 이 흰

377) 양경언, 앞의 글, 136쪽.
378) 양경언, 앞의 글, 137쪽.

쌀밥은 애초부터 공평하지 않았구나
너는 이제 알아야 한다
밥은 선택하는 것이 아니라 함께 나누는 것이란다
네가 밥을 함께 나눌 친구를 갖지 못했다면
누군가는 지금 밥그릇이 비어 있단다
네가 함께 웃을 친구를 아직 갖지 않았다면
누군가는 지금 울고 있는 거란다
이 밥그릇 속에 이 밥 한그릇 속에
이 세상 모든 슬픔의 비밀이 들어 있단다

그러므로 아이야
우리가 밥상 앞에 겸손히 고개 숙이는 것은
배부름보다 먼저 이 세상 절반의
밥그릇이 비어 있기 때문이란다
하늘은 어디서나 푸르구나 그러나
밥은 모든 밥상에 놓인 게 아니란다
네 웃음소리를 스스로 낮추련?

—「밥은 모든 밥상에 놓인 게 아니란다」 부분

이 시에서 보듯 '밥'은 모든 밥상에 놓인 게 아니다. 누군가의 밥그릇은 '지금' 비어 있다. 공평해야 할 '밥'이 "애초부터 공평하지 않았"다. 공적-비개성적 '밥'이 사적-개성적 '밥'의 상태에 몰려 있는 것이 자본주의 체제이다. 이를 두고 양경언은 "'밥상'을 형성하는 현재의 공평하지 않은 세계 질서가 전환되기 위해서는 지금 자신 앞에 놓인 밥상이 그 자리에 놓이기까지 거쳐 온 역사적 맥락을 이해해야 한다는 것을 강조하고 있다"[379]고 했다. '밥'은 공적–비개성적 영역에서 사적–개성적 영역으로 나타난 것임을 고정희가 날카롭게 인식했다는 뜻이다.

그런데 공적 영역으로서의 '밥'을 '비개성(impersonality)'적인 것[380]이라 부른 것은 형용 모순에 가깝다. 커먼즈로서의 '밥'을 사적 영역으로 내모는 자본주의 체제를 '개성적'이라고 해야 하기 때문이다. 공적–사적, 개성–비개성이라는 대칭적 · 대립적 구도 위에서 논의를 전개한 데서 발생한 무리한 표현으로 보인다. 비록 리비스가 '개성의 영역' '누군가의 시'보다 '비개성의 영역' '누구나의 시'를 더 높이 평가했다[381]고 하더라도 그것은 고립된 개체성에 대한 비판적 어의를 표현한 것이지 개성을 부정한 것으로 보기는 어렵다. 물질적 차원과 문화–제도적 차원을 모두 포함하는 커먼즈 개념의 대립적 상대어는 개성이 아니라 개체성이라 할 수 있다. 인간이 개별적 인격체인 이상 개성은 부정될 수 없는 가치이며, 궁극적으로 '밥'은 사람들의 생명을 이어주는 매개이기 때문이다. 이는 리비스가 '유기적 공동체' 개념을 통해 구현하고자 한 '상호 협동적 창조성'까지 반개성적 전체주의 개념으로 만들어 버린다. 리비스에게 협동과 창조가 대립되는 개념일 수 없듯이 공적–비개성, 사적–개성이라는 대립어도 성립하기 어렵다.

379) 양경언, 앞의 글, 140쪽.
380) 양경언은 자신의 논문 「고정희의 『밥과 자본주의』 연작시와 커먼즈 연구」 제2장의 제목을 '밥, 비개성의 영역'으로 삼았다.
381) 양경언 앞의 글, 145쪽.

대저 밥이란 무엇일까요
인도 사람은 인도식으로 밥을 듭니다
더러는 그것을 손가락밥이라 말합니다
중국 사람은 중국식으로 밥을 듭니다
더러는 그것을 젓가락밥이라 말합니다
일본 사람은 일본식으로 밥을 듭니다
더러는 그것을 마시는 밥이라 말합니다
미국 사람은 미국식으로 밥을 듭니다
더러는 그것을 칼자루밥이라 말합니다
한국 사람은 한국식으로 밥을 듭니다
더러는 그것을 상다리밥이라 말합니다
손가락밥이든 젓가락밥이든
마시는 밥이든 칼자루밥이든
그게 뭐 그리 대수로운 일이랴 싶으면서도
이를 가만히 바라보노라면
밥 먹는 모습이 바로 그 나라 자본의 얼굴이라는 생각이 듭니다

(…)

아니다 그렇지 않다 밥은 다만 나누는 힘이다, 상다리밥은 마주앉는
밥이다, 지렛대를 지르고 나서
문득 우리나라 보리밥을 생각했습니다

—「아시아의 밥상문화」 부분

이 작품은 각국 '밥상문화'의 특성을 예리하게 표상한다. 수저를 사

용하지 않는 인도의 '손가락밥', 젓가락을 주로 쓰는 중국의 '젓가락밥', 그릇을 들고 음식을 먹는 일본의 '마시는 밥', 한 끼 식사에도 여러 개의 포크와 나이프를 사용하는 미국(유럽)식 '칼자루밥', 그리고 상다리가 부러지도록 차린 식사를 염원하는 한국의 '상다리밥'. 우선 이러한 문화적 특성은 일반인의 상식적 이해에 부합한다. 그런데 고정희는 여기서 "그 나라 자본의 얼굴"을 떠올린다. 손가락밥과 인도 자본주의라거나 젓가락밥과 중국 자본주의, 마시는 것과 일본 자본주의, 칼자루밥과 미국 자본주의 사이에 가로놓인 불합리한 추론에도 불구하고 보리밥이 얹어진 우리의 '상다리밥'이 환기하는 보편성에 힘입어 시인이 드러내고자 하는 반자본주의적 비판의식은 형상의 옷을 입는다.

이에 대해 양경언은 '상다리밥'이나 '마주앉는 밥'은 "밥을 '나누는' '사람'들이 나눔이라는 바로 그 행위를 지속하는 과정에서 수행적으로 창출"되는 것이라며, "차이를 가진 복수의 사람들이 각자의 특수성만을 상대에게 지나치게 강요하기보다는 서로를 존중하고 환대하는 '비개성'의 영역을 꾸릴 줄 알아야 평등이 보장된 '우리'라는 의미가 담긴 '마주 앉는 밥' '상다리밥'을 꾸려나갈 수 있는 것"[382]이라고 말했다. 말하자면 밥상문화를 통해 서로 밥을 '나누면서' 아시아 민중이 상호 '협동하고 보살피는' 활동을 수행하는 체제, 아시아적 연대의 틀을 제시했다는 분석이다. 이런 인식은 「아시아의 아이에게」 「하녀 유니폼을 입은 자매에게」 「몸바쳐 밥을 사는 사람 내력 한마당」에도 직접적으로 나

382) 양경언, 앞의 글, 143쪽.

타나는 바이며 '밥을 나누는' 커머닝을 통해 아시아인들은 스스로 '해방의 주체'가 될 수 있음을 보여준다고 주장했다.

양경언은 리비스가 대별한 '개성의 영역' = '누군가의 시'와 '비개성의 영역' = '누구나의 시'라는 대립적 개념 쌍을 그대로 받아들이면서 후자를 더 높이 평가했던 그를 따라 "「밥과 자본주의」 연작이 상호 협동적 창조성을 이루는 언어로 기존의 소유 관계를 뒤엎는 커먼즈적인 시를 만들"[383]어낸 것이라 평가했다. 그러면서 「새 시대의 주기도문」 「행방불명 되신 하느님께 보내는 출소장」「희년을 향한 우리의 고백기도」 등의 작품이 보여주는 기독교적 양식들에 대한 패러디가 독자의 능동적 참여를 활성화시킨다고 보았다. 바로 이런 참여가 '아시아적 연대'의 확장에 기여하는 시적 실천이라는 견해이다.

그러나 '개성:비개성'과 '누군가:누구나'의 대립은 논리적으로 이해될 수는 있어도 현실적으로 분절 가능한 개념인지에 대해서는 의문이며, 대립되는 두 쌍의 개념 가운데 어느 하나에 가치론적 우위를 둔다거나 윤리적 정당성을 부여한다는 것이 타당한지에 대해서도 쉽게 동의하기 어렵다. 나아가 공동자원, 공통자원 등의 물질적 차원에다 그와 연관된 제도와 그것을 가능하게 하는 사회 · 문화적인 실천 및 이를 구성하는 주체적 역량까지 포괄하는 개념으로서의 '커먼즈'를 수행한 작품으로 「밥과 자본주의」를 읽는다면 부분적 실천을 지나치게 확대 해석한 것으로 볼 수도 있다.

고정희가 「밥과 자본주의」라는 문학적 수행을 통해 도달하고자 한

383) 양경언, 앞의 글, 145쪽.

것은 대립되는 하나를 택해 다른 하나를 제거하는 것이었다기보다 오히려 대립이 무화된 비대립적 세계였을 터이다. 서구에 대하여 아시아의 절대적 승리(혹은 극복)를 상정할 수 없듯이, 자본주의에 대하여 공산주의의 절대적 승리를 추구했다고 볼 수도 없을 듯하다. 그가 특히 주기도문이나 희년, 고백기도 등과 같은 기독교적 양식을 작품에 활용한 것도 그것을 부정적 대상에 대한 공격 수단으로 활용했다기보다 기독교적 사랑과 구원의 세계가 현실에서 구현되기를 희망한 표현으로 이해할 수 있다. 커먼즈로서의 '밥'이 공사(公私)의 이원론적 대립을 넘어서는 변증법적 극복의 방안이 될 수는 있지만, 대립적 구도 위에 있는 한 그 대립 자체를 무화시킬 수는 없는 법이다.

3. '자본주의' – 제국 혹은 독점자본

고정희를 '아시아의 페미니스트 시인'으로 정위하고자 하는 이소희는 「밥과 자본주의」에서 서구의 제국주의적 자본주의와 아시아 식민주의의 대립 구도 속에서 아시아적 연대의 가능성을 보고자 한다. 평등과 나눔으로써 연대를 실현할 '밥 짓는' 아시아 민중 여성을 그 주체로 상정한 고정희야말로 이중의 억압에서 벗어날 가능성을 제시한 시인으로 보고자 하는 것이다.

이소희에 따르면 고정희는 "우리나라 최초의 페미니스트 시인"으로 평가받고 있으며, 한국 작가로는 드물게 필리핀 체류 경험을 통해 "시인으로서의 자아를 한국으로부터 아시아, 구체적으로는 필리핀, 말레

이시아, 인도네시아 등 동남아시아 지역 국가들로까지 확장”[384]하게 되었다. 아시아 여성들이 겪은 제국주의 침탈에 의한 식민주의 억압뿐 아니라 각국의 가부장제로 인한 억압까지 확인할 수 있었기 때문이다. 「밥과 자본주의」는 바로 이런 이중의 억압을 목도한 시인의 반응이므로 ‘아시아의 페미니스트 시인’으로 부를 근거가 된다는 주장이다.

양경언과 같이 이소희도 ‘밥’을 고정희의 시적 실천의 핵심으로 보았지만, 전자가 ‘밥’을 커먼즈로 보고 「밥과 자본주의」를 커먼즈의 실천으로 이해한 것과 달리 후자는 ‘밥’이라는 보편재를 ‘짓는’ 여성에 특별한 의미를 부여함으로써 이중의 억압을 극복할 주체로 여성을 제시한 것으로 보았다. 따라서 억압의 대상이자 그것의 극복 주체인 여성의 의미를 명확히 인식하고 작품으로 실천한 고정희는 ‘아시아의 페미니스트 시인’이 되는 것이다.

그런데 고정희에게 ‘밥’은 「밥과 자본주의」 연작 이전에도 특별한 의미를 가졌다. 이소희는 “『광주의 눈물비』(1990) 이후 고정희의 시세계에서 ‘밥’이 지니는 의미는 특별하다.”면서 “제2부 「눈물의 주먹밥」에 처음으로 등장하는 ‘어머니 하느님’과 민중을 연결하는 매개체는 바로 ‘주먹밥’”[385]이었음을 강조했다. 그러니까 ‘광주의 주먹밥’으로부터 ‘아시아의 밥’으로 외연을 확장해 나간 것이 「밥과 자본주의」 연작이라는 생각이다. 이소희는 여기서 고정희 시세계를 이해하는 세 개의 키워드 가운데 민중(‘광주’)과 여성(‘밥 짓는’)이 연결돼 ‘아시아 민중 여성’이 성

384) 고정희는 필리핀 체류 중 1991년 1월 4일부터 2주간 태국, 인도네시아, 말레이시아 등 동남아아시아 지역을 여행하였다.

385) 이소희, 앞의 글, 44쪽.

립된 것으로 보았다.

나아가 이소희는 "고정희의 전 생애에 걸쳐 진행되어 온 여성주의 창조적 자아의 발전과정은 '어머니 하느님'이라는 매우 혁신적인 상징기호에서 닻을 내렸다."면서 "'어머니 하느님'은 고정희의 시세계를 떠받치고 있는 세 개의 기둥, 수유리(기독교), 광주항쟁(민중), '또 하나의 문화'(여성)가 하나로 어우러져 고정희의 여성주의 창조적 자아가 도달한 지점의 형상화"[386]라고 주장했다. 이것은 세 요소의 병존이 아니라 통합으로 이해하고자 한 시도로 보인다.

그러나 「밥과 자본주의」를 민중-여성의 통합적 해석으로 읽은 뒤에도 민중과 여성은 상대적 개념일 수밖에 없으며, 그 점에서 이 작품의 가능성은 이원론의 틀 안에 머물 수밖에 없다. 또한, 세 요소의 병존도 그 자체로 고정희의 시적 목표라고 보기에는 가치론적 위계를 고려하지 않은 단순한 포괄에 가깝다. 고정희가 기독교적 세계관을 근간으로 삼고 있다는 점을 인정한다고 할 때 하느님과 민중과 여성은 범주론상 동일한 차원일 수 없다. 고정희에게 있어 민중-여성의 해방이 사회학적 기대지평(Horizon of expectations)에 속한다면, 기독교적 관점에서 하느님은 존재론의 층위에 해당한다.

> 민족이 두 쪽으로 갈라선 지난 오십년 동안에도
> 우리는 하나 되는 정의를 외면했습니다
> 우리는 하나 되는 평등을 멀리했습니다
> 우리는 하나 되는 해방을 불신했습니다

---

386) 이소희, 앞의 글, 44쪽(각주 3).

살림을 넘어 죽임으로
기쁨을 넘어 절망으로 달리는 고장난 열차 속에서
우리는 오직 침묵했으며
우리는 하나 되는 세상을 포기했습니다

용납하소서 평화의 하느님
우리가 이제 함께 나누는 성찬의 식탁으로 돌아가
해방의 피와 살이 되고자 합니다
우리가 이제 하느님 나라 모습으로 돌아가
평등의 길닦이가 되고자 합니다.
우리가 이제 그리스도 평화의 땅으로 돌아가
정의의 강물로 넘치고자 합니다
아아 우리가 이제 그리스도 통일의 집으로 돌아가
이념의 분단
자유의 분단
차별의 분단을 허물고자 합니다

—「희년을 향한 우리의 고백기도」 부분

이 작품에서 표현하고 있는 바와 같이 인간은 정의를 외면하고, 평등을 멀리하고, 해방을 불신할 수 있지만 '하느님'은 그러한 차원의 존재가 아니다. 하느님은 세상의 창조자이다. 남성의 하느님이 따로 있고, 여성의 하느님이 따로 있지 않다. 온 세상의 하느님, 모든 이의 하느님이 있을 뿐이다. 요컨대 하느님은 세상의 창조자이지 이원론적 긍-부정의 대립항을 전제한 세상의 창조자가 아니다. 하느님은 죄인 아담을 창조한 게 아니라 아담이 죄지은 세계를 창조했을 뿐이다.[387] 그 때문에 시적 화자는 하느님에게 '해방의 피와 살'이 되겠다고 고백기도를 바치는 것이다. 그리하여 '평화의 땅'이자 '통일의 집'인 '하느님 나라'로 돌아가고자 한다.

여기서 매우 중요하게 주목해야 할 지점은 '하느님 나라'는 부정적 현실을 극복하고 난 다음에 '도달하는' 귀결지가 아니라는 점이다. 그곳은 정의를 옹호하고, 평등을 가까이하고, 해방을 신뢰하면 '도달하는'곳이 아니다. 고정희가 말하는 '하느님 나라'는 처음부터 끝까지 정의롭고 평등하며 해방된 곳이므로 그저 '돌아가면' 되는 것이다. 이 작품에서 고정희가 명확히 '돌아가'라고 밝히고 있듯이 '하느님 나라'는 변증법적 극복의 결과가 아니라 모든 면에서 영원히 완전한 근원적 공간이다. 대립과 부정과 투쟁은 '인간의 나라'에서 벌어지는 일이다.

> 의인을 변절을 탓하던 시대는 이제 끝나야 합니다
> 옳은 자들이 당신의 이름을 더 이상 부르지 않는 시대가 오기 전에
> 하느님, 가버나움을 후려치듯 후려치듯
> 교회를 옳음의 땅으로 되돌려
> 참회의 강물이 온갖 살겁의 무기들을 휩쓸어가게 하소서
> 새로운 참소리 태어나게 하소서
> 거기에 창세기의 빛이 있사옵니다 아멘……
>
> —「행방불명 되신 하느님께 보내는 출소장」 부분

387) "아담이 죄를 지은 세계는 오직 죄인 아담 안에서만 실존한다. 다른 한편 신은 죄인 아담이 아니라, 아담이 죄를 지은 세계를 창조한다." 질 들뢰즈, 『주름, 라이프니츠와 바로크』, 42쪽.

이 작품에서 옳음과 그름의 차원은 사람들의 몫으로 상정되어 있을 뿐이다. 옳은 자와 그른 자는 있으나, 옳은 하느님과 그른 하느님은 따로 있지 않다. 고정희가 보기에 세상은 그른 자들의 그른 짓으로 가득하다. 제국주의와 자본가와 가부장이 식민주의와 민중과 여성을 억압하고 차별하고 파괴한다. 그것은 결코 '하느님의 나라'일 수 없다. 하느님은 행방불명된 것으로 보인다. 따라서 하느님에게 '출소장'을 보내 "당신의 이름을 더 이상 부르지 않는 시대가 오기 전에" 반드시 돌아오시라고 요청하게 된다. 고정희에게 하느님은 편재적 존재가 아니라 보편적 존재이다.

그대는 누구인가
하녀라 부르는 그대는 누구인가
태양이 된 사람들이 하늘을 차지하는 나라
자기 씨앗 뿌릴 땅 한평 없는 소작인의 나라에서ㅗ
하느님이 팔려간 길을 따라
백치처럼 팔려가며 성호를 긋는 그대는 누구인가
성모 마리아가 팔려온 길을 따라
골고다로 향하는 그대는 누구인가

달처럼 온순한 그대
순한 양의 그대가
바보보다 성실하게 친절하게
가난의 역사 억압의 역사
너무 슬퍼서 슬픈지조차 모르는 역사를 가냘픈 등짝에 지고

주님, 주님, 부르며 걸어갈 때
까닭모를 눈물이 내 두 눈을 적시네
하녀의 친절과 단순한 노동의 아름다움이
빼앗긴 사람들의 서러움을 감싸네
지금 살아남은 자들의 골짜기

―「하녀 유니폼을 입은 자매에게」 부분

이중의 억압에 시달리는 필리핀 여성을 '그대'로 호칭하면서 "너무 슬퍼서 슬픈지조차 모르는" 하녀가 등장하는 작품이다. 「밥과 자본주의」 연작 26편 가운데 필리핀 여성을 모델로 한 유일한 작품으로 보인다. 이 작품에 대해 이소희는 "고정희의 여성운동에 대한 신념은 곧 자매애에 대한 신념에 기초한 것임을 알 수 있다."[388]고 했다. 그러면서 "'단순한 노동의 아름다움'과 '빼앗긴 사람들의 서러움'이 평범한 '자매'의 일상생활에 배어있는 이곳이 바로 억압과 피지배의 신식민주의 상황 속에서도 '지금 살아남은 자들의 골짜기'"라고 분석했다. 이러한 처참한 현실 속에서 '그대'가 부르는 존재는 바로 '주님'이다. 앞서 본 대로 기독교의 지체론은 여기서도 바탕이 되고 있다. 그리스도를 머리로 모든 이가 지체로 연결되어 있으므로 고정희는 시적 화자를 통해 '그대'(하녀)를 자매로 표현할 수 있었다.

그런데 실상 '자매'는 하녀가 아님에도 하녀 복장을 하고 있다. 이 작품의 출발점이자 목적지이기도 한 '하녀'는 이처럼 왜곡된 체제의 피해자로 등장한다. 가해자는 물론 제국주의와 가부장제이다. 그러니

388) 이소희, 앞의 글, 53쪽.

까 고정희에게 "'필리핀'이라는 공간은 그 깊고도 끔찍한 식민의 역사를 모두 통과하여 '지금 살아남은 자들의 골짜기'로서의 절박한 풍경"으로 느껴진 것이다. 피해자는 지금 '주님'을 부르며 어딘가로 걸어가고 있다. 그곳은 '밥'의 보편성이 실현된 땅이며, '성적 평등'이 구현된 땅일 터이다. 그러니까 민중과 여성 각각의 대립항을 근원에서 제거할 수 있는 에너지를 '주님'으로 본 것이다.

함께 가자, 아시아인이여
우리는 이제 서로 손을 잡아야 한다
침략의 술잔으로 축배를 들던
백인의 시대는 끝났다
아시안이 아시아의 적이던 시대도 끝나야 한다
침략의 경제는 아시안의 적이다
침략의 문화는 아시안의 적이다
침략의 정치는 아시안의 적이다
독점자본의 칼을 버리라 아시아여
침략의 유산을 버리라 아시안이여
그리고 함께 우리 함께
꿈에도 그리는 평화의 시대를 우리 힘으로 열어젖히라
동방의 힘으로 동방의 빛으로
세계 해방의 등불을 밝히라
인류의 영혼이 아시아인의 품에 고이 잠들어 있으니

—「호세 리잘이 다시 쓰는 시」 부분

이소희에 따르면, 호세 리잘(Jose Rizal, 1861~1896)은 스페인 식민 통치 말기에 마닐라 근교 칼람바의 상류층 가정에서 태어났으며, 성 토마스대학에서 의학(안과)을 전공한 후 1882년부터 1887년까지 유럽에서 공부했다. 리잘은 필리핀이 스페인 식민 지배로부터 벗어나기 위한 독립운동에 있어서 매우 중요한 역할을 하였는데, 두 편의 소설과 수많은 에세이로 '상상의 공동체'로서 필리핀이라는 국가 정체성을 세우는 데 결정적 역할을 수행했다.[389] 고정희는 '리잘'에 열광했고, 사형장으로 끌려가기 직전 감방에 남겼다는 4쪽에 달하는 그의 시 「My Last Farewell」를 번역하기까지 했다.[390]

이 작품은 「밥과 자본주의」 연작의 주제 시편에 해당할 만한 내용을 포함하고 있다. '함께 가자'며 직접적인 연대의 선언을 하고 있으며, 제국주의와 독점자본에 대한 명확한 부정 의식을 표현하고 있다. "아시아 공동체와 연대를 향한 비전은 리잘의 목소리를 빌려 쓴 이 시의 말미에서부터 밝고 희망찬 모습으로 등장하며 그의 사고와 인식의 영역도 한국을 넘어서서 아시아로, 아시아로 확장되어 나아간다."[391]라는 이소희의 언급과 같이 고정희는 여기서 아시아적 연대의 미래를 평화와 해방으로 보았다. 다시 말해 '자본주의'를 버리고 '밥'을 통해 평화의 아시아 공동체를 실현하자는 생각으로 본 것이다.

이소희는 바로 이 지점에서 '아시아 페미니스트 시인'으로서 고정희의 시적 위상을 정립하고자 했다. 부정적 대립의 한 축(자본주의)을 제

389) 이소희 앞의 글, 61쪽
390) 고정희, 「필리핀의 빛 호세 리잘(Hose Rizal) 이야기」(편지글), 『너의 침묵에 메마른 나의 입술』(조형 외 엮음), 도서출판 또하나의문화, 1993, 47~53쪽.
391) 이소희, 앞의 글, 65쪽.

거하고 긍정적 한 축(밥)을 보편화시키는 변증법적 지양의 과정으로 「밥과 자본주의」를 읽은 셈이다. 그렇다면 여기서 민중과 여성은 확실히 조우하게 된다. 그러나 다른 요소인 기독교는 포함되지 않는다. 연작의 다른 시편들에서 두루 확인되는 것처럼 고정희는 일관되게 기독교적 상상력을 동원하고 있는 데 반해 이소희는 이에 대해 상대적으로 덜 주목한 것으로 보인다. 예수가 제자들에게 "나는 너희에게 평화를 남기고 간다. 내 평화를 너희에게 준다"(요한복음 14,27)고 한 것처럼 이 작품의 '평화'도 '해방'도 기독교적 세계관에 근원을 둔 시어로 보아야 한다.

이소희의 논의는 억압받는 여성이라는 수동적 · 저항적 페미니즘이 아니라 자본주의적 대립을 해소하는 능동적 · 선구적 주체로 여성을 정립함으로써 고정희의 시세계를 민중-여성의 관점에서 적실하게 파악한 것으로 보인다. 그러나 「밥과 자본주의」 연작의 시적 근간을 이루고 있는 기독교적 상상력을 존재론의 차원으로 보지 않음으로써 여전히 대립적 이원론의 틀 안에 가둔 것으로 생각된다.

4. 기독교적 일원론과 비대립적 통합

양경언은 리비스의 공동체론을 따라 「밥과 자본주의」를 커먼즈 개념의 실천으로 이해하고자 하였다. 「밥과 자본주의」 연작은 '누군가의 시'라는 사적 소유(개성)로 점철된 영역이 아니라 '누구나의 노래'(비개성)라는 협동적 창조의 범례로 자리하는 가능성을 살필 수 있는 작품이라면서 '나'를 넘어 '우리'를 확장하는 '커머닝(commoning)'의 차원에 도달한 것으로 보았다. '밥'이라는 커먼즈를 통하여 '자본주의'의 부정적 모순을 극복하고자 한 고정희의 시적 수행은 「밥과 자본주의」를 통해 성공적으로 실현되었다는 분석이다.

그러나 공동자원, 공통자원 등의 물질적 차원에다 그와 연관된 제도와 그것을 가능하게 하는 사회 · 문화적인 실천 및 이를 구성하는 주체적 역량까지 포괄하는 커먼즈는 '누군가'의 사적 영역과 '누구나'의 공적 영역을 대립적으로 구분하는 개념으로서 데카르트적 이원론의 한계를 벗어나지 못한다. '누군가:누구나'와 '개성:비개성'의 대립은 논리적으로 이해될 수는 있어도 현실적으로 분절 가능한 개념인지에 대해서는 의문이며, 대립되는 두 쌍의 개념 가운데 어느 하나에 가치론적 우위를 둔다거나 윤리적 정당성을 부여한다는 것이 타당한지에 대해서도 쉽게 동의하기 어렵다.

이소희는 「밥과 자본주의」에서 서구의 제국주의적 자본주의와 아시아 식민주의의 대립 구도 속에서 아시아적 연대의 가능성을 보았다. 필리핀에 체류하면서 "시인으로서의 자아를 한국으로부터 아시아, 구체적으로는 필리핀, 말레이시아, 인도네시아 등 동남아시아 지역 국가들로까지 확장"하게 된 고정희는 한국의 민중-여성 시인을 넘어 아시아의 민중-여성 시인으로 도약했다는 생각이다. 평등과 나눔으로써 연대를 실현할 '밥 짓는' 아시아 민중 여성을 그 주체로 상정한 고정희야말로 '아시아의 페미니스트 시인'으로 정위할 수 있다는 주장이다.

양경언과 같이 이소희도 '밥'을 고정희의 시적 실천의 핵심으로 보았지만, 전자가 '밥'을 커먼즈로 보고 「밥과 자본주의」를 커먼즈의 실천으로 이해한 것과 달리 후자는 보편재인 '밥 짓는' 여성에 특별한 지위를 부여함으로써 이중의 억압을 극복할 주체로 여성을 제시한 것으로 보았다. 따라서 억압의 대상이자 그것의 극복 주체인 여성의 의미를 명확히 인식하고 그것을 작품으로 실천한 고정희는 '아시아의 페미니스트 시인'이 되는 것이다.

그러나 고정희가 「밥과 자본주의」라는 문학적 수행을 통해 도달하고자 한 것은 대립되는 하나를 택해 다른 하나를 제거하는 것이었다기보다 오히려 대립이 무화된 비대립적 세계였을 터이다. 양경언이나 이소희의 분석과 같이 「밥과 자본주의」가 비개성적 공적 영역과 개성적 사적 영역의 대립을 해소하는 '커먼즈'나 자본가와 민중, 남성과 여성의 대립을 극복하는 '민중-여성'을 표면에 드러내고 있다고 할 수는 있지만, 이러한 대립적 차원을 근본적으로 무화시키는 기독교적 세계관을 근저에 깔고 있음도 부인하기 어렵다. 고정희가 「희년을 향한 우리의 고백기도」에서 "우리가 이제 하느님 나라 모습으로 돌아가"라고 표현한 대로 '하느님 나라'는 변증법적 극복의 결과가 아니라 모든 면에서 완전하고 영원한 근원적 공간이다. 대립과 부정과 투쟁은 '인간의 나라'에서 벌어지는 일일 뿐이다.

고정희는 생전에 11권의 시집과 시선집, 유고시집 등 모두 500편에 달하는 작품을 남겼다. 26편의 연작으로 이루어진 「밥과 자본주의」에 대한 분석만으로 고정희 시세계를 기독교 세계관 하나로 수렴할 수 있다고 단정할 수는 없는 일이다. 그와 같은 결론에 도달하기 위해서는 그의 모든 작품에 대해 세밀한 분석이 선행되어야 할 것이며, 초기

작부터 후기작[392]에 이르는 시세계의 변화 흐름도 종합적으로 검토하여야 할 것이다.

392) 이은영은 “고정희의 초기 시에서 공동체는 침묵하고 수동적이며, 중기 시에서 나타나는 공동체는 현실을 직시하고 다음 세대의 희망을 노래하는 모습을 보여주며, 후기 시에서 나타나는 공동체는 역사의 비극을 말하고 그것을 변화시킬 수 있는 힘을 지닌다.”면서 고정희 시세계를 세 시기로 구분하였다. 이은영, 「고정희 시의 공동체 인식 변화양상」, 『여성문학연구』 제38호, 2016, 261~262쪽.

제4장. 대긍정의 시를 위하여

가령 '영원히 회귀하는 것'이 있다고 하자(보편적 영원회귀). 삶이 죽음으로 나아가고, 죽음이 또한 삶을 낳는다고 생각해 보자. 아버지가 간 길을 어머니가 따라가고, 어머니가 걸어간 길을 아들과 딸이 뒤따른다고 하자. 마찬가지로 아들이 딸을 낳고, 딸이 아들을 본다고 하자. 이것은 끝없는 사람의 길, 삶도 죽음도 영원히 회귀한다. 그러므로 삶을 고통으로 여기는 만큼 죽음을 기뻐해야 하며, 죽음을 슬퍼하는 만큼 삶을 기쁨으로 느껴야 한다는 당위가 성립된다.

이것은 긍정이다. 무한한 긍정이자 대긍정이다. 삶도 긍정이고 죽음도 긍정이듯 모든 '일어나는 일(혹은 생성)'은 긍정이다. 긍정은 윤리적 함의를 넘어 물리적 차원에 도달한다. 생성의 존재론이자 사건의 철학은 이 세상에 일어나는 모든 것을 긍정하는 사유이다. "물리적 이론으로서의 영원회귀는 생성의 존재를 긍정한다."[393] 사람이 생성이고, 소와 말과 돼지와 양이 생성이고, 바퀴벌레와 파리와 모기가 생성이고,

393) 질 들뢰즈, 『니체와 철학』(이경신 옮김), 민음사, 2016(제2판 12쇄), 138쪽.

바람과 물과 바위와 산이 생성이고, 행성과 항성과 은하수가 또한 생성이다.

생성을 긍정한다는 것, 일어나는 것들의 '일어남'을 존재의 근거로 삼는다는 것은 다시 인간의 윤리학으로 돌아온다. 새벽 어시장의 소란스런 풍경을 긍정하고, 상자에 담겨 던져지는 생선을 긍정하고, 소라와 멍게와 개불과 해삼을 긍정하고, 그것을 감각하는 사람들의 시선을 긍정하는 윤리학이다. 사람을 긍정하고 사람살이를 긍정하는 일이다. 그것은 대립을 해체하는 긍정, 부정적인 것들을 모두 부정하는 긍정이다.

그러므로 생성의 윤리학은 '생성'을 선택하는 일이다. 우리는 죄악의 생성을 선택하지 않고, 죄악의 반성을 선택한다. 폭력의 생성을 선택하지 않고, 폭력의 다스림을 선택한다. 가난과 질병과 전쟁의 생성을 선택하지 않고, 그것들로부터 삶을 긍정으로 이끄는 생성을 선택한다. 이것이 생성의 윤리학이 가진 대긍정의 원리이다. 생성의 윤리학은 긍정의 윤리학이다.

'서정'이란 남루한 삶의 가장자리로 내몰린 쓰라린 영혼들의 조용한 웅변인지 모른다. 그러므로 서정에는 언제나 피의 냄새가 묻어 있고, 그 상처를 달래는 간절한 비원이 담겨 있으며, 인간은 너나없이 하나라는 보편적 공감에의 호소가 담겨 있다. 서정은 삶과 함께하면서도 그것과 영원히 길항하는 인간의 운명을 표현하는 양식이다. 그렇기에 서정시는 인간의 역사를 벗어날 수 없었고, 앞으로도 벗어나지 못할 터이다. 또한 우리는 서정시를 버릴 수 없고 벗어날 수도 없으리라. 우리는 서정의 힘에 기대어 살아가야 하며, 그렇게 살아갈 운명을 타고

난 존재이기 때문이다.

서정은 한겨울 혹한의 추위 속에서 만나는 온천수와 같은 것이며, 한여름 무더위 속에서 한 모금 마시는 얼음물 같은 것이다. 서정시는 우리 삶의 극한에서 외치는 비명 같은 것이지, 유유자적 음미하고 관조하고 농월(弄月)하는 풍류가 아니다. 본서가 살펴본 대로 이시영, 김남주, 김종철, 고정희의 시 세계는 대긍정을 향한 시적 분투였다.

김남주의 생애는 등단, 투옥, 가석방이라는 세 변곡점을 갖는다. 이는 각각 '들녘' '감옥' '도시'라는 발화 위치에 대응시킬 수 있었다. 김남주의 발화 위치에 주목한 것은 그를 종합적 시인으로 정립하고자 하는 의도를 내포하는 것이었다. 그는 전사이기도 했지만, 아들이기도 했고 남편이기도 했으며 아버지이기도 했다. 또한 누군가의 후배이자 동배이자 선배였다. 시인 김남주가 살다 간 다양한 국면을 사회학적 위치, 정치학적 위치, 생물학적 위치라는 관점에서 해석할 수 있다면, 그것은 그의 시를 입체적으로 이해하는 데 일정한 도움을 줄 것으로 생각했다. 김남주는 혁명이나 반미, 통일만을 외친 외다리 시인이 아니라, 인간적 보편성을 염두에 두고 시대적 조건에 결연히 저항한 개성적 시인이었다.

「죽음의 둔주곡」과 「떠도는 섬」을 중심으로 살펴본 김종철의 초기 시는 가톨릭 세계관에 기반하고 있었다. 이는 '못'의 상징을 본격적으로 구사하기 시작한 제4시집 『못에 관한 명상』(1992년) 이전에도 이미 그 기저에 가톨리시즘의 바탕이 깔려 있었다는 사실을 확인한 것이며, 결과적으로 그의 작품세계는 처음부터 작고할 때까지 가톨릭 세계관을 일관되게 견지한 결과임을 확인할 수 있었다. 이는 그가 「가을의 기도」

를 남긴 김현승의 기독교적 정신성이나 한국전쟁의 참화를 15편의 연작시로 표현한 「초토의 시」에서 보여준 구상의 기독교적 사랑의 세계를 잇는 시인임을 짐작케 하는 것이었다.

가톨릭 세계관은 무엇보다 예수의 육화(肉化)－죽음－부활이라는 '계시의 믿음' 자체이지만, 그것의 작품화인 「죽음의 둔주곡」과 「떠도는 섬」은 '믿음의 실천'이라고 할 수 있다. 김종철에게 가톨릭 세계관은 믿음의 윤리화이면서, 윤리의 신앙화에 가까웠다. 삶도 죽음도 '통공'으로써 하나이며, 너도 나도 우리도 '지체'로서 하나이다. 김종철의 초기시는 계시의 신앙에 대한 믿음과 그 실천으로서의 시작 활동이었으며, 실천의 대상은 삶과 죽음의 미망에 갇혀 고통받는 인간이었다. 그 때문에 그는 수많은 생명이 죽임을 당한 베트남전쟁에 참전했고, 버림받은 자와 타락한 자들이 떠도는 섬인 '오이도'를 찾아갔던 것이다.

고정희가 「밥과 자본주의」라는 문학적 수행을 통해 도달하고자 한 것은 대립되는 하나를 택해 다른 하나를 제거하는 것이었다기보다 오히려 대립이 무화된 비대립적 세계였다. 양경언이나 이소희의 분석과 같이 「밥과 자본주의」가 비개성적 공적 영역과 개성적 사적 영역의 대립을 해소하는 '커먼즈'나 자본가와 민중, 남성과 여성의 대립을 극복하는 '민중－여성'을 표면에 드러내고 있다고 할 수는 있지만, 이러한 대립적 차원을 근본적으로 무화시키는 기독교적 세계관을 근저에 깔고 있음도 부인하기 어렵다. 고정희가 「희년을 향한 우리의 고백기도」에서 "우리가 이제 하느님 나라 모습으로 **돌아가**"(강조－인용자)라고 표현한 대로 '하느님 나라'는 변증법적 극복의 결과가 아니라 모든 면에서 완전하고 영원한 근원적 공간이다. 대립과 부정과 투쟁은 '인간의 나라'에서, 그것도 매우 제한된 범위 안에서 벌어지는 일일 뿐이다.

필자는 시인으로서, 또 문학평론가이자 연구자로서 지난 시간 우리 문학을 대칭과 대립의 관점에서 분석하고 연구해 온 관점에 반대한다. 그것은 시의 길도 아니며, 소설의 길도 아니다. 문학은 언제나 비대칭 · 비대립의 세계를 추구해 왔다. 필자는 인간이 인간을 향해 함께하자고 외쳐 온 역사가 문학사라고 믿는다. 또한 그것은 한국 현대시가 걸어온 길이며, 걸어갈 길이라고 믿는다. 그것은 대긍정의 시를 향한 길이기도 하다.

〈참고문헌〉

• 시집

이시영, 『만월』(제1시집), 창작과비평사, 1976.

———, 『바람 속으로』(제2시집), 창작과비평사, 1986.

———, 『길은 멀다 친구여』(제3시집), 실천문학사, 1988.

———, 『이슬 맺힌 노래』(제4시집), 들꽃세상, 1991.

———, 『무늬』(제5시집), 문학과지성사, 1994.

———, 『사이』(제6시집), 창작과비평사, 1996.

———, 『조용한 푸른 하늘』(제7시집), 솔출판사, 1997.

———, 『은빛 호각』(제8시집), 창비, 2003.

———, 『바다 호수』(제9시집), 문학동네, 2004.

———, 『아르갈의 향기』(제10시집), 시와시학사, 2005.

———, 『우리의 죽은 자들을 위해』(제11시집), 창비, 2007.

———, 『경찰은 그들을 사람으로 보지 않았다』(제12시집), 창비, 2012.

———, 『호야네 말』(제13시집), 창비, 2014.

———, 『하동』(제14시집), 창비, 2017.

———, 『나비가 돌아왔다』(제15시집), 문학과지성사, 2021.

김남주, 『진혼가』(제1시집), 청사, 1984.

———, 『나의 칼 나의 피』(제2시집), 도서출판 인동, 1987.

———, 『조국은 하나다』(제3시집), 실천문학사, 1988.

———, 『솔직히 말하자』(제4시집), 도서출판 풀빛, 1989.

———, 『사랑의 무기』(시선집), 창작과비평사, 1989.

———, 『사상의 거처』(제5시집), 창작과비평사, 1991.

———, 『이 좋은 세상에』(제6시집), 한길사, 1992.

———, 『저 창살에 햇살이』(전 2권, 옥중시전집), 창작과비평사, 1992.

———, 『나와 함께 모든 노래가 사라진다면』, 창작과비평사, 1995.

김종철, 『서울의 유서』(제1시집), 한림출판사, 1975.

———, 『오이도』(제2시집), 문학세계사, 1984.

———, 『김종철 시 전집』, 문학수첩, 2016.

고정희, 『고정희 시전집』(전 2권), 도서출판 또하나의문화, 2021(초판 2쇄).

———, 『너의 침묵에 메마른 나의 입술』(조형 외 엮음), 도서출판 또하나의문화, 1993.

• 시선집

이시영, 『긴 노래, 짧은 시』(시선집), 창비, 2009.

• 산문집

이시영, 『곧 수풀은 베어지리라』, 한양출판, 1995(1판 1쇄).
———, 『시 읽기의 즐거움 – 나의 한국 현대시 읽기』, 창비, 2016(초판 1쇄).

• 박사 학위 논문

구혜숙, 『이시영 시 연구』, 단국대학교 대학원 박사학위논문, 2016.
강재순, 『김남주 · 신대철 시의 상상구조 연구 : 이미지 변용양상을 중심으로』, 명지대학교 대학원 박사학위논문, 2014.
홍순창, 『1980년대 민중시의 서정성 연구』, 단국대학교 대학원 박사학위논문, 2012.

• 석사 학위 논문

강재순, 『이시영 초기 시에 나타난 이미지 연구』, 명지대학교 대학원 석사학위논문, 2007.
김용구, 『이시영 시 연구』, 동국대학교 문화예술대학원 석사학위논문, 2002.
김재홍, 『이시영 시 연구』, 중앙대학교 대학원 석사학위논문, 2004.
류미월, 『이시영 시 연구 – 시의 형식을 중심으로』, 단국대학교 대학원 석사학위논문, 2012.
신성원, 『김남주 시의 생태적 모성 연구』, 공주대학교 교육대학원 석사학위논문, 2011.
이소연, 『이시영 후기시 연구 – 환유 양상을 중심으로』, 중앙대학교 대학원 석사학위논문, 2010.
지희현, 『1970~80년대 한국 현대시의 고향의식 연구』, 건국대학교 교육대학원 석사학위논문, 2010.

• 소논문

구명숙, 「고정희 시에 나타난 타자성 연구」, 『한민족문화연구』 제28집, 한민족문화학회, 2009.
구혜숙, 「이시영 시 연구 – 잃어버린 시간의 문학적 복원」, 『한국문화기술』(제15집), 단국대학교 한국문화기술연구소, 2013.
김동명, 「생성철학을 통한 사회생태주의의 복잡성 연구_이시영의 시를 중심으로」, 『한국시학연구』(제60집), 한국시학회, 2019.
김문주, 「고정희 시의 종교적 영성과 "어머니 하느님"」, 『비교한국학』 19-2, 국제비교한국학회, 2011.
김승구, 「고정희 초기시의 민중신학적 인식」, 『한국문학 이론과비평』 37, 한국문학이론과비평학회, 2007.
김옥성, 「고정희 시의 기독교적 인간주의」, 『한국근대문학연구』 19-2, 한국근대문학회, 2018.
김지연, 「'여성성'의 재조명과 이시영 시의 에코페미니즘적 의의」, 『한국언어문학』(제83집), 교보문고 북센터, 2012.
배옥주, 「한국 여성시에 나타난 모성성의 특성」, 『열린정신 인문학연구』제19-1호, 원광대학교 인문학연구소, 2018.
양경언, 「고정희의 『밥과 자본주의』 연작시와 커먼즈 연구」, 『여성문학연구』 제53집, 한국여성문학학회, 2021.
유성호, 「고정희 시에 나타난 종교의식과 현실인식」, 『한국문예비평연구』 창간호, 한국현대문예비평학회, 1997.
이경희, 「고정희 시의 여성주의 시각 연구」, 『돈암어문학』 21, 돈암어문학회, 2008.
이소희, 「연작시 〈밥과 자본주의〉에 나타난 아시아, 자본주의, 신식민주의」, 『젠더와 문화』 11-1, 계명대학교 여성학연구소, 2018.
이소희, 『여성주의 문학의 선구자 고정희의 삶과 문학』, 국학자료원, 2018.
이은영, 「고정희 시의 공동체 인식 변화양상」, 『여성문학연구』 제38호, 한국여성문학학회, 2016.
이은영, 「1980년대 시에 나타난 자본주의적 세계에 대한 재현과 부정성」, 『한국문예비평연구』 제59집, 한국현대문예비평학회, 2018.
이은영, 『고정희 시에 나타난 불화의 정치성 – 마당굿시를 중심으로』 『여성문학연구』 제53호, 한국여성문학학회, 2021.
임형진, 「고정희 시에 나타난 에코페미니즘 고찰」, 『한국문예창작』 제20권 제1호, 한국문예창작학회, 2021.
전동진, 「이시영 시의 모더니티 연구」, 『남도문화연구』(제21집), 순천대학교 남도문화연구소, 2011.
정영신, 「한국의 커먼즈론의 쟁점과 커먼즈의 정치」, 『아시아연구』 제23권 4호, 한국아시아학회, 2020.
정영주, 「고정희 시의 탈식민주의 페미니즘에 관한 고찰」, 『한국문예창작』 5-1, 한국문예창작학회, 2006.
정효구, 「고정희의 시에 나타난 여성의식」, 『인문학지』 17-1, 충북대학교 인문과학연구소, 1999.
조연정, 「1980년대 문학에서 여성운동과 민중운동의 접점 – 고정희 시를 읽기 위한 시론(試論)」, 『우리말글』 제71집, 우리말글학회, 2016.
조혜진, 「고정희, 최승자, 김승희 시에 나타난 여성성의 타자성 연구」, 『한국문예비평연구』 제53호, 한국현대문예비평학회, 2017.
최가은, 「여성 민중, 선언 — 『또 하나의 문화』와 고정희」, 『한국시학연구』 제66호, 2021.

• 국내 논저

고은 외, 『80년대 대표 시인선』, 현암사, 1989.
구혜숙, 『이시영 시의 서정성과 역사성』, 푸른사상사, 2019.
김수영, 『김수영 진집 2』(산문), 민음사, 1984(4판).
김애령, 『은유의 도서관』, 그린비출판사, 2014(초판 2쇄).
김재홍, 『못의 사제, 김종철 시인』, 문학수첩, 2020(초판 1쇄).
김종삼, 『북치는 소년』, 민음사, 1991(5판).
김준오, 『시론』, 삼지원, 2019(제4판 39쇄).
김지하, 『예감에 가득 찬 숲 그늘』, 실천문학, 1999(초판 1쇄).
김춘식, 『불온한 정신』, 문학과지성사, 2003(초판 제1쇄).
김 현, 『행복한 책읽기』, 문학과지성사, 1993(초판 4쇄).
김흥규, 『문학과 역사적 인간』, 창작과비평사, 1988(재판).
기형도, 『기형도 전집』, 문학과지성사, 2004(제1판 제11쇄).
민영 · 최원식 · 최두석 편, 『한국현대대표시인선』(Ⅲ), 창작과비평사, 1990.
박성창, 『수사학』, 문학과지성사, 2017(초판 7쇄).
백석, 『백석시전집』(이동순 편), 창작사, 1987.
서정주, 『질마재 신화』, 일지사, 1986(8쇄).
서정주, 『화사집』, 문학동네, 2001(초판).
염무웅, 『혼돈의 시대에 구상하는 문학의 논리』, 창작과비평사, 1995(초판).

염무웅 · 임홍배 편, 『김남주 문학의 세계』, 창비, 2014.
유성호, 『한국 현대시의 형상과 논리』, 국학자료원, 1997.
유성호, 『서정의 건축술』, 창비, 2019(초판 1쇄).
유종호, 『시란 무엇인가』, 민음사, 2002(1판 16쇄).
이성혁, 『사랑은 왜 가능한가』, 청색종이, 2019(초판 제1쇄).
이성혁, 『서정시와 실재』, 푸른사상사, 2011.
이승원, 『몰입의 잔상』, 역락, 2018(초판 1쇄).
이승훈, 『시론』, 태학사, 2009(초판 2쇄).
이정우, 『삶, 죽음, 운명 – 스토아 철학에서 禪으로』, 기획출판 거름, 1999(제1판 제1쇄).
이정우, 『시뮬라크르의 시대 – 들뢰즈와 사건의 철학』, 기획출판 거름, 2000(제2판 제1쇄).
이정우, 『담론의 공간』, 산하미디어, 2000(1판 2쇄).
이정우, 『접힘과 펼쳐짐 – 라이프니츠, 현대과학, 易』, 기획출판 거름, 2000(제1판 제1쇄).
이정우, 『주름, 갈래, 울림 – 라이프니츠와 철학』, 기획출판 거름, 2001(제1판 제1쇄).
임우기, 『그늘에 대하여』, 도서출판 강, 1996.
전영태, 『쾌락의 발견 예술의 발견』, 생각의나무, 2006(초판 제1쇄).
정민, 『한시 이야기』, 보림, 2003(2판 1쇄).
정현종, 『한 꽃송이』, 문학과지성사, 1992(2쇄).
천주교 서울대교구 교육국, 『견진 교리서』, 가톨릭출판사, 2012(개정 초판 18쇄).

• 국외 논저

그레고리 베이트슨, 『정신과 자연』(박지동 옮김), 도서출판 까치, 1998(개정판 1쇄).
로만 야콥슨, 『문학 속의 언어학』(신문수 편역), 문학과지성사, 2001(초판 6쇄).
로버트 배런, 『가톨리시즘(Catholicism)』(전경훈 옮김), 생활성서, 2019(1판1쇄),
루트비히 비트겐슈타인, 『논리–철학 논고』(이영철 옮김), 책세상, 2017(초판 12쇄).
뤼시앙 골드만, 『문학 사회학 방법론』(박영신 · 오세철 · 임철규 옮김), 현상과인식, 1984.
르네 데카르트, 『방법서설/성찰/철학의 원리』(소두영 옮김), 동서문화사, 2018(1판 2쇄).

마르틴 하이데거, 『존재와 시간』(전양범 옮김), 동서문화사, 2018(4판 3쇄).
슬라보예 지젝, 『까다로운 주체』(이성민 옮김), 도서출판b, 2015(초판 4쇄).
아나키우스 보에티우스, 『철학의 위안』(이세운 옮김), 필로소픽, 2014(초판 1쇄).
아리스토텔레스, 『시학』(천병희 역), 문예출판사, 1988(신제 4쇄).
아리스토텔레스, 『수사학』(박문재 옮김), 현대지성, 2021(1판 4쇄).
아리스토텔레스, 『형이상학』(이종훈 옮김), 동서문화사, 2019(1판 2쇄).
알랭 바디우, 『비미학』(장태순 옮김), 이학사, 2016(1판 3쇄).
알랭 바디우, 『조건들』(이종영 옮김), 새물결 출판사, 2007(1판 2쇄).
앙리 베르그송, 『사유와 운동』(이광래 옮김), 문예출판사, 2001(제1판 제4쇄).
앙리 베르그송, 『도덕과 종교의 두 원천』(송영진 옮김), 서광사(제1판 제1쇄), 1998.
앨프레드 화이트헤드, 『과정과 실재』(오영환 옮김), 민음사, 2016(2판 7쇄).
에티엔느 질송, 『중세 철학사』(김기찬 옮김), 현대지성사, 2013(중쇄).
엠마누엘 레비나스, 『시간과 타자』(강영안 옮김), 문예출판사, 2018(제1판 19쇄).
염무웅, 『혼돈의 시대에 구상하는 문학의 논리』, 창작과비평사, 1995(초판).
오카 마리, 『그녀의 진정한 이름은 무엇인가』(이재봉 · 사이키 가쓰히로 옮김), 현암사, 2016(초판 1쇄).
요셉 피퍼, 『중세 스콜라 철학』(김진태 옮김), 가톨릭대학교출판부, 2003(제1판 제1쇄).
요하네스 둔스 스코투스, 『제일원리론』(박우석 옮김), 누멘, 2018(초판 2쇄).
이-푸 투안, 『공간과 장소』(윤영호, 김미선 옮김), 사이, 2021.
자크 데리다, 『입장들』(박성창 편역), 솔출판사, 1993(초판 2쇄).
자크 데리다, 『문학의 행위』(정승훈 · 진주영 옮김), 문학과지성사, 2013(제1판 제1쇄).
장바티스트 구리나, 『스토아주의』(김유석 옮김), 글항아리, 2019(1판2쇄).
조르주 아감벤, 『호모 사케르』(박진우 옮김), 새물결, 2008.
질 들뢰즈, 『차이와 반복』(김상환 옮김), 민음사, 2004(1판 1쇄).
질 들뢰즈, 『주름, 라이프니츠와 바로크』(이찬웅 옮김), 문학과지성사, 2004.
질 들뢰즈, 『의미의 논리』(이정우 옮김), 한길사, 2015(제1판 11쇄).
질 들뢰즈, 『니체와 철학』(이경신 옮김), 민음사, 2016(제2판 12쇄).
질 들뢰즈, 『스피노자의 철학』(박기순 옮김), 민음사, 2017(2판 12쇄).
질 들뢰즈 · 펠릭스 가타리, 『천 개의 고원』(김재인 옮김), 새물결 출판사, 2003(4쇄).
질 들뢰즈 · 펠릭스 가타리, 『철학이란 무엇인가』(이정임 · 윤정임 옮김), 현대미학사, 1995.
질베르 뒤랑, 『상상계의 인류학적 구조들』, 문학동네, 2007,
칼 마르크스, 『자본 Ⅰ-1』(김영민 옮김), 이론과실천, 1987(초판).
칼 마르크스, 『철학의 빈곤』(강민철 · 김진영 옮김), 도서출판 아침, 1989(중판).
칼 마르크스 · 프리드리히 엥겔스, 『공산당선언』(남상일 옮김), 백산서당, 1989.
칼 마르크스 · 프리드리히 엥겔스, 『독일 이데올로기』(김대웅 옮김), 도서출판 두레, 2020(1판3쇄).
테야르 드 샤르댕, 『인간현상』(양명수 옮김), 도서출판 한길사, 2004(제1판 제5쇄).
토마스 아퀴나스, 『신학대전 요약』(G. 달 사쏘 · R. 꼬지 편찬, 이재룡 · 이동익 · 조규만 옮김), 가톨릭대학교출판부, 2004(제2판 제3쇄).
펠릭스 가타리, 『카오스모제』(윤수종 옮김), 동문선, 2003(초판).
폴 리쾨르, 『타자로서의 자기 자신』(김웅권 옮김), 동문선, 2006(초판).
폴 프라이, 『문학이론』(정영목 옮김), 문학동네, 2019(1판2쇄).
플라톤, 『국가론』(이환 옮김), 돋을새김, 2015(개정판 3쇄).
플라톤, 『티마이오스』(김유석 옮김), 아카넷, 2019(1판 2쇄).
플라톤, 『파이드로스』(조대호 역해), 문예출판사, 2021(2판 3쇄).
A. 아우구스티누스, 『고백록』(최민순 옮김), 바오로딸, 2015(3판 14쇄).
B. 스피노자, 『에티카』(강영계 옮김), 도서출판 서광사, 2016(개정판 8쇄).
F. 니체, 「우상의 황혼」, 『니체 전집 15』(백승영 옮김), 책세상, 2020(초판12쇄).
G. W. F. 헤겔, 『정신현상학』(김양순 옮김), 동서문화사, 2021(1판 2쇄).
H. 포터 애벗, 『서사학 강의』(우찬제 옮김), 문학과지성사, 2010.
I. A. 리처즈, 『수사학의 철학』(박우수 옮김), 고려대학교 출판부, 2001(초판).
I. 칸트, 『순수이성비판』(최재희 역), 박영사, 2013(개정중판발).
YOUCAT재단, 『무엇을 해야 합니까?(DOCAT)』(김선태 옮김, 유경촌 감수), 가톨릭출판사, 2016(초판 1쇄).

• 평론

감태준, 「김종철에 관한 한 노트」, 『시와시학』(통권 제42호), 시와시학사, 2001.
강상대, 「불화의 시대, 긴장된 현실인식의 시」, 『문학과 비평의 사유』, 단국대학교 출판부, 2006.
강형철, 「서정시의 엄격함 – 이시영 시집 '길은 멀다 친구여'」「동대신문」 1988년 3월 22일.

강형철, 「긴장의 시학」, 『실천문학』 1991년 가을호.
강형철, 「이시영의 '정님이'」, 『대표시 대표평론 1』, 실천문학사, 2000.
고명철, 「진화(進化)하는 정치적 서정, 진화(鎭火)하는 국가폭력」, 『시와 시』 2010년 가을호.
구모룡, 「감성을 넘어 세계를 여는 시」 『시작』 2010년 겨울호.
구모룡, 「생태시학의 대두」 『현대문학』 1996년 11월호.
김광일, 「이시영 – 시인보다 먼저 일어서는 시인, 시詩 심부름꾼」, 『시인세계』 2004년 겨울호.
김규동, 「힘으로서의 시와 민중정서」, 『民意, 4집, 일원서각, 1986.
김명수, 「사물과 언어의 싱싱한 활력」, 『사람의 문학』 1998년 여름호.
김선태, 「중견시인 4명의 시적 변모 양상」, 『시작』 2007년 겨울호.
김선학, 「정서의 이중구조」, 『현대문학』 1997년 4월호.
김수복, 「시와 신화적 상상력」, 『미주문학』 2010년 가을호.
김영태, 「시인의 초상 : 創批學校 교무주임 이시영」, 『현대시학』 1994년 8월호.
김영철, 「실락원에서 복락원으로의 여정」, 『시와 시학』 1996년 여름호.
김용락, 「생명의 교감과 시적 진정성」, 『녹색평론』 1994년 9-10월호.
김유중, 「신성과 세속, 시인의 자세」 『시와시학』 1994년 가을호.
김윤배, 「철둑집의 이시영」, 『현대시학』 1999년 3월호.
김윤태, 「인간적인, 그리고 서정적인 노래 – 이시영의 '이슬 맺힌 노래」, 『한길문학』 1991년 가을호.
김윤태, 「지혜와 열정의 통일」, 『사상의 거처』, 창작과비평사, 1991.
김정란, 「길의 시들, 남는 발자국과 지워지는 발자국」, 『창작과 비평』 1994년 가을호.
김춘식, 「창조적 개인의 자의식과 내면풍경」, 『문학동네』 1997년 가을호.
김태현, 「윤기와 예기의 시 – 이시영 시집 '이슬 맺힌 노래'」 『문예중앙』 1991년 가을호.
김현, 「돌과 별의 세계 – 젊은 시인을 찾아서① 이시영의 시적 세계」, 『문예중앙』 1981년 겨울호.
김현, 『젊은 시인들의 상상 세계』, 문학과지성사, 1984.
김형중, 「그의 이미지즘- 이시영 시선집 '긴 노래, 짧은 시'에 대하여」, 『시평』 2009년 겨울호.
김홍규, 「이시영의 '달밤에'」 「동아일보」 1987년 3월 26일.
남기택, 「緣起 혹은 진실」, 『시에』 2007년 겨울호.

남송우, 「변화된 시대의 두 시적 대응」, 『실천문학』 1994년 가을호.
노철, 「중견시인의 잊히지 않는 이야기들 – 이시영 시집 '아르갈의 향기'」, 『시평』 2005년 가을호.
문흥술, 「삭막한 시대에 생명수와 같은 시」, 『시와 시학』 2004년 봄호.
박남희, 「人爲와 無爲의 변증법 – 이시영의 시세계」, 『불교문예』 2004년 여름호.
박민규, 「지금도 마음 하늘에 떠 있는 만월」, 『시인세계』 2010년 봄호.
박수연, 「한국문학의 난경」, 『실천문학』 2009년 봄호.
박수연, 「이시영론 – 현실과 상징의 세계」, 『실천문학』 1998년 가을호.
박은선, 「시의 사상으로서의 언어」, 『시와 정신』, 2012년 여름호.
박철, 「젊은 세대가 읽은 전 세대 주요 시인들 : 이시영–조용한 정열과 슬픔」, 『현대시학』 1992년 4월호.
박호영, 「패로디를 통한 '성' 문제의 탐구」, 『시와시학』(통권 제22호, 161~167쪽.), 시와시학사, 1996.
박호영, 「삶의 고뇌에 대한 질문에서 구도자적 명상까지」, 『시와시학』(통권 제42호), 시와시학사, 2001.
방민호, 「90년대 중반, 시의 절망과 희망」, 『작가』, 1996년 11–12월호.
방민호, 「시적 방법과 그 위기」, 『현대문학』 1998년 7월호.
서준섭, 「시의 고향 – 이시영 시집 '무늬'」, 『현대시학』 1994년 7월호.
서준섭, 「시, 언어, 사회」, 『문학사상』 1995년 11월호.
성민엽, 「이시영의 '그리움'은 무엇인가」, 『월간조선』 1987년 2월호.
성민엽, 「그리움의 사회 역사적 의미」, 『문학의 빈곤』, 문학과지성사, 1988.
성민엽, 「차가움 속의 뜨거운 열정 – 이시영 시집 '길은 멀다 친구여'」「경향신문」, 1988년 3월 30일.
성민엽, 「겨울의 삶과 상상력」, 『문학과 사회』, 1988년 여름호.
손경목, 「몸을 얻는 정신주의 시 – 이시영 시집 '이슬 맺힌 노래'」, 『오늘의 시』 1991년 하반기호.
손현숙, 「이시영 – 조용한 야인」, 『陰畵로 풀어쓰는 시인 박물관』, 현암사, 2005.
송기원, 「세련된 감각과 눈부신 기교 – 이시영 시집 만월의 세계」, 『현대예술』 1977년 4–5월호.
송기원, 「내가 만난 이시영」, 『시와 시학』 1992년 가을호.
송기한, 「민주화의 열망과 좌절」, 『한국 현대시사』, 민음사, 2007.
송재학, 「짧은시의 넓은 우주」, 『사람의 문학』 1998년 겨울호.
신경림, 「신간 해제 – 만월」, 『독서생활 1977년 3월호.

신승엽, 「참된 단형 서정서의 맛과 가능성」, 『월간중앙』 1991년 8월호.
신진숙, 「느낌의 동학(動學)」, 『문학선 2013년 여름호.
엄경희, 「간명한 아름다움」, 『문학, 판』, 2004년 봄호.
엄경희, 「리얼리즘 시의 굴절 · 변화 · 지평의 확대」, 『시작』, 2005년 여름호.
염무웅, 「갈망과 탄식의 시」, 『바람 속으로』 발문, 창작과비평사, 1986.
염무웅, 「스스로의 힘으로 살아있는 풍경 –李時英의 시의 한 노선」, 『시와 시학』 1996년 여름호.
오성호, 「절제된 서정의 깊이와 힘」, 『창작과 비평』 1991년 가을호.
오창은, 「한국시는 세계시민을 감각할 수 있을까」, 『실천문학』 2010년 봄호.
오철수, 「'스스로 그러함'을 드러내는 영원의 순간들」, 『호야네 말』, 창비, 2020(초판 3쇄).
오탁번, 「시를 찾아서」, 『시와세계』 2003년 봄호.
오탁번, 「프리즘으로 보는 시의 영혼」, 『헛똑똑이의 시 읽기』, 고려대학교출판부, 2008.
오형엽, 「대비와 조화의 이중적 구도」, 『현대시학』 1996년 7월호.
우찬제, 「이야기시의 안과 바깥」, 『陰畵로 풀어쓰는 시인 박물관』, 현암사, 2005.
유성호, 「서술성과 서정성의 결속을 통한 구체성의 시학」, 『문학마당』, 2005년 겨울호.
유성호, 「기억의 두 심급(審級) – 우리의 죽은 자들을 위해」, 『본질과 현상』, 2007년 가을호.
유재영, 「풍경 속의 풍경」, 『현대시학』 1997년 4월호.
유재천, 「잃어버린 신화, 귀향, 여성적 자아 찾기」, 『시와 사람』 2004년 봄호.
유중하, 「세 장의 詩圖를 위한 메모」, 『오늘의시』 1992년 상반기호.
윤재웅, 「풍경과 무늬 – 이시영 시집 '무늬'」, 『현대시』 1995년 5월호.
이광웅, 「내가 아는 김남주 시인」, 『나의 칼 나의 피』, 도서출판 인동, 1987.
이병헌, 「절제된 생명의 언어」, 『현대시』 1998년 1월호.
이성부, 「발문」, 이시영, 『만월』(제1시집), 창작과비평사, 1976
이승원, 「마음의 물결무늬」, 『현대시』 1996년 12월호.
이승원, 「시적 감동의 비밀을 찾아서」, 『문학사상』 1997년 4월호.
이승원, 「외롭고 휘황한 서정의 길」, 『시와 시학』 1999년 봄호.
이승원, 「우화적 상상력과 시의 진실」, 『시와시학』(통권 제42호), 시와시학사, 2001.
이승원, 「이야기 속의 추억과 명상」 「동서문학」 2004년 봄호.

이승하, 「생명의 질서를 측은지심을 갖고 노래하라」, 『시와 시학』 1998년 봄호.
이승하, 「약자에 대한 측은지심과 강자에 대한 분노」, 『문학나무』 2012년 여름호.
이승훈, 「표류의 미학, 세기말적 상상」, 『문학사상』 1997년 12월호.
이영진, 「초월 · 갈등 · 절망 그리고 '저 뒤쪽 어디'」, 『창작과 비평』 1997년 겨울호.
이은봉, 「시와 깨달음의 형식」, 『시와 사람』 2002년 겨울호.
이은봉, 「시 혹은 응축된 이야기」, 『문학의 문학』 2007년 창간호.
이은봉, 「극사실의 세계와 참여정신」, 『시와 시』 2012년 여름호.
이종암, 「두 시인의 길」, 『사람의 문학』 1997년 겨울호.
이종찬, 「기억의 강가에서 들려오는 은빛 호각소리」「오마이뉴스」 2003년 12월 16일.
이지엽, 「시적 상상력의 그물 짜기」, 『시와 사람』 1997년 겨울호.
이혜원, 「은빛 서정의 파동」, 『현대시학』 2004년 1월호.
임우기, 「이야기 시의 가능성, 정직의 시학」, 『창비 1987』, 창작과비평사, 1987.
임우기, 「청저한 자유 · 해방 노래 – 이시영의 '옥중시' 6편」「한겨레신문」 1990년 5월 29일.
임우기, 「초록생명의 세계로 가는 멀고도 힘겨운 길」, 『시와 시학』 1992년 가을호..
임헌영, 「90년대적 민족 민중시」, 『현대시세계』 1991년 가을호..
장석남, 「이불 밖으로 나와 있는 발가락들」, 『창작과 비평』 2004년 여름호.
장은정, 「겨누는 것」, 『캣콜링』, 민음사, 2019(1판6쇄).
전정구, 「홀로 깊고 깊은 세계에서 부르는 이슬 맺힌 노래」, 『시와 시학』 1992년 가을호.
정과리, 「변하지 않는 '생명' – 이시영의 '길은 멀다 친구여'」「한국일보」, 1988년 4월 19일.
정남영, 「형상과 그 너머」, 『창작과 비평』 2003년 가을호.
정남영, 「이시영의 시와 활력의 정치학」, 『창작과 비평』 2009년 겨울호.
정효구, 「맨몸의 생명을 보기까지」, 『시와 시학』 1996년 여름호.
진순애, 「공간, 그 여백의 미학」, 『현대문학』 1996년 6월호.
차창룡, 「아름다운 일치」, 『현대시』 1996년 11호.
최동호, 「가까운 사람들의 삶」, 『문학사상』 1988년 12월호.
최동호, 「세기말의 우울과 시적 경계선」, 『문학사상』 1996년 12월호.
최동호, 「삶의 소용돌이와 풍경시」, 『한국문학』 1997년 겨울호.
최동호, 「새로운 서정시의 모색과 디지털 시대의 극서정시」, 『문학사상』 2014년 8월호.

최민, 「소시민의식의 극복」, 『창작과 비평』, 1977년 여름호.
최원식, 「서정시의 재건」, 『세계의 문학』 1986년 겨울호.
최원식, 「이야기시와 단시의 긴장」, 『시와 시학』 1992년 가을호.
최원식, 「농업적 상상력의 골독한 산책」, 『하동』, 창비, 2017(초판 1쇄).
한명희, 「시인과의 아홉 시간, 그리고 아홉 가지 매력」, 『시와시학』(통권 제42호), 시와시학사, 2001.
허혜정, 「순례자의 선물」, 『시인수첩』(통권 제45호), 문학수첩, 2015.
허혜정, 「김종철의 시세계와 '등신불'의 상징」, 『불교문예연구』(통권 제12호), 2019.
홍신선, 「이야기의 재미와 삶의 낌새」, 『시평』 2004년 봄호.

〈찾아보기〉

ㄱ

가브리엘 타르드 60
가타리 14, 17, 18, 19, 20, 47, 48, 49, 50, 97, 119, 120, 136, 178, 215, 274, 275
가톨리시즘 207, 234, 242, 266, 273
결합체 43, 44, 172
경험적 실재성 69
계몽 182, 184, 188, 191, 195
계열체 37, 144
고른판 17
고원 14, 17, 18, 20, 47, 48, 49, 50, 120, 136, 165, 178, 274
공산당선언 76, 77, 78, 79, 275
공재 44, 45, 245
과정 14, 19, 34, 42, 44, 49, 74, 76, 91, 107, 114, 149, 150, 157, 158, 172, 173, 176, 213, 243, 249, 253, 260, 274
과학적 유물론 76
관계적 생성 117
그늘 21, 96, 97, 98, 99, 100, 101, 102, 103, 104, 105, 106, 107, 109, 174, 204, 272, 273
기관 없는 신체 46, 49
기능=함수적 구조 48, 172
기억의 편집 126
기표작용적 사슬 18
기호의 대리보충성 21
기호의 잉여성 21
김남주 125, 178, 179, 180, 181, 182, 183, 184, 185, 186, 187, 188, 190, 191, 192, 193, 194, 195, 196, 198, 199, 200, 201, 202, 203, 204, 205, 206, 266, 269, 270, 273, 278
김애령 148, 150, 158, 175, 176, 272
김종삼 15, 88, 89, 90, 91, 272
김종철 9, 207, 208, 210, 211, 212, 213, 214, 215, 217, 221, 224, 227, 231, 233, 234, 235, 236, 266, 267, 269, 272, 275, 280
김지하 96, 97, 98, 99, 100, 101, 102, 103, 104, 173, 174, 181, 190, 192, 272

ㄴ

난해성 15
내부와 외부 16, 18, 40, 44, 52, 55, 135, 175
내장된 사실 125
내적 시간 125, 131
내적 연속 41
능산적 자연 12
니체 13, 79, 264, 274, 275

ㄷ

다양성 12, 37, 41, 45, 88, 143,

147, 242
다양체 12, 47, 48, 88, 94, 95, 173
다질성 40
단순 실체 35, 37
대긍정 95, 105, 171, 173, 264, 265, 266, 268
대립항 49, 254, 258
대자존재 75
대칭성 11, 12, 16, 21, 24, 25, 27, 32, 33, 34, 48, 50, 51, 80, 81, 87, 91, 105, 108, 109, 111, 118, 149, 169, 171, 173, 175, 176
데리다 13, 83, 88, 108, 274
데미우르고스 30, 62
데카르트 13, 14, 43, 59, 64, 65, 66, 67, 70, 173, 240, 261, 273
도덕적 자각 15, 85
동일자 45, 46, 48
동화 121, 126, 127, 128, 129, 130, 134, 135
둔스 스코투스 13, 29, 30, 31, 50, 104, 171, 172, 274
들뢰즈 12, 13, 14, 17, 18, 20, 21, 22, 32, 33, 35, 37, 38, 45, 46, 47, 48, 49, 50, 54, 60, 97, 104, 109, 119, 120, 136, 172, 178, 215, 255, 264, 273, 274
등가의 원리 147

ㄹ

라이프니츠 12, 13, 35, 36, 37, 38, 39, 45, 47, 50, 54, 60, 104, 109, 171, 172, 255, 273, 274
렉톤 16
로고스 105, 106, 107
로만 야콥슨 141, 143, 144, 145, 146, 147, 148, 149, 273
로버트 배런 242, 273
롤랑 바르트 145
리비스 240, 244, 247, 250, 260
리얼리즘 87, 89, 91, 278
리좀 47, 49, 50
리처즈 138, 139, 140, 141, 144, 149, 175, 275
리쾨르 14, 67, 275

ㅁ

매개자의 시간 131
모나드 34, 35, 36, 37, 38, 45, 54, 109, 171
목적론 28, 62
무(無) 39, 107
무문법성 143
무심-관심 108, 109
무질서 16, 19, 39, 46, 51, 53, 55, 56, 60, 67, 83, 87, 95, 96, 97, 114, 173, 175
물질의 겹주름 35
물활론적 의미론 15, 16
미분적 차이 46
미세 지각론 37
미시서사 124, 133
미학주의 15, 90

ㅂ

바디우 14, 136, 274
박성창 143, 144, 145, 175, 272, 274
반플라톤주의 13, 178
반헤겔주의 13
발화 위치 178, 179, 184, 199, 201, 266
배꼽점 19
베르그송 13, 37, 39, 40, 41, 42, 46, 47, 50, 104, 106, 171, 172, 215, 216, 217, 274
벡터적 성격 43, 135
변별적 차이소 46
변양태 37
변증술 27
보에티우스 60, 61, 62, 173, 209, 210, 274
보조원인 52, 56
보편자 45, 46
복합체 35
부정성 14, 46, 48, 95, 104, 106, 173, 174, 238, 271
불완전성 66
비대립 23, 83, 148, 171, 240, 241, 242, 251, 260, 262, 267, 268
비대칭성 11, 12, 16, 21, 24, 25, 27, 32, 33, 34, 48, 50, 80, 91, 105, 108, 109, 111, 118, 149, 171, 173, 175, 176
비물질 16, 17, 50, 88, 172, 175
비존재 26, 58, 105
비트겐슈타인 39, 273

ㅅ

사건의 계열 49
사건의 시간 37, 127, 131
사건의 지평 17, 48, 81
사이의 시론 16
상관항 49, 172
상대주의 44, 45
상호관계론 30, 31, 32
상호 포함 83, 84, 117
생성 16, 17, 30, 37, 43, 44, 52, 53, 54, 55, 57, 58, 80, 82, 87, 92, 93, 95, 103, 104, 108, 111, 116, 117, 171, 173, 174, 217, 245, 264, 265, 271
서사담화 124, 137
서사적 서정시 119, 120, 122, 123, 125, 126, 131, 132, 133, 136, 137, 166
서정적 결핍 121
서정적 순간 127, 129, 131, 136, 137
서정적 자아 121, 126, 127, 128, 130, 131, 134, 135
선행자 29, 30, 31, 32, 171
선후행 관계론 31
순수오성 69
순수이성 67, 68, 173, 275
스콜라철학 13, 29, 31, 32, 61, 62, 173, 207, 208, 209
스토아학파 13, 27
스피노자 12, 13, 18, 32, 33, 34, 38, 47, 50, 59, 104, 171, 172, 274, 275
시간 논리 131

시간의 항상성 14
시동자 57, 58
시모어 채트먼 124
시뮬라크르 17, 46, 273
신의 변호사 39
신의 죽음 19, 222
실재화 38, 109
실체성 17

ㅇ

아리스토텔레스 14, 26, 28, 30, 57, 58, 59, 60, 62, 137, 138, 139, 140, 144, 145, 149, 173, 175, 208, 274
아우구스티누스 13, 22, 29, 60, 61, 62, 173, 207, 208, 209, 275
아이온 22
아카데메이아 62, 207
양태 5, 12, 34, 37, 51, 52, 53, 144, 148
어두운 전조 46
언어적 긴장 15
언어적 탈소외 15, 16
언표의 주체 27
언표 행위의 주체 27
에이도스 26, 60
연장적 연속체 42
연접 45
영원의 순간 110, 278
영원한 현재 121, 128, 135
영원회귀 264
영혼 안의 주름 35
오카 마리 239, 274
완성태 38
외적 시간 131
욕망 86, 214, 225, 226, 229, 230, 231, 233, 235, 244
우발성 16, 81, 87, 95, 173, 178
우연유 63
원인론 27, 30, 31, 34
위치성 19
유기체 철학 42, 43, 44, 45
의미 내용 27
의미 형식 27
의식의 상투성 15, 85
이방인 되기 136
이원론자 13, 173
이접적 다양성 45
이중의 시간 124
이-푸 투안 194, 200, 274
인식론적 평행론 33
인위-무위 108
인접성 장애 142, 143, 150, 176
일원론 24, 26, 27, 48, 50, 62, 79, 109, 171, 173, 174, 242, 260
일의성 13, 33, 40, 48, 50, 104, 169, 172

ㅈ

자기 동일성 67
자기 원인 33
자유의지 66
자체 13, 14, 15, 21, 40, 41, 42, 49, 57, 63, 67, 69, 70, 73, 75, 77, 85, 86, 87, 97, 103, 106, 107, 111, 122, 123, 135, 136, 140, 146, 147, 152, 154, 160, 163,

171, 172, 178, 200, 204, 215, 218, 224, 234, 239, 241, 251, 253, 267
작용인 57
장소 16, 26, 27, 65, 69, 194, 239, 274
재영토화 14, 19
전체주의 13, 24, 75, 247
절대적 내부성 54
절대적 특이성 5
절대정신 70, 75, 76, 173
점유된 허공 26
정신심리학 41
정자적 이성 30
제일 원동자 63
존재론적 평행론 33
주관적 경험 121
주름 운동 36, 38
주체의 복권 14
주체적 형식 43
죽음의 문학 98, 101
중심(배꼽점) 19
지금-여기 46
지층화 19, 49, 172
직접 소여 41
진동 70, 147
진리성 14
질료인 30, 57

ㅊ

차이 13, 21, 37, 45, 46, 47, 48, 49, 50, 58, 59, 84, 96, 97, 104, 119, 121, 135, 138, 139, 140, 249, 274
창조성 12, 40, 44, 45, 84, 85, 108, 247, 250
창조적 진화 39
초월성 104, 174
초토의 시 234, 267
추상 기계 20, 21, 48
축자적 의미 140, 144, 149
충족이유율 37

ㅋ

카오스 19, 20, 36, 39, 46, 47, 48, 49, 84, 96, 97, 99, 275
카오스모스 46, 47, 48, 84, 97
칸트 14, 43, 67, 68, 69, 70, 173, 275
커머닝 245, 250, 261
커먼즈 240, 241, 242, 243, 244, 245, 247, 250, 251, 252, 260, 261, 262, 267, 271, 272
코기토 14, 46, 64, 65, 66, 67
크뤼십포스 29
클리나멘 46

ㅌ

타자성 14, 238, 270, 272
탈기표작용적 47
탈영토화 19, 20
토마스 아퀴나스 29, 62, 63, 173, 275
통공 234, 267
통일성 20, 36, 37
투사 96, 121, 122, 126, 127, 129, 130, 134, 147
특이점 46

티마이오스 25, 51, 52, 53, 54, 55, 56, 57, 275

ㅍ

파묻힌 은유 139
포터 애벗 120, 123, 124, 125, 128, 131, 133, 154, 175, 275
표현의 실체 20, 49, 137, 172
표현의 형식 20, 49, 119, 137, 172
푸코 13
프로이트 13, 14
프롤레타리아트 77, 78, 79
플라톤주의 13, 14, 178
피조물 63, 64, 231
필연유 63

ㅎ

하이데거 13, 22, 274
함묵의 발언 15, 16
합생 45
합성물 20, 48, 49, 172
합일 28, 99, 103
해로운 가정 139
현실적 존재 43, 44, 135
현재성 121, 130, 223, 235
현전 6, 7
현존 43, 44, 61, 209
형상인 57
형식 20, 21, 27, 43, 48, 49, 69, 71, 73, 87, 107, 108, 112, 114, 115, 116, 118, 119, 120, 121, 122, 123, 127, 132, 137, 157, 169, 172, 212, 213, 214, 221, 224, 227, 231, 239, 270, 279
형이상학 57, 58, 59, 60, 109, 210, 211, 274
호세 리잘 258, 259
화이트헤드 13, 42, 43, 44, 45, 47, 50, 83, 104, 135, 140, 150, 172, 274
환유적 연쇄 152, 166
횡단성 20
후행자 30, 31, 32, 171
흰 그늘 96, 98, 99, 100, 101, 103, 104, 174